TARÔ CLARO
E SIMPLES DE LER

Josephine Ellershaw

TARÔ CLARO E SIMPLES DE LER

Um Processo Fácil e Moderno de Leitura do Tarô Baseado em Dez Casos Reais

Tradução:
MARCELLO BORGES

Editora
Pensamento
SÃO PAULO

Título do original: *Easy Tarot Reading.*

Publicado originalmente por Llewellyn Publications, Woodbury, MN 55125 — USA
www.llewellyn.com

Texto de acordo com as novas regras ortográficas da língua portuguesa.

1ª edição 2013.

Editor: Adilson Silva Ramachandra
Editora de texto: Denise de C. Rocha Delela
Coordenação editorial: Roseli de S. Ferraz
Preparação de originais: Roseli de S. Ferraz
Produção editorial: Indiara Faria Kayo
Assistente de produção editorial: Estela A. Minas
Editoração eletrônica: Fama Editora
Revisão: Liliane S. M. Cajado e Vivian Miwa Matsushita

Dados Internacionais de Catalogação na Publicação (CIP)
(Câmara Brasileira do Livro, SP, Brasil)

Ellershaw, Josephine
Tarô claro e simples de ler : um processo fácil e moderno de leitura do tarô baseado em dez casos reais / Josephine Ellershaw ; tradução Marcello Borges. — São Paulo : Pensamento, 2013.

Título original: Easy tarot reading
Bibliografia.
ISBN 978-85-315-1834-8

1. Cartomancia 2. Ocultismo 3. Oráculos 4. Sorte - Leitura 5. Tarô I. Título.

13-05351 CDD-133.32424

Índices para catálogo sistemático:
1. Tarô : Artes divinatórias : Ciências esotéricas 133.32424

Direitos de tradução para o Brasil adquiridos com exclusividade pela
EDITORA PENSAMENTO-CULTRIX LTDA., que se reserva a
propriedade literária desta tradução.
Rua Dr. Mário Vicente, 368 — 04270-000 — São Paulo, SP
Fone: (11) 2066-9000 — Fax: (11) 2066-9008
E-mail: atendimento@editorapensamento.com.br
http://www.editorapensamento.com.br
Foi feito o depósito legal.

Dedicatória

Para minha mãe, Daphne.

A Rainha de Paus que manteve

minha vida nos eixos enquanto eu escrevia.

Sumário

Prefácio

Com seu livro *Tarô Claro e Simples*,* Josephine Ellershaw apresentou a dezenas de milhares de pessoas, em três línguas, as alegrias do Tarô. O estilo claro de seu texto, somado a anos de experiência em leituras, dão ao tarólogo principiante a base perfeita para sua prática do Tarô.

Depois de ler *Tarô Claro e Simples*, os fãs e alunos de Josephine passaram rapidamente a fazer leituras por conta própria. Em pouco tempo, porém, estavam prontos para dar o próximo passo e queriam levar suas leituras para o nível seguinte. Há um intervalo muito grande entre a compreensão do significado das cartas e a correlação entre todas elas para criar uma mensagem coerente.

Na verdade, leitores em geral, não apenas fãs de Josephine, têm clamado por um livro como este desde que comecei a lidar com o Tarô — há mais de dez anos. Pedi a outros autores que enfrentassem esse desafio. A maioria se recusou — pois como ensinar algo tão cheio de camadas e complexo, uma combinação tão intricada de perícia e de intuição?

Josephine assumiu corajosamente a tarefa; na verdade, ela se ofereceu para fazê-lo, atendendo aos pedidos de seus inúmeros leitores e admiradores. Fiquei espantada com o trabalho que ela teve para escrever este livro. Você perceberá isso e ficará espantado também. Josephine aborda cada leitura com detalhes claros e brilhantes. Além disso, ela fez um acompanhamento de cada cliente durante meses após a leitura. As informações obtidas

* Publicado pela Editora Pensamento, São Paulo, 2012. (Acompanhado das 78 cartas do Tarô Dourado de Ciro Marchetti.)

graças a essa estratégia não têm preço. Ler este livro é como estar na mente de um mestre tarólogo, o que, de certa forma, você é. Só que você obtém muito mais clareza e organização do que poderia esperar.

Se, depois de ler este livro, suas leituras não melhorarem consideravelmente, é sinal de que talvez você não tenha lido com a devida atenção. Embora o título desta obra seja *Tarô Claro e Simples de Ler*, ela é indicada tanto para iniciantes quanto para pessoas que já tenham um certo nível de experiência.

Josephine, obrigada por assumir essa tarefa, por ir até onde anjos e mesmo os Loucos temem ir. Você merece vários elogios e muitos agradecimentos, o que, tenho certeza, acontecerá. Mas acho que sou a primeira: Muito bom, muito bem escrito! E obrigada.

Barbara Moore
Outubro de 2010

Introdução

Escolha dez pessoas, acrescente uma leitura de Tarô, misture seus mundos singularmente variados e as histórias resultantes produzem uma alquimia bem mais poderosa do que se imaginava. Este livro seguiu uma direção toda própria, movido pelos acontecimentos reais na vida das pessoas que aparecem nas leituras. Seguimos sua jornada, compartilhamos suas esperanças, sucessos, temores, planos, ambições e desafios mais íntimos ao longo do caminho. Meu medo inicial foi substituído quando me vi mergulhada no suspense contínuo de suas histórias.

Este livro foi escrito como resposta direta a pedidos de leitores de *Tarô Claro e Simples* que queriam passar a fazer leituras para terceiros. Como ferramenta de ensino, o caminho mais lógico parecia ser o registro de algumas leituras reais, pois esse era o modo mais realista de demonstrar as cartas em ação. Levando o processo um passo além, decidi acompanhar o progresso dos meus querentes, proporcionando-nos um quadro completo da leitura, antes, durante e depois de suas visitas. O que eu não esperava era a jornada ousada mas revigorante que se seguiria. Os elogios que devem ser feitos são para as pessoas que, de maneira tão honesta e generosa, abriram sua vida pessoal para nós, pois sem sua participação, este livro não teria sido escrito. Sei que elas vão apreciar meu humor, expressado de maneira carinhosa, quando digo que às vezes senti que estava querendo "pastorear gatos" ao tentar acompanhar seu progresso!

O Tarô ofereceu discretamente, espantoso como sempre à sua maneira misteriosa, a evidência de sua sabedoria, por vezes clara apenas na conclusão final dessas leituras. Enquanto isso, meu papel foi o de fazer a ponte entre o Tarô e os querentes, transmitindo as mensagens e registrando as palavras para sua referência. Quando comecei a seguir esse caminho, perguntei-me se não seria um terrível erro de minha parte encetar algo que parecia ser um ato de loucura. Mas graças às mensagens do Tarô, particularmente do Enforcado e da Temperança, essa visão se transformou quando me vi absorvida.

Como costuma acontecer, a vida tem o hábito de seguir uma direção diferente justamente no ponto em que você acha que deveria estar fazendo outra coisa, e dedicar-me a escrever este livro pareceu-me exatamente um exemplo disso! O mundo familiar à minha volta participou, com algumas pérolas lançadas à mistura, só por precaução. Na época, minhas próprias cartas sugeriram a antevisão de um desastre — e, como sempre, foram precisas. Mandem a cavalaria! Entram em cena familiares e amigos queridos, uma editora maravilhosa e encorajadora na forma de Barbara Moore, a produtiva equipe da Llewellyn liderada por um entusiástico Bill Krause e, lentamente, a loucura do mundo escapou da tarefa que eu tinha pela frente. Em meio ao caos, como se fosse por uma intervenção desconhecida, as cartas de leitores continuaram a chegar, um lembrete oportuno da lógica que me levara a fazer aquilo.

O que ficou aparente com as diversas mensagens que recebi foi a quantidade de leitores que eram completamente novos no mundo do Tarô, juntamente com muitos outros que antes tinham desistido, mas que voltaram. Como escritora, tocar a vida de tantas pessoas de maneira positiva, agir como um apoio no caminho que as leva a este mundo mágico que tantos de nós já apreciam, foi uma experiência gratificante e que mudou nossa visão. Espero que nestas páginas você descubra as respostas que buscava, e, como sempre, aguardo notícias do seu progresso.

Visão geral

Com que frequência as linhas da teoria e da prática se confundem! Seja no preparo de uma receita, seja na montagem de móveis vendidos em caixas estreitas, já percebeu que às vezes as coisas não seguem o caminho que o manual de instruções disse que seguiriam? No final das contas, você chega ao resultado desejado, mas não do modo como foi dito... ou do modo como você queria quando começou a tarefa. (Isso está parecendo com uma descrição minha quando leio mapas!) Então, não deve surpreendê-lo saber que isso também pode acontecer com o Tarô, como a maioria dos tarólogos experientes vai lhe dizer.

As leituras a seguir são apresentadas a você do modo como ocorreram na época. Como visto no livro *Tarô Claro e Simples*, todas as leituras começam com a Âncora e a Tiragem da Vida, que proporcionam uma visão geral daquilo que está acontecendo e que pode vir a acontecer nas diversas áreas da vida das pessoas, com a Cruz Celta usada para outras questões. Com isso, mantenho-me fiel ao formato do livro original e sou coerente ao analisar os diversos modos como a tiragem se aplica às situações de cada querente.*

Sobre este livro

Este livro foi escrito para servir de guia prático e experimental, levando as técnicas usadas em *Tarô Claro e Simples* a situações reais de leitura, para que você possa acompanhar como elas se aplicam no dia a dia, como se estivesse sentado ao meu lado. O *feedback* e os resultados mostram como essas leituras se desenvolveram para os querentes, ou não, dependendo do caso. Embora na época as leituras tenham sido registradas com sons e imagens, meus pensamentos não puderam ser gravados, o que resultou numa transposição para o computador assim que os querentes saíram, a fim de captar e compartilhar os processos mentais vivenciados.

Eu sabia que, por causa da natureza deste trabalho, havia o risco de ele ser mal interpretado; e, assim, um ponto importante que desejo ressaltar é que a meta deste livro *não foi* provar que o Tarô funciona — nunca houve

* Nome que se dá à pessoa para quem a leitura está sendo feita. (N. do T.)

essa intenção. Inicialmente, esse aspecto teve impacto em minha mente. De certo modo, se as leituras ficassem sem *feedback*, não seriam diferentes dos exemplos fictícios que às vezes são apresentados, mas, como a maioria dos tarólogos já sabe, geralmente aquilo com que nos defrontamos nas cartas não se compara com o fluxo fácil apresentado no manual. Até certo ponto, isso pode ser verdade, pois não é possível explicar todas as combinações de cartas do Tarô que podem aparecer juntas. No entanto, produzindo os resultados, foi quase como se eu estivesse colocando o Tarô e eu mesma à prova. Como pode ver, tive algumas reservas.

Depois, antes de começar, minhas cartas enlouqueceram de vez — os três baralhos ao mesmo tempo. Coincidência? Até meu baralho pessoal produziu leituras sem sentido, nunca vi nada assim antes; era como se as cartas não conversassem comigo. Comecei a me perguntar se elas não ficaram animadas com o projeto que tínhamos pela frente. Eu tinha uma revolução do Tarô nas minhas mãos — as cartas entraram em greve! Pensei em escrever para a editora, embora não tivesse certeza da maneira como iria me explicar — era estranho, mesmo segundo os meus padrões.

Meditei sobre o assunto. Conversei com as cartas. (Momento confessional: sempre converso com minhas cartas.) Expliquei o problema e até barganhei com elas. Experimentei baralhos novos, todos prontos, preparados e esperando para agir. Mesma coisa. Provavelmente, você deve ter percebido que o problema não estava nas cartas. Por mais que racionalizasse o problema, minhas preocupações se transferiram para os baralhos porque ainda estavam no meu subconsciente. Tive uma série de sonhos que iam desde ver minhas cartas de Tarô arruinadas numa calçada varrida pelo vento, até ver-me saindo de uma minúscula sepultura durante a tempestade, e sempre uma carta aparecia ou se mostrava com força. Depois de decifrar os sonhos lendo as cartas mostradas, percebi o que estava acontecendo e tudo foi resolvido. Bem, quase tudo... reservo o resto da explicação para o Capítulo 13.

Aqui, apresento meu próprio método de leitura, um método que funciona bem comigo e com as pessoas para quem o apresentei, mas, como mencionei no livro *Tarô Claro e Simples*, não estou sugerindo que essa seja a única forma de ler as cartas do Tarô. Há muitas abordagens diferentes adotadas por tarólogos experientes, e o Tarô é tão variado quanto as pessoas que o leem. Nisso está a beleza do Tarô, a curva de aprendizagem sem fim, o debate animado e a troca entre admiradores do Tarô em todos os níveis, aprendendo constantemente uns com os outros. A única área na qual a maioria dos tarólogos costuma concordar plenamente consiste na ética e nos princípios que cercam a própria leitura.

Nota do editor do original: para dar a você, leitor, a experiência de estar com a autora no momento em que ela fez as leituras deste livro, todos os estudos de caso aparecem principalmente no tempo presente. Espero que você se sinta como se estivesse sentado ao lado de Josie enquanto ela examina as cartas, faz anotações mentais e observa e conversa com seus clientes.

1

Em busca dos querentes

Onze pessoas aparecem nos estudos de caso com seus progressos acompanhados desde a leitura original até a conclusão de seus resultados. Foram selecionadas devido à sua idade, sexo e formação, a fim de proporcionar a maior variação possível para você, e a maioria tinha pouca experiência com o Tarô ou conhecimento anterior de seus significados.

Algumas decidiram revelar publicamente sua identidade, enquanto outras aparecem de maneira anônima em função da profundidade das informações pessoais reveladas e compartilhadas. A maioria achou surpreendente esse aspecto, como você verá em alguns dos comentários. Em quase todos os estudos de caso, houve outros detalhes, tanto na leitura como descobertos nos resultados, que eram pessoais demais ou que envolviam terceiros, e esses não foram publicados. Por esse motivo, às vezes a dificuldade esteve em saber o que deixar de fora, sem afetar a autenticidade ou os resultados da leitura.

A fim de proporcionar um vislumbre do seu próprio ponto de vista, foi-lhes pedido que compartilhassem com você pensamentos sobre a experiência de leitura em suas próprias palavras, depois dos eventos terem se materializado. Como tarólogos, nem sempre temos acesso ao impacto que a leitura tem sobre o querente, seus pensamentos e sentimentos, além daquilo que dizem na ocasião. Perguntei se eles poderiam transmitir isso a você, concentrando-se na leitura em si e não em meu papel nela.

À parte a leitura por e-mail, que foi apresentada em função do seu conteúdo incomum, começamos e terminamos com as mesmas pessoas, e elas não foram escolhidas de propósito num grupo com apenas os melhores resultados.

Como tirar o maior proveito deste livro

Apresento diagramas de todas as tiragens em cada estudo de caso, e você pode, se quiser, dispor suas cartas na mesma forma da tiragem que tive diante de mim enquanto estudamos cada uma. Pessoalmente, acho que você vai achar isso útil, pois vai descobrir que me movimento ao redor das cartas em áreas diferentes, e por isso será interessante seguir-me enquanto avançamos na leitura. Diferentemente do formato de livro, no qual cobrimos uma carta ou grupo de cartas de cada vez, em situações de leitura em tempo real o movimento é bem maior. Sei que tentar acompanhar isso num formato de lista seria um pouco confuso, e o verdadeiro fluxo da leitura seria perdido. Como no Tarô trabalhamos com o mundo das imagens, espero que você veja que o efeito das cartas à sua frente começa a fazer sentido, percebendo as conexões à medida que as trabalhamos.

Significados das cartas

Agora, você já deve ter desenvolvido seus próprios significados para as cartas, por isso, nas suas próprias situações de leitura as cartas vão responder às interpretações que você associa com elas. No final do livro, você encontrará, para sua referência, um breve resumo das interpretações que adotei para as cartas nas leituras. São versões abreviadas daquelas apresentadas no livro *Tarô Claro e Simples*. Porém, o que você perceberá é que quando for usar as cartas para leituras preditivas, é melhor que sejam bem concisas, pois do contrário podem criar variáveis em excesso.

Rápida recapitulação: Alguns detalhes importantes

Embora esta obra seja, de certo modo, uma continuação do livro original, a intenção também foi a de que este estudo pudesse ser lido sozinho por aqueles que não leram *Tarô Claro e Simples*. No entanto, há algumas áreas que dificilmente poderiam ser cobertas sem alguma referência ao material original. Por isso, desculpe-me de antemão. Tentei chegar a um equilíbrio entre proporcionar informações relevantes em pequenas doses, suficientes para que aquilo que eu disse ou fiz aqui ter sentido para você, mas sem reproduzir páginas de texto do livro original. Para aqueles que leram o primeiro livro, a informação deve se encaixar no lugar, agora que passamos da teoria à prática.

Seu próprio livro de Tarô

Se você decidiu criar um diário de Tarô, foi uma opção sua, como tudo aquilo que apresento ou recomendo a você. Pense nisso como a síndrome do carrinho de compras — quando você percorre um supermercado, você só põe no carrinho os itens que deseja, sem precisar comprar a loja toda. Por isso, por favor, extraia desta informação aquilo que você considerar útil para você.

Recebi muitas cartas de pessoas dizendo que foi durante o uso de seu diário de Tarô que as peças começaram a se encaixar. Então, por que eu recomendei o registro de cada uma das cartas? Quando chegamos a esse nível de leitura, é muito importante compreender plenamente as cartas, e seria um tanto difícil se você tivesse de ir para a frente e para trás para conferir os significados num livro, pois você perderia o fluxo, especialmente com a quantidade de cartas presentes.

Uma das técnicas usadas baseia-se num conhecido princípio de aprendizado que lida com o modo como retemos informações. Há uma referência a ele num livro de certo sucesso chamado *Skill with People* [*Habilidade com as Pessoas*], de Les Giblin. Mais recentemente, essa teoria tem sido associada a "Aprendendo com o Cérebro Inteiro", método de que você já deve ter ouvido falar. A base dessa teoria é que ela utiliza os dois hemisférios do cérebro, estimulando o aprendizado e a retenção de informações. A mera leitura da informação proporciona retenção de 10%, mas se você está ativo no processo, retém 90%.

Se você não leu *Tarô Claro e Simples*, eis um breve resumo da técnica do diário que recomendo:

- Use uma página separada para registrar cada carta e deixe espaço suficiente para que você possa acrescentar mais detalhes em outra ocasião. Um caderno em espiral é o mais fácil de usar, pois se mantém plano enquanto você trabalha.
- Ao examinar cada carta, segure-a ou toque a imagem com os dedos enquanto anota o significado e o diz em voz alta. Você pode usar textos curtos, telegráficos, para os principais significados apresentados no livro.
- Depois, personalize as cartas com base em sua própria experiência, para evitar a simples memorização das mesmas. Assim, se a lembrança de um evento específico que aconteceu com você é ativada por um dos significados de uma carta, registre o fato.
- Talvez você perceba que as experiências de pessoas que você conhece fazem-no lembrar do significado de alguma carta; registre esse fato também. Isso ajuda a tornar a carta mais próxima e pessoal, pois começa a representar situações reais e não apenas palavras num livro.
- Com as cartas da corte, atribua e relacione a cada uma delas pessoas que você conhece, com base nas descrições dadas.

Pessoas que antes tiveram dificuldades com as cartas da corte acharam esta última sugestão muito útil, pois conseguiram associá-las a pessoas reais.

O leitor dedicado que seguiu minha sugestão vai perceber que, no diário de Tarô que tem em mãos, acabou escrevendo seu próprio livro de Tarô. Essa técnica baseou-se na integração das cartas em sua vida pessoal, de modo que o Tarô tornou-se um mundo vivo de experiências com as quais você consegue se relacionar, tendo começado fazendo apontamentos breves com algumas palavras-chave que indiquei, mas desenvolvendo depois sua própria interpretação. Você não lida mais com a base de significados de outras pessoas, pois agora está ligado às suas próprias experiências, que provocam reações imediatas quando você tem uma carta à sua frente.

Com o registro e a datação das leituras em seu diário, você criou uma jornada completa de aprendizado, não apenas de coisas que aconteceram com você, mas uma referência à qual pode recorrer, permitindo-lhe unir os pontos e ver o que percebeu e o que deixou de lado. Dizem que a experiência pessoal é o maior professor, e espero que seu diário de Tarô seja isso para você. Ele lhe proporcionará sua própria e singular jornada, com um baralho que conversa com você numa linguagem pessoal, pois move-se para além das palavras e atinge os reinos emocionais do reconhecimento em seu banco de memórias sensoriais.

Quando você acrescentar a camada final de registro de sonhos ou desenvolvimentos psíquicos, que podem ter ocorrido naturalmente ao longo do processo de aprendizado, o diário de Tarô se mostrará valioso para aqueles que dedicaram um tempo a acompanhá-lo, apesar de pressentirem inicialmente que se trata de uma tarefa demorada. Se você conseguiu completá-lo, parabéns!

Volta ao redor do Tarô em oitenta dias

Se o diário parece uma tarefa assustadora demais para sua rotina, ou não faz o seu gênero de aprendizado, então a técnica a seguir pode funcionar com você. Considere-a sua aventura pessoal, embarcando numa jornada ao redor do mundo do Tarô.

Se você ainda está no processo de aprender o significado das cartas, ou sente que está precisando de tempo para fazê-lo, pode ser útil não se sentir sobrecarregado. Dividir a tarefa em etapas menores pode ser mais compensador, dando-lhe a sensação de realização. Se você aprender apenas uma carta por dia, vai levar 78 dias para compreender o significado das cartas.

Trabalhando nessa base, tente limitar-se a uma carta por dia, para que ela fique claramente gravada em sua mente. Extraia a carta do baralho e observe quantas situações você encontra nela, ou que memórias ela pode evocar, e depois aplique o significado da carta extraído do seu livro-fonte escolhido. Você pode levar a carta no bolso ou deixá-la num lugar visível para que atue como ponto focal e lembrete. Ao final do dia, se quiser, pode refletir sobre suas descobertas. É mais fácil fazer isso se seguir a ordem numérica de cada naipe, que é a maneira pela qual a maioria dos livros para principiantes aborda o assunto.

Quando chegar à última carta, passe os próximos dois dias percorrendo o baralho, primeiro na ordem em que estudou as cartas, depois com cartas escolhidas ao acaso. Deixe seu livro de lado e resista ao impulso inicial de conferir se está certo, permitindo que a imagem da carta conecte-se com você. Dê-se tempo para isso, mas caso sinta que a carta não lhe diz muito, deixe-a de lado enquanto continua com as demais. Tendo concluído o baralho, retorne às cartas deixadas de lado e, se ainda não conseguir uma conexão com elas, consulte o seu livro de referência. No entanto, quando você chegar à última carta, já deve sentir uma maior ressonância com seu baralho, compreendendo-o melhor.

Avançando um pouco mais, Janet Boyer apresenta um método tanto para leitores principiantes como avançados em *The Back in Time Tarot Book*, que o convida a selecionar um evento passado de sua vida pessoal, do noticiário, de filmes ou de músicas, reencenando o conteúdo com suas cartas de Tarô. Essa técnica lúdica, mas que provoca de forma enganosamente simples sua mente, permite-lhe familiarizar-se com as cartas através de associações, proporcionando uma abordagem nova e divertida para conhecer seu baralho escolhido.

*Yan Tan Tether**

Quando parei de usar as cartas comuns de baralho e passei a usar o Tarô, comecei com o baralho suíço IJJ e o livro *Tarot Cards for Fun and Fortune Telling*, de S. R. Kaplan, publicado pela US Games Systems. Isso foi há mais de trinta anos e era a única informação disponível na época. Muitas das tiragens usavam um método de diálogo, ou não posicional, alguns com até 56 cartas, e foi assim que comecei a aprender a ler o Tarô. A menor tiragem posicional tinha sete cartas, e achei-a mais difícil do que a tiragem de diálogo com 42 cartas, que se tornou minha principal tiragem de leitura nos primeiros anos. Como eu não conhecia outro sistema, creio que não tive barreiras mentais a transpor.

Se você está acostumado com tiragens posicionais menores e fixas, recomendaria que procurasse manter a mente aberta ao tentar uma abordagem diferente. Na Tiragem da Vida você está lendo sequências de cartas, como frases, e embora a ideia de 21 cartas possa parecer assustadora, tecnicamente você ainda está lendo uma de cada vez, simplesmente associadas, como frases. Mas os números têm poder, como espero que você vá descobrir, seja por temas recorrentes que se fortalecem mutuamente, seja por associações de cartas tiradas lado a lado, felizes ou aborrecidas umas com as outras — como amigos em harmonia ou companheiros de cama rabugentos! Espero que você perceba sozinho os benefícios enquanto eu o levo pelas leituras, pois, como tudo o mais, é meramente uma questão de escolher aquilo que funciona e que lhe parece bom.

Visão geral das tiragens usadas nas leituras

Enquanto percorremos as leituras, vou guiá-lo e expor, ao máximo possível, onde, como e por que conectei diversas cartas ou grupos. O que se segue é uma explicação de como preparar essas tiragens e lidar com elas, para que

* *Yan Tan Tether* é um antigo sistema de rimas e era usado tradicionalmente por pastores de Yorkshire para contar ovelhas. Origina-se na língua celta e significa "um, dois, três". (N. da A.)

você tenha a noção da repetição enquanto percorremos os estudos de caso, pois a intenção foi tomar a teoria e depois mostrar-lhe como ela funciona na prática. Do ponto de vista positivo, isso significa que você só precisa ter um breve vislumbre da explicação das tiragens antes de vê-las em ação!

Sobre as cartas invertidas

O uso de cartas invertidas é uma questão de escolha, e como prefiro fazer leituras com as cartas na posição normal, este é o modo como as leituras são apresentadas. No entanto, as cartas invertidas acrescentam uma dimensão extra ao Tarô que você pode querer investigar antes de decidir incorporá-las às suas próprias leituras. *The Complete Book of Tarot Reversals*, de Mary Greer, proporciona um estudo abrangente e fascinante sobre uma área que muitos costumam deixar de lado sem muito pensar. Junto com a obra de Joan Bunning, *Learning Tarot Reversals*, atualmente estes são os únicos dois livros dedicados apenas ao mundo de "cabeça para baixo" do Tarô, e oferecem perspectivas reveladoras que você pode querer adicionar à sua biblioteca do Tarô.

A Âncora

A Âncora serve de ponto de referência nas leituras e conecta-se às áreas relevantes da Tiragem da Vida. Contudo, como as cartas são todas dos Arcanos Maiores (tiradas de um baralho separado), podem ter mais influência. Seu nome deriva de seu propósito durante as leituras, pois ela fica no lugar mesmo se as cartas da Tiragem da Vida forem recolhidas e usadas depois numa tiragem para responder a uma pergunta adicional. Ela se torna um ponto de referência, e de referência cruzada, em relação à Tiragem da Vida. Como ela é formada apenas pelos Arcanos Maiores, pode ser a palavra final numa questão ou atuar como ponto de esclarecimento para os detalhes encontrados na Tiragem da Vida.

A primeira carta da Âncora é a base ou fundação, e é o melhor lugar para começar a leitura toda. Esta é a posição atual do querente com base

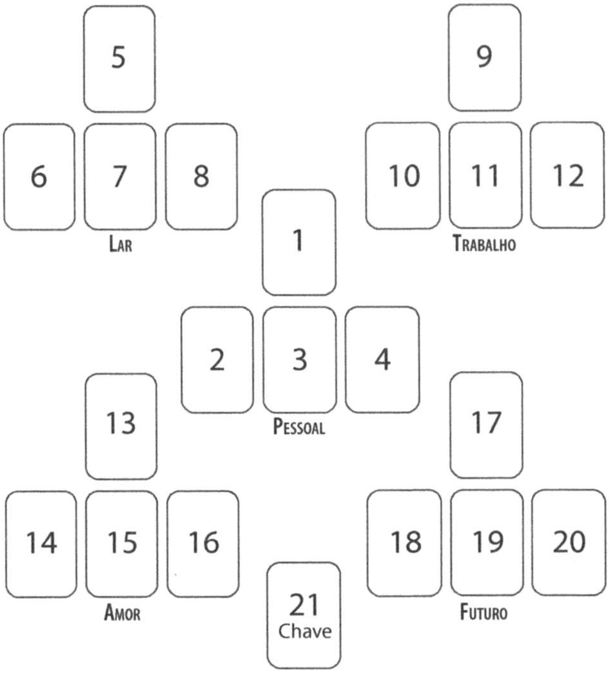

Tiragem da Vida
(maço de 78 cartas)

A Âncora
(maço de 22 cartas)

naquilo que está acontecendo ao redor dele, e o que ele está vivendo no momento.

Ocasionalmente, você verá que o tema central, que age como o âmago da leitura, ainda pode refletir as condições atuais encontradas na primeira carta — e isto, em si, lhe dirá quanto elas estão afetando o querente. De preferência, elas devem ter saído das vibrações e atmosfera da primeira carta, e por isso a carta central dará uma ideia de qual será o tema principal. Contudo, como disse, algumas pessoas ficam "presas" no dilema atual.

Isso também pode se aplicar a áreas como o amor e o trabalho. Alguém que passa por uma experiência traumática ou extremamente importante numa dessas áreas pode sentir a atmosfera dessa carta durante algum tempo. Nesses casos, as cartas de Futuro Imediato e Futuro são especialmente úteis para que você oriente o querente.

Cartas repetidas, encontradas nas duas tiragens, têm significado especial, e nesse caso você deve focalizar o tema e sua relevância. Contudo, caso encontre uma carta que se repete em áreas *diferentes* das duas tiragens, isso não conecta necessariamente as duas. Por exemplo, o Eremita na área do Amor da Âncora e na área do Trabalho da Tiragem da Vida. Às vezes, pode haver uma conexão, mas também pode ser um tema recorrente que é, ou será, particularmente importante no caminho de vida do querente.

A Tiragem da Vida

Idealizei a Tiragem da Vida há muitas luas, numa tentativa de combater uma série de restrições encontradas enquanto lia. A Tiragem da Vida não tem posições fixas propriamente ditas, exceto grupos atribuídos a diferentes áreas da vida. Cada área tem uma carta-chave com um trio abaixo dela, lidas como um diálogo que avança no tempo, sempre da esquerda para a direita. A intenção da Tiragem da Vida e da Âncora é permitir mais liberdade à expressão das cartas, livrando-as da limitação de formatos de significado posicional, dando ainda ao tarólogo mais liberdade para se mover em torno das áreas à medida que a interpretação e os temas se desenvolvem na leitura.

Áreas da vida

Os títulos de cada grupo cobrem as áreas da vida que a maioria das pessoas quer conhecer e proporciona a base para uma leitura geral, sem que haja a necessidade de se fazer perguntas logo no início ou a preocupação de formular perguntas com clareza. Embora cada grupo de quatro cartas tenha um "título", ou seja, pessoal, casa, trabalho, amor e futuro, outro indicador encontrado nesta leitura está nos temas que se sobrepõem. Se alguém está prestes a se casar ou a se divorciar, você tende a ver que esse fato se espalha pela maioria das outras áreas. Do mesmo modo, isso se aplica a alguém envolvido com o trabalho ou com problemas financeiros. Como reflexo da vida, raramente as coisas ficam em compartimentos — aquilo que nos afeta profundamente tende a se espalhar para todos os lados, às vezes inundando todas as áreas.

Há leituras que parecem caóticas ou desestruturadas, com temas por todos os lados, o que também costuma refletir eventos da vida do querente. Para algumas pessoas, essa é uma situação temporária, mas conheci algumas que me consultavam regularmente, para as quais há uma constância de consultas, caracterizando literalmente seu estilo de vida ou o modo como lidam com as coisas — tudo ao mesmo tempo! Com os grupos de cartas à sua frente, é como se você estivesse olhando através de janelas que dão para a vida do querente, e essa visão, por si só, pode proporcionar *insight* adicional. Se você estivesse usando posições fixas representando passado, presente e futuro em cada um dos grupos de áreas, então esse tipo de mensagem que as cartas podem proporcionar talvez se perdesse.

Ponto de partida

Quando você começar a fazer esta tiragem, pode ser mais fácil ler cada área em rotação, tal como disposta, começando com a área pessoal e passando depois para a da casa, do trabalho etc. Quando você se sentir à vontade, e quando houver algumas influências estimulantes, juntamente com o *feedback* correto do querente, em pouco tempo você estará se movendo pelos grupos com mais facilidade.

Geralmente, começo pela área pessoal, pois para mim ela é como a base ou o fundamento da Âncora, e tende a refletir as questões mais evidentes na mente da pessoa. Costuma haver um vínculo entre a carta da base da Âncora e a área pessoal da Tiragem da Vida, e por isso é um bom ponto de transição passar para a tiragem principal depois de ter lido a carta da base da Âncora.

Se você vir um elo entre a área pessoal e um dos outros grupos da Tiragem da Vida — por exemplo, o amor —, você poderia passar direto dali para a área do amor e dos relacionamentos. Depende muito daquilo com que você se defronta no momento.

Você verá que não há linha específica de "passado-presente-futuro" em cada um dos grupos de área, pois a linha do tempo pode variar um pouco a cada leitura. No entanto, as cartas estão sempre "indo" para o futuro, da esquerda para a direita em cada grupo. Percebi que a carta da extrema esquerda de cada grupo (posições 2, 6, 10 e 14) costumam apresentar a influência do passado imediato ou do presente que afetará o querente, e as duas cartas seguintes levam a leitura para o futuro, mostrando como a situação está se desenvolvendo.

Se você prefere uma abordagem mais definida ou posicional, pode designar as três cartas em cada área como passado-presente-futuro (exceto as cartas finais do futuro: 17, 18, 19, 20). Faça com que seja esse o seu modo fixo de lidar com a Tiragem da Vida e as cartas o atenderão. No entanto, caso decida adotar essa postura, você pode perder o fluxo de diálogo entre as cartas e a flexibilidade que a leitura pode dar, limitando a quantidade de cartas que podem propiciar informações futuras, e, para ser franca, geralmente é isso que as pessoas querem saber.

Papel das cartas-chave

A carta no alto de cada grupo de três é conhecida como carta-chave. É similar à carta mais à esquerda, mencionada antes, pois proporciona o tom e a influência sobre o tema daquela área em especial. Normalmente, o querente já está sentindo as vibrações da carta, ou, se é uma carta da corte, representa outra pessoa envolvida na situação. Por esse motivo, às vezes você pode perceber que as três cartas de baixo se relacionam com influências futuras.

A partir das minhas descrições, você já deve ter notado que essas tiragens baseiam-se em *feedback* ao longo da leitura. Embora eu já tenha feito leituras "a frio"* com essas tiragens, minha opção predileta de leitura inclui a interação com o querente, fazendo perguntas e recebendo o *feedback*, mas somente com relação ao ponto que mencionei. Inicialmente, você está

* Sem *feedback* do querente. (N. do T.)

trabalhando às cegas, mas notei que isso ajuda a evitar ideias preconcebidas sobre sua situação antes de começar. Às vezes, aquilo que sabemos pode fazer com que questionemos aquilo que vemos nas cartas, pois a lógica da mente consciente pode bloquear associações livres que vêm do subconsciente.

Algumas exceções na Tiragem da Vida

Em alguns casos, você verá que todas as cartas do trio relacionam-se com um incidente futuro, e nesse caso a carta-chave pode mostrar o tom ou a conexão. Uma exceção adicional pode acontecer quando todas as cartas informam sobre um incidente específico e elas parecem "falar" ao mesmo tempo. Isso pode ser incomum, mas tende a acontecer quando há um evento significativo no futuro próximo.

A Cruz Celta

Este velho favorito é minha opção para quaisquer questões específicas que surgem após a Tiragem da Vida inicial, em virtude da profundidade e da visão no tempo que ela pode revelar. Expliquei a Cruz Celta ao longo de várias páginas do *Tarô Claro e Simples*, que pode oferecer outras técnicas e *insights* sobre quanta informação pode ser extraída com as dez posições originais, e decifrando diversos pontos mais difíceis que costumam ser vistos nessa tiragem. Como já disse, e para seu indubitável e imenso alívio, não vou repetir tudo aqui. Vou explicar as aplicações à medida que percorrermos as leituras. (Ver o *layout* da Cruz Celta na p. 31.)

O Leque do Tarólogo, mostrado nas cartas 11 a 14, pode proporcionar informações de apoio à leitura principal. Essas cartas não são usadas como uma continuação da leitura e às vezes podem não fazer muito sentido, pois talvez se relacionem com outras situações ao redor da pessoa para quem a leitura é feita, mas costumam refletir aquilo que se apresenta na tiragem principal. Se você decidir usar o Leque do Tarólogo, considere-o como uma opção que pode lhe dar mais informações. Às vezes, ele pode surpreender, e nesse caso considere-o um bônus — mas não se fixe nele caso isso não aconteça. Só o mostrei aqui nos casos em que houve um elemento

Diagrama da Cruz Celta

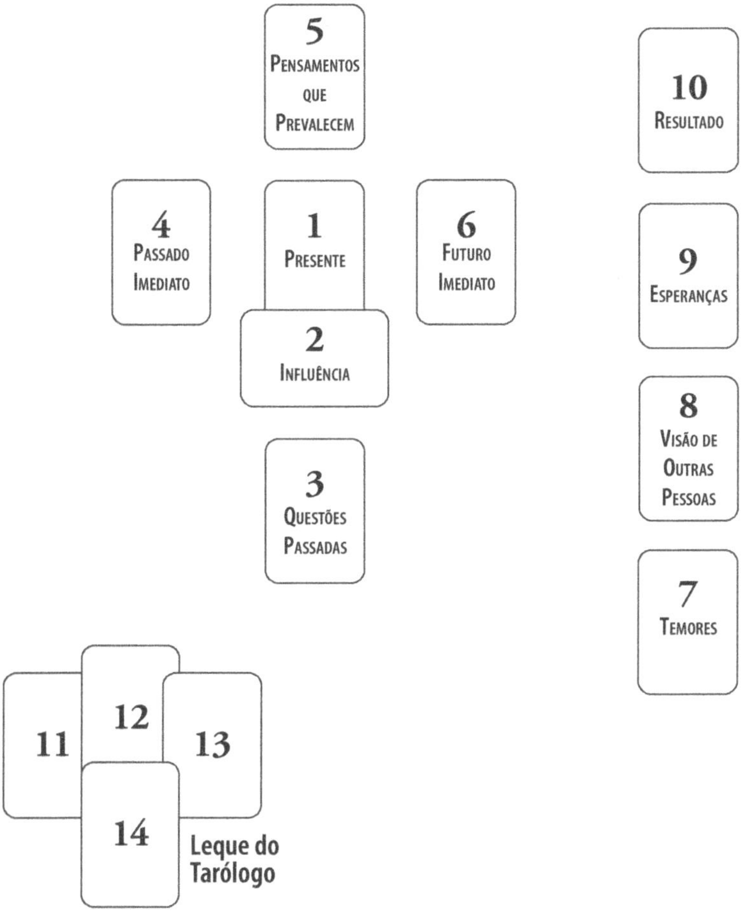

de leitura presente, para não confundir você, mas normalmente uso o Leque do Tarólogo em cada tiragem da Cruz Celta que faço.

Sistema de linha do tempo usado com a Cruz Celta

A Cruz Celta é a única tiragem com a qual funciona o sistema de linha do tempo que eu uso, adotado parcialmente a partir da teoria integral exposta por Eileen Connolly em *Tarot: A New Handbook for the Apprentice*, que merece todo o crédito.

Para obter um momento mais específico no tempo, você precisaria que um ás aparecesse nas posições de 5 a 9 na tiragem da Cruz Celta. O ás é lido primeiro em seu significado, sendo depois usado como carta indicadora do momento.

- Ás de Copas — desde o início de março
- Ás de Paus — desde o início de junho
- Ás de Espadas — desde o início de setembro
- Ás de Ouros — desde o início de dezembro
- Para saber o número de semanas, use o número dado na décima carta, reduzido a um único algarismo.
- Se a décima carta não tiver número (como, por exemplo, as cartas da corte ou o Louco), recue até encontrar a primeira carta numerada.
- Se houver mais de um ás na posição designada, use sempre o primeiro.
- Informações adicionais podem ser encontradas em associação com as cartas 3 e 7.
- As cartas 5 e 9 podem dar mais visão sobre conflitos ou equilíbrio do querente.
- Perceba ainda a relação entre as cartas 5, 7 e 9, que refletem a atitude do querente.
- O futuro imediato acabará levando ao resultado, estando associado a ele.

Por exemplo, o Ás de Copas na posição 6 e o Enforcado na posição 10 dariam um momento no tempo de três semanas a contar do início de março. Se você tiver vocação para a matemática, deve ter percebido que isso limita o tempo a uma escala de 36 semanas do ano, pois o maior algarismo de um dígito só pode ser o nove. Contudo, estamos apresentando uma estrutura temporal aproximada, que permite alguma flexibilidade.

Usando dois baralhos nas tiragens

Vamos usar dois baralhos ao mesmo tempo nas leituras. Um abrange apenas os 22 Arcanos Maiores de um baralho, mantidos especificamente para a Âncora. O segundo é um maço completo com 78 cartas, usado para a Tiragem da Vida.

Os tarólogos mais experientes podem usar dois baralhos com imagens diferentes para a Âncora e a Tiragem da Vida, mas os principiantes podem ter mais facilidade usando dois baralhos do mesmo tipo. Para as finalidades deste livro, usaremos dois baralhos do Tarô Dourado, que é o formato que utilizo quando faço leituras para outras pessoas. Primeiro porque o Dourado é meu baralho preferido, e segundo porque as pessoas adoram suas imagens e é mais fácil para elas perceberem sozinhas a semelhança quando certas cartas se repetem nas duas tiragens.

Para meu uso pessoal, em leituras para mim mesma, mantenho um par separado de baralhos, que são o Dourado como principal e os Arcanos Maiores do baralho Thoth de Aleister Crowley para a tiragem da Âncora. Por isso, fique à vontade para usar o sistema que lhe parecer mais confortável e for de sua preferência.

Preparação para a Tiragem da Vida e a Âncora

- O maço com 22 Arcanos Maiores é embaralhado primeiro, sem que sejam feitas perguntas.
- Prepare o baralho tal como o faz normalmente. Minha preferência é deixar o querente embaralhar as cartas e depois pedir-lhe que corte o maço em três, da esquerda para a direita, deixando as cartas escorregarem pelos dedos, segurando-os pouco acima da mesa.
- Reúna novamente as cartas — a primeira pilha caída é coletada antes, com a segunda posta sob aquela e depois a terceira sob esta. Deixe esse maço com a face para baixo à direita da mesa.
- Repita o processo com o segundo baralho de 78 cartas.
- Depois de concluído, coloque o segundo baralho à esquerda da mesa.
- A Âncora não é posta enquanto o processo integral de embaralhamento e corte não for concluído nos dois maços, para evitar que o querente se distraia com as imagens das cartas.

- Tome o primeiro maço com Arcanos Maiores e disponha as cartas da Âncora, como mostrado, e depois deixe o restante desse baralho de lado.
- A Âncora vai se manter no lugar ao longo de todas as leituras.
- Tome o segundo maço, este completo, e disponha as cartas como mostrado na Tiragem da Vida. Deixe o resto do maço com a face para baixo à sua esquerda na mesa, pois esse baralho será usado novamente caso seja necessário fazer outras perguntas.

Dividindo a leitura

Se a Tiragem da Vida e a Âncora forem muito distantes do seu estilo habitual de leitura, um dos modos para que você se acostume melhor com a técnica do diálogo é praticá-las usando no começo apenas quatro cartas, fazendo uma leitura para si mesmo. Quando se sentir mais à vontade com o processo, passe para o conjunto completo de 21 cartas que formam a Tiragem da Vida.

Quando tiver progredido para a Tiragem da Vida integral, você pode adicionar a Âncora ao lado dela. Pessoalmente, eu me sentiria perdida sem a Âncora, mas minha filha, Emily, atualmente lê sem ela e está satisfeita com os resultados apresentados às pessoas.

Tal como acontece com a maioria das coisas, chega um momento em que você precisa se permitir um pouco de aventura e seguir nosso amigo, o Louco, dando um salto de fé e caindo no ponto. Pode ser um pouco estranho no início, mas é natural se sentir fora de sua zona de conforto ou de familiaridade. Como a maioria das pessoas, estou certa de que você tem alguns amigos que gostariam de fazer uma experiência, assim que você se sentir à vontade após as leituras para si mesmo.

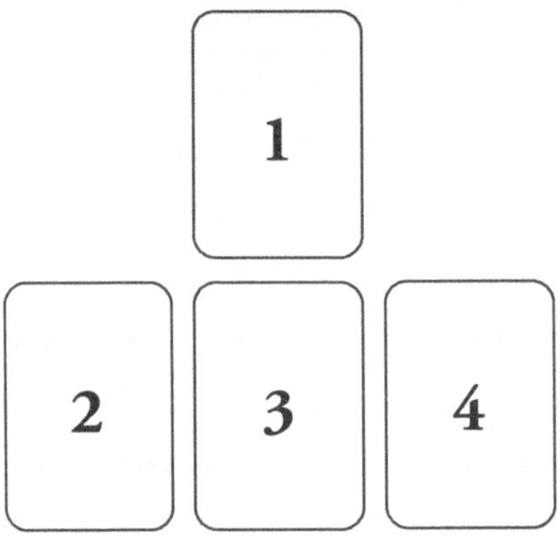

Considerações adicionais

Quem embaralha as cartas?

Alguns tarólogos gostam que o querente embaralhe as cartas, enquanto outros preferem que ninguém toque em seu baralho; alguns tarólogos cortam o maço, outros não. Não existe modo certo ou errado, só sua preferência, e por isso você pode experimentar diversos métodos até descobrir aquele que lhe parece o melhor e que funciona bem para você. Nas leituras face a face, prefiro que o querente embaralhe as cartas.

Se você estiver indeciso, eis algumas opções que poderá experimentar:

- O querente embaralha e corta as cartas.
- O querente mistura as cartas na mesa, com a face para baixo, antes de escolher a quantidade de cartas de que você precisa.
- Você embaralha as cartas e decide quando parar.
- Você embaralha as cartas e o querente lhe diz quando parar.
- Você embaralha as cartas e as dispõem em fila ou leque, com a face para baixo, e deixa o querente escolher as cartas em número necessário para as tiragens.

O processo de abertura

Provavelmente, a maioria das pessoas terá desenvolvido sua própria frase de abertura silenciosa antes de uma leitura. Em *Tarô Claro e Simples*, eu falei da abertura pedindo orientação e usando um cristal, mas vou abordar brevemente o meu próprio processo.

Prefiro o pano de fundo de um pano escuro de leitura sobre o qual disponho as cartas, e coloco um cristal de quartzo transparente no alto. O cristal já foi programado e abençoado para manter o espaço de trabalho livre de energias negativas, e para ajudar a receber orientação clara a fim de auxiliar aqueles que vieram consultar o Tarô.

Depois de ter explicado o que vai acontecer (o que abordo em detalhes na p. 40), corto o maço em três pilhas, junto-as e começo a embaralhar. Enquanto faço isso, digo o seguinte em minha mente, "Invoco os Reinos Superiores da Luz, como filha da Luz, para que me deem orientação, proteção e assistência. Por favor, ajudem-me a receber orientação clara nesta leitura para ajudar (nome do querente). Obrigada". Depois, corto o baralho novamente em três, demonstrando ao querente como eu quero que ele faça quando achar que está pronto, e depois passo a ele o baralho, para que comece a embaralhar. A frase de abertura silenciosa me ajuda a manter-me concentrada e cria uma conexão em nível espiritual com o querente.

Se você sentir que está ficando agitado ou perceber que seu foco passou a tratar mais de você e de sua leitura, e não do querente, repita a frase de abertura em sua mente para ajudá-lo a se acalmar, a retornar ao momento e a seu propósito na leitura. Invocar algo que consideramos como um poder superior ao nosso pode ser tranquilizante, ajudando-nos a manter as coisas bem enquadradas. Para você, pode ser o universo, a fonte, a luz, um anjo, Deus, a Deusa, o que quer que você considere confortável para si mesmo e suas crenças.

Outra dica que considero útil é que se me vejo lutando com uma carta, sou sincera e digo ao querente que não sei como ela se encaixa na leitura dele. Você verá que faço isso em alguns dos estudos de caso. Por isso, não sinta que você precisa ter todas as respostas — o que é obscuro para você pode ser perfeitamente sensato para o querente.

Uma ajudinha dos amigos: obtenha apoio

Se você está iniciando, provavelmente acha que os tarólogos experientes já sabem exatamente o que têm à frente, que tudo vai bem o tempo todo, que nunca ficam sem palavras ou que nunca têm momentos do tipo "Ahá!" *depois* da leitura! A maioria vai lhe dizer que às vezes isso acontece com eles também. Alguns podem até ter passado por uma experiência classificada como terrível, de fator dez! Logo, não pense que esse tipo de experiência está reservado apenas para principiantes.

Como você verá, vou compartilhar alguns dos meus "momentos" com você, tal como ocorreram nas leituras.

Hoje em dia, há muitos recursos maravilhosos disponíveis para tarólogos de todos os níveis, com os quais você pode aprender, descobrir e explorar novas técnicas, investigar baralhos diferentes, compartilhar experiências e obter apoio. Com grupos, *workshops*, sites e fóruns de discussão *on-line*, há alguma coisa para todos, dentro e fora da rede, com muitas pessoas bondosas e atenciosas na comunidade do Tarô que se comprazem em oferecer apoio ou mostrar-lhe a direção certa a seguir. No Tarô, todos nós sentimos que estamos sempre aprendendo uns com os outros, e por isso, onde quer que você vá, sempre estará entre amigos.

Se não tiver acesso a um grupo ou se não for essa sua preferência, você pode pedir a ajuda de um amigo do Tarô. Há vários anos, uma amiga e eu nos encontramos regularmente numa noite específica, na qual fazemos leituras uma para a outra e discutimos os diversos aspectos do Tarô. Aprender e compartilhar suas descobertas com outras pessoas que pensam como você pode ser divertido, proporcionando-lhe apoio. Portanto, não sinta que precisa passar por isso sozinho, há muita ajuda e apoio na comunidade do Tarô.

Ética e responsabilidade

Se você fizer uma recomendação pessoal para alguém, como um contador ou advogado, é prudente fazê-lo apenas se puder endossar pessoalmente seus serviços, por motivos óbvios.

Em nosso papel como tarólogos, estamos tentando ser úteis para aqueles que nos consultam, abrindo sua percepção para o potencial e as possibilidades nas situações que podem cercá-los. Quando lhes damos forças, não estamos assumindo a responsabilidade de opção ou de decisão dizendo-lhes o que devem fazer, mas aconselhando sobre áreas nas quais pode ser vantajoso tomar cuidado ou investigar melhor. Talvez dê a impressão de estar dizendo o óbvio, mas na maior parte do tempo é apenas bom senso, levando em conta as consequências de como o querente pode aplicar aquilo que dizemos a ele.

Como regra geral, você não deve oferecer conselhos médicos, legais ou financeiros específicos — mesmo que você tenha formação profissional numa dessas áreas. Durante uma leitura, é melhor distinguir claramente entre seu papel como tarólogo e o de qualquer outra capacitação profissional. Às vezes pode ser tentador fazer o contrário, especialmente quando as pessoas se defrontam com uma situação jurídica ou financeira, ou esses temas aparecem na leitura. Mas, por exemplo, há uma boa diferença entre sugerir cautela na área financeira e aconselhar alguém a vender todas as suas ações. Se você começar a dar conselhos específicos que deveriam ser oferecidos por um profissional, pode aconselhar incorretamente alguém e ter resultados desafortunados, ou ver-se numa situação difícil. Alguns desses temas apareceram nos estudos de caso; espero que lhe proporcionem alguma perspectiva sobre o modo como lidei com eles.

Pessoalmente, nunca trato de questões de saúde em leituras. Se alguém me pedir uma leitura sobre sua saúde, pergunto se a pessoa tem algum problema médico ou um motivo para estar preocupada e sugiro que marque uma consulta com seu médico ou procure um serviço de saúde pública, conforme for o caso.

Outra coisa que não faço é ler as cartas para uma pessoa que não está presente e que não pediu uma leitura, como uma divorciada que queria saber se a namorada de seu ex-marido estava tendo um caso. De maneira ideal, qualquer pergunta pode incluir alguém que esteja diretamente envolvido na vida do querente; claro, depende de como a pergunta é feita, mas levo em conta a possibilidade de uma intromissão inconveniente. Se a pessoa está envolvida na situação do querente e se a carta da corte aparece na Cruz Celta (especialmente na décima posição, que mostra que a resposta depende das ações da pessoa), posso fazer uma leitura de continuação a partir daquela carta, mas a leitura ainda é do querente. Do contrário, sinto que é uma invasão de privacidade, um dos exemplos de limites que não gosto de transpor.

O que se mostrou muito útil para mim foi o fato de, há muitos anos, ter feito um curso certificado de aconselhamento, especialmente devido às situações com que me defrontava enquanto estive envolvida com cura espiritual. As habilidades desenvolvidas mostraram-se valiosas em situações de leitura, como a forma de realmente prestar atenção no que alguém me diz, como não dizer às pessoas o que fazer, como me manter numa posição de empatia, sem julgar ninguém, e a importância do distanciamento profissional. Não estou sugerindo que seja algo que você *precisa* fazer, mas se tiver a oportunidade de fazer um curso básico de aconselhamento, recomendo-lhe muito que o faça.

Entre leituras

Para garantir que as cartas fiquem "limpas" entre as leituras de diversas pessoas, separo-as completamente, para me assegurar de que não vou receber resultados confusos. Normalmente, uso alguns baralhos, embaralho-os e corto-os algumas vezes antes de receber outro querente. Contudo, usei um sistema mais metódico com essas leituras, pois achei que ele funcionou muito bem e talvez você queira adotá-lo.

Pegue o maço e distribua individualmente as cartas de cima em cinco montes. Faça-o da esquerda para a direita, do um ao cinco, e depois repita o processo.

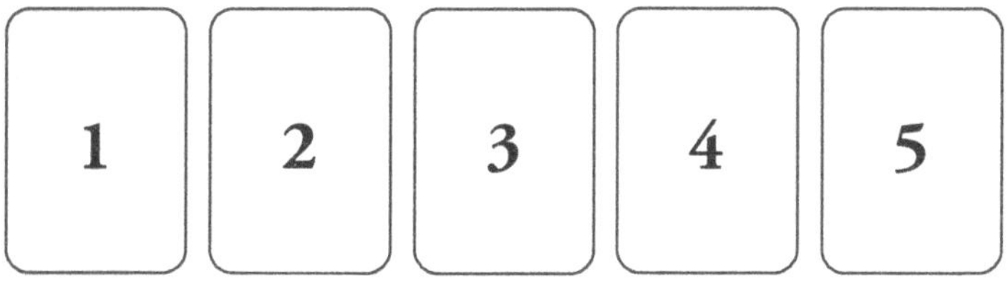

Depois que todas as cartas tiverem sido distribuídas e você tiver cinco montes, recolha-os na seguinte ordem, colocando um monte sob o outro: 4, 2, 5, 3, 1. Depois, embaralhe bem e corte três vezes.

Agora, seu baralho está bem limpo e pronto para ser usado com outra pessoa, sem que você precise se preocupar com a ideia de que algumas das cartas ainda estejam na ordem deixada pela leitura do querente anterior. Você deve agora começar com o processo de abertura (explicado anteriormente).

O que analisei com os querentes

Como estaremos acompanhando as leituras tal como aconteceram, imaginei que seria melhor mostrar o que eu faço com todos antes de uma leitura, pois assim não precisarei repetir tudo em cada estudo de caso. Você verá que repito alguns desses pontos durante as leituras (especialmente no que diz respeito a escolhas pessoais e ao futuro); mantive-os porque fazem parte de relatos reais e espero que proporcionem a essência de sua aplicação.

Antes de começar o processo de abertura ou a leitura, pergunto aos querentes se já receberam uma leitura de Tarô antes, quando foi e o que acharam da experiência. Isso ajuda a descobrir quaisquer concepções prévias que possam ter sobre o Tarô. Falo a respeito do que vai acontecer na sessão e o modo como trabalho, para deixar a pessoa à vontade e sabendo o que esperar. Explico que se trata de um processo interativo e que vai exigir algum *feedback* ao longo da leitura, para tentar garantir que os melhores resultados apresentados pelas mensagens das cartas possam se aplicar à situação. Para isso, faço perguntas ou peço ao querente que comente uma situação que aparece. O conteúdo de sua leitura e qualquer informação que me é passada são confidenciais. Informo-lhes que podem me interromper a qualquer momento caso tenham alguma pergunta ou não entendam alguma coisa.

Depois, explico que o Tarô pode sugerir o potencial de uma situação, algo como um efeito dominó, no qual ações passadas e presentes estão se desenvolvendo rumo ao futuro. Isso significa que o futuro tem possibilidades que podem ser moldadas por suas próprias ações. Assim, por exemplo, se o futuro parece estar tomando uma direção que deve ser evitada, o querente pode analisar suas opções e fazer mudanças que, em última análise, modificarão o rumo das coisas. Sempre digo que "o Tarô é um guia maravilhoso, mas não é o seu mestre. Só você pode decidir o que é certo para você. Nenhuma outra pessoa é responsável por suas ações ou escolhas".

Por fim, explico que o Tarô normalmente mostra as áreas que são mais relevantes na ocasião, e que geralmente abrange um período de seis meses, embora algumas situações possam levar até um ano para se desenvolver. Digo que depois do final da leitura, se o querente ainda tiver dúvidas poderemos analisar aquilo que ele considerar importante ou que desejar aprofundar um pouco. Minha intenção é proporcionar uma leitura construtiva, oferecendo a oportunidade de explorar opções para sua experiência de vida.

Visto tudo isso, sempre pergunto se o querente se sente à vontade para seguirmos em frente e aguardo o seu consentimento antes de fazê-lo. Então, dou início ao processo de abertura e mostro-lhe como segurar as cartas.

Para fins deste livro, e para lhe oferecer uma apresentação dos querentes, antes de começar perguntei-lhes a idade, se estavam envolvidos num relacionamento e no que trabalhavam, mas nem sempre faço isso nas leituras. Geralmente, faço essas perguntas em algum ponto da leitura, dependendo das cartas que encontro pela frente.

E vamos aos querentes

Assim, com todas as formalidades e preliminares cobertas, espero que você considere úteis as seguintes leituras e explicações enquanto as acompanha até sua conclusão.

2

O gay

Simon é um gay solteiro, com trinta e tantos anos e dono de diversos salões de cabeleireiro no sul da Inglaterra. Ele já tinha recebido uma leitura de Tarô antes, e por isso tinha a mente aberta e estava entusiasmado com sua leitura.

Primeiras impressões

Ao tirar as cartas e reservar alguns instantes para avaliar o que estava à minha frente, eis os pensamentos imediatos que registrei antes de começar a interpretar as cartas para Simon:

- A carta dos Enamorados na base da Âncora, repetida na Tiragem da Vida na seção do futuro.
- A área pessoal, a de relacionamento e a de futuro da Tiragem da Vida focam relacionamentos.
- A carta da Temperança e a do Julgamento na área do amor da Âncora e como centro da leitura sugere a possibilidade de uma reconciliação ou renovação. Além disso, o Cavaleiro de Ouros no final da leitura da Vida liga-se a relacionamentos.
- O Louco é repetido na área futura das duas tiragens.

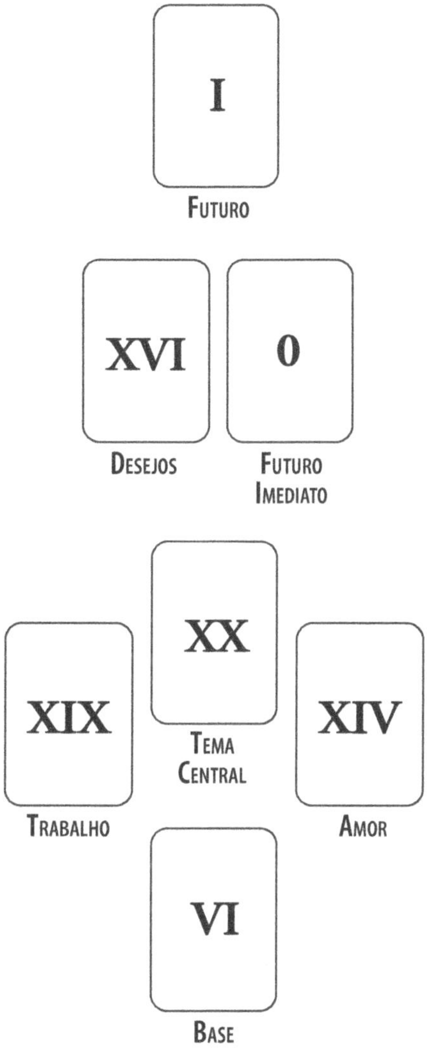
I
Futuro
XVI
0
Desejos
Futuro
Imediato
XX
XIX
XIV
Tema
Central
Trabalho
Amor
VI
Base

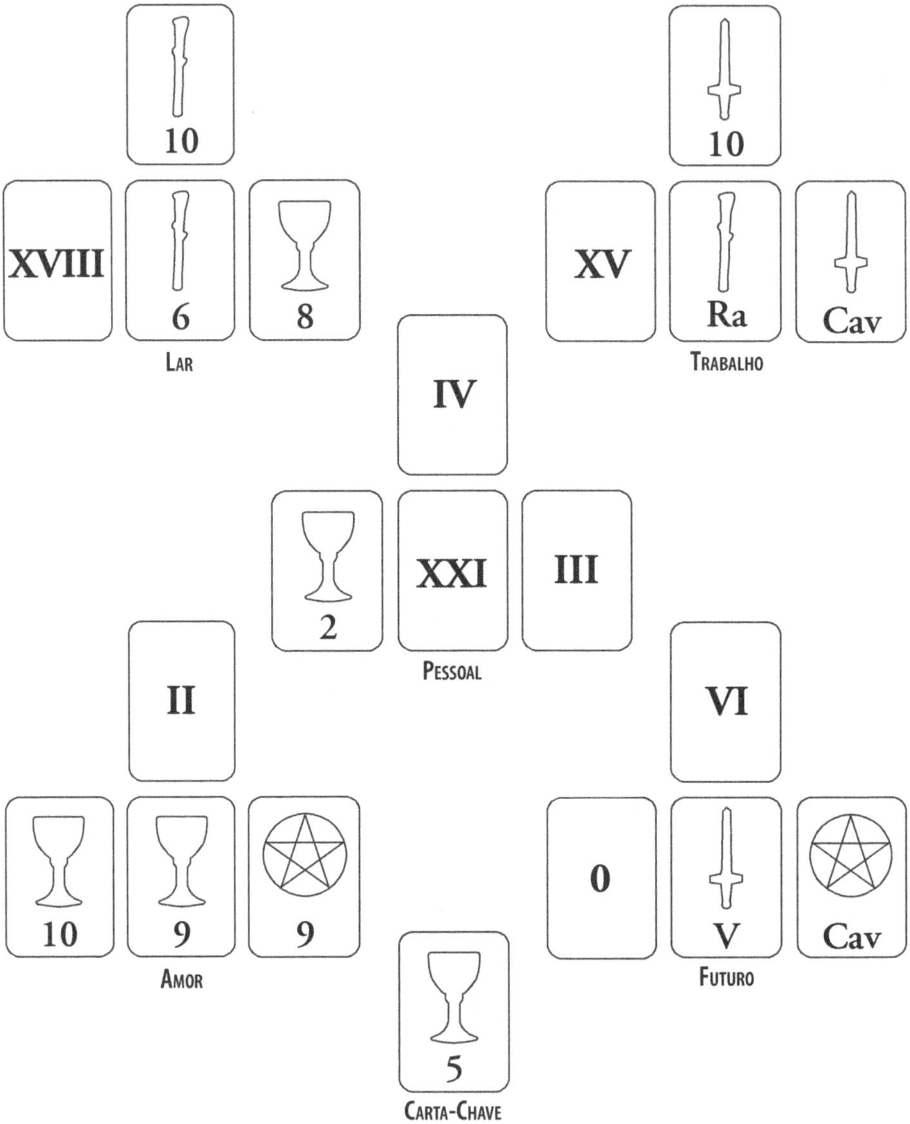
10
XVIII
6
8
Lar
10
XV
Ra
Cav
Trabalho
IV
2
XXI
III
Pessoal
II
10
9
9
Amor
VI
0
V
Cav
Futuro
5
Carta-Chave

- A área profissional da Tiragem da Vida indica preocupações, pois parece bastante turbulenta.
- Três dez — um período de transição até a conclusão.

A Âncora

Posição da Base: Os Enamorados

A primeira carta na posição da base da Âncora costuma proporcionar uma indicação do que está acontecendo ao redor do querente, ou o que é mais importante para ele no momento da leitura, e por esse motivo é o meu ponto de partida. Mostrei para Simon os Enamorados na posição da base e mencionei que os relacionamentos estavam sendo repetida e fortemente indicados em outras áreas da Tiragem da Vida, que parecia mostrar que alguma situação de relacionamento poderia estar dominando sua vida naquele momento. Simon concordou que era o caso.

Tendo essa confirmação, ficou mais fácil continuar com mais confiança sabendo que estava no caminho certo, e, como tantas áreas se referiam ao tema, foi a trilha que segui. A vantagem das duas leituras juntas é que você pode percorrer as tiragens na ordem que preferir, geralmente ditada pelas cartas ou situações que aparecem. Não é habitual percorrer as tiragens de forma sistemática, área por área, pois a maioria das pessoas consulta as cartas por um motivo e ele geralmente se revela.

A Âncora

Área do Amor: A Temperança
Central: O Julgamento

Na área do amor da Âncora, a Temperança indica um relacionamento harmonioso, mas talvez mostre a necessidade de paciência. Como carta das emoções equilibradas e da cura, ela costuma indicar a reconciliação num relacionamento. O Julgamento no centro da tiragem da Âncora fortaleceu a possibilidade de se tratar de um amor revivido, de algum modo, ou que tinha raízes no passado.

Passando para a Tiragem da Vida, você vai perceber o Dois de Copas na área pessoal. Como este é um dois, e na ausência do Ás de Copas (que indicaria o começo do relacionamento), geralmente representa um relacionamento íntimo que já começou, ou algum tipo de continuação. Há outras indicações aqui, mas se analisarmos a área pessoal como um todo, talvez seja possível observar o fluxo começando a se revelar.

A Tiragem da Vida

Área Pessoal: O Imperador

Dois de Copas, O Mundo, A Imperatriz

Como primeira carta da leitura, o Imperador é a carta-chave, ou de consolidação, da área pessoal. Quer Simon perceba, quer não, isso parece colocá-lo numa posição muito poderosa em sua situação. Como carta de liderança e autoridade, ela também mostra pensamento lógico e racional com relação a uma situação, ou que isso está sendo exigido.

O Dois de Copas mostra o crescimento num relacionamento. Seguindo a mensagem da Temperança, ele também tem ecos de harmonia, equilíbrio e bondade — um vínculo amoroso entre duas pessoas. Normalmente, simboliza o progresso num relacionamento e às vezes pode representar amizade ou algum outro vínculo íntimo que se torna algo mais profundo.

Simon confirmou que esse relacionamento estava em desenvolvimento, e que já durava mais de um ano. A intimidade compartilhada incluía o contato diário, mas ainda não se tornara um relacionamento pleno.

O Mundo e a Imperatriz estão bem nesta posição, com sua mensagem de sucesso e triunfo. Geralmente, o Mundo sugere que o sucesso não aconteceu da noite para o dia, mas algo que foi trabalhado ao longo do tempo e que acabou chegando à sua conclusão. A Imperatriz também mostra coisas que deram frutos, mas exigindo acolhimento, bastante cuidado e atenção. Com três cartas importantes, esta área é bem poderosa. Um outro vínculo aqui, entre a Imperatriz na Tiragem da Vida e a Temperança na Âncora, parece fortalecer a mensagem de que será necessário cuidado, paciência e gentileza a fim de produzir o sucesso desejado.

A Tiragem da Vida

Área do Amor: A Sacerdotisa, Dez de Copas, Nove de Copas, Nove de Ouros

A Âncora

Área do Amor: A Temperança

Ao analisar minhas impressões imediatas das cartas, à primeira vista a Sacerdotisa deve ter sido um indicador importante que não percebi naquele estágio. Ali está ela como nossa carta-chave na área do amor. A Sacerdotisa representa o conhecimento oculto, potencial mas ainda não realizado e, geralmente, com um aspecto de sigilo. Nas leituras, ela pode representar uma situação ou informação sendo revelada ao querente e que lhe será benéfica quando for conhecida, um segredo que lhe é revelado.

Nesse estágio, Simon me informou que mantinha o relacionamento em segredo, e isso foi muito importante para a leitura. Não havia cartas sugerindo um caso ou o envolvimento de outras pessoas, e por isso não parecia haver um motivo para o sigilo que o rodeava. Com cartas que seriam bem bonitas, o Dez e o Nove de Copas sugeriam que esse relacionamento tinha muitas perspectivas de felicidade emocional, e certamente era isso que Simon mais queria, indicado pela carta dos desejos, o Nove de Copas.

Geralmente, há um ponto na leitura em que o querente se sente mais à vontade para revelar detalhes sobre si mesmo e sua situação; até esse ponto, geralmente só peço confirmações básicas. Faço isso para garantir que estou indo na direção certa e porque se o querente me revelar toda a situação cedo demais, então as informações que as cartas me proporcionam já terão sido dadas pelo querente — e isso pode fazer com que ele questione o que lhe é dito. ("Ora, acabei de dizer isso a ela!") Sem conhecer as circunstâncias completas de sua situação, a percepção não é afetada, pois do contrário a mente lógica pode fazer com que consideremos improvável aquilo que vemos, tendo como base aquilo que sabemos.

A relevância de muitos aspectos da leitura obtidos até agora se uniram neste ponto. Simon e seu possível parceiro compartilhavam uma amizade e um envolvimento muito profundos na vida um do outro, mas seu parceiro receava assumir sua sexualidade, principalmente por causa do efeito que achava que o fato teria para sua família. Por isso, o relacionamento ainda não tinha se desenvolvido plenamente. No começo Simon lutou contra isso e até tentara descartar o relacionamento, pois era frustrante e não ia a parte alguma, mas não se sentiu inclinado a buscar outros relacionamentos.

Agora a Temperança faz muito mais sentido na área do amor, com a paciência, a compreensão e a atenção amorosa pelo parceiro, pois ele esperou que este desse o passo seguinte. Como carta de renovação, o Julgamento pareceu correto, pois recentemente seu parceiro o procurara com um telefonema de madrugada querendo conversar, embora não pudesse se expressar plenamente nessa ocasião. Como ambos estão em contato diariamente, Simon sabia que o motivo do telefonema era tratar do aspecto insatisfatório de seu relacionamento e que essa questão precisava ser retomada. Ele não sabia muito bem como a situação iria se desenvolver e às vezes questionava até sua própria paz de espírito.

Segundo o que vimos nas cartas, até aqui as indicações futuras são boas. Voltando à área do amor, o Nove de Ouros pode sugerir que ainda haverá um período em que, aparentemente, Simon agirá de forma independente. Embora esse Nove indique alguém material e emocionalmente seguro, por direito próprio e graças a seus próprios esforços, ele não mostra necessariamente que ele está sozinho ou sem um relacionamento. No entanto, achei que isso mostrou que, em certos aspectos, Simon ainda será visto como uma pessoa independente — e por isso o *status quo* pode perdurar um pouco mais. Por exemplo, talvez fosse diferente se tivéssemos o Dez de Ouros em vez do Nove, ou se o Dez de Copas tivesse sucedido o Nove de Copas em vez do Nove de Ouros.

A Tiragem da Vida
Área do Futuro: Os Enamorados, O Louco, Valete de Espadas, Cavaleiro de Ouros
A Âncora
Futuro Imediato: O Louco

Como a parte final da Tiragem da Vida também focalizou o relacionamento, deu-me a impressão de que seria o caminho natural a percorrer na leitura, e por isso foi a área de que tratei em seguida.

Com os Enamorados como carta-chave, temos a informação de que o principal foco é o relacionamento. O Louco aparece nas duas tiragens, e também está na posição do futuro imediato da Âncora. Isso mostra que uma oportunidade inesperada vai se apresentar, exigindo que Simon faça uma escolha — se vai ou não seguir a situação trazida pelo Louco. As pessoas costumam achar que estão prontas para a carta do Louco em sua vida, mas, quando a situação se apresenta, naturalmente elas podem se conter, pois trata-se de um território desconhecido ou de uma situação que surge no momento em que elas menos esperam. Normalmente, somos criaturas de hábitos, que gostam que as coisas tenham um sentido natural de ordem, mas o que o Louco traz (ou quando traz) pode parecer inesperado, ou não do jeito que o querente imaginava.

O Valete de Espadas parece em conflito com o Louco, pois pode representar atrasos ou notícias frustrantes, e geralmente o Louco é uma carta positiva. O Cavaleiro de Ouros mostra alguma coisa que finalmente deu frutos e que pode ter se arrastado por muito tempo, a ponto de a pessoa ter desistido. Geralmente representa uma situação na qual a pessoa investiu bastante tempo e energia, metódica e cuidadosamente. Isso certamente parece aplicar-se à posição de Simon. Por isso, de modo geral, a situação pode rumar para um desfecho, talvez em circunstâncias inesperadas e possivelmente não de um modo que ele consideraria perfeito. Achei que o importante aqui foi não me deixar levar por aquilo que o Valete de Espadas poderia trazer, pois havia muitos outros aspectos positivos no resto das tiragens. Aparentemente, a situação inesperada introduzida pelo Louco tem um elemento de desapontamento (Valete de Espadas), mas é por esse elemento que a conclusão do Cavaleiro de Ouros se apresenta. A transição rumo à conclusão também é um tema encontrado nos três dez da tiragem.

A Tiragem da Vida

Área do Trabalho: Dez de Espadas, O Diabo, Rainha de Paus, Cavaleiro de Espadas

A Âncora

Área do Trabalho: O Sol

Como esta era uma área forte da tiragem, senti-me em seguida atraída a interpretar essa parte da leitura. Também é significativo o fato de o Sol, uma carta de sucesso, aparecer na Âncora, que parecia completamente fora de compasso com as cartas da Tiragem da Vida. Era como se uma situação que estivesse fermentando na área do trabalho não aparecesse, felizmente, para perturbar o esquema a longo prazo, pois o Sol é uma carta com muita força. Como a Âncora é constituída apenas por Arcanos Maiores, é sempre o lugar de referência e de confirmação.

Como nossa carta-chave, o Dez de Espadas sugere um desapontamento bem significativo, ou, na pior das hipóteses, o término de uma situação ou mesmo planos arruinados. O Diabo colocado antes da Rainha de Paus indica a pessoa que causa o problema, e a sensação geral que rodeia essa pessoa claramente não é boa; pode haver ainda um aspecto de sigilo com essa carta, talvez indicando que ela tem planos secretos. Com o Cavaleiro de Espadas, a sugestão é que assim que a situação ocorrer, deve se desenvolver bem depressa, talvez criando certo caos. Este é o ponto para o qual a situação está indo, mas antes de revelar isso a Simon eu precisava conhecer sua posição atual.

Perguntei a Simon se teria havido alguma constatação ou decepção importante ligada recentemente a seu trabalho. Simon me disse que não notou nada parecido, e então passei para o Diabo, pois parece que o Dez de Espadas ainda vai acontecer, a menos que ele ainda não tenha percebido uma situação e isso às vezes pode acontecer em retrospectiva. Expliquei que isso pode estar ligado a uma mulher, que descrevi para ele, mas também disse que poderia haver alguma sensação ruim ou um aspecto de sigilo envolvendo-a. Primeiro, descrevi a personalidade e depois perguntei a Simon se ele identificou a pessoa a partir dessa descrição. A Rainha de Paus é uma pessoa animada, alegre, sempre ocupada com diversos projetos ao mesmo tempo. Ela parece se entender bem com esse esquema, mas às vezes pode parecer um pouco desorganizada.

Simon identificou a situação e a pessoa envolvida como uma nova funcionária com um cargo importante num de seus salões. Ele percebera algumas coisas erradas recentemente, financeiras ou não, que não se enquadravam nos padrões habituais dos negócios, um fato que, coincidentemente, começou na época em que ela foi admitida. Ele a empregara porque achava que ela iria proporcionar um lado inovador para seus negócios, nos quais ele investira uma quantia considerável e dos quais esperava muito, com a intenção de explorá-los melhor. Agora ele tinha suas dúvidas e algumas preocupações.

As circunstâncias pareceram ligadas às cartas que estávamos vendo, e eu me senti mais à vontade para revelar a situação que percebera. Quanto ao Dez de Espadas, disse a Simon que achava que essa parceria iria acabar, e o Cavaleiro de Espadas sugeria que isso aconteceria mais depressa do que ele esperava, ou que quando o fim chegasse seria com certa agilidade, pois esse Cavaleiro costuma incluir velocidade e caos na equação. Como ele ainda não havia passado pelo Dez de Espadas, então certamente isso parecia indicar um ponto final próximo. O Diabo ao lado da Rainha de Paus poderia mostrar suas suspeitas quanto a ela e os motivos para tanto, mas também poderia indicar que ela alimentava planos secretos. Contudo, o Sol na Âncora indicava que, de modo geral, seus negócios não iriam sofrer e ele teria sucesso.

Simon confirmou que seus salões estavam indo bem, e, apesar do desapontamento, ele esperou que a perda não fosse afetar seus negócios como um todo. A partida da funcionária criaria alguns problemas, pois ele investira bastante no desenvolvimento dos novos aspectos do negócio. Contudo, tendo em vista os recentes infortúnios, ele achou que era muito possível que a parceria fosse terminar.

A Tiragem da Vida
Área do Lar: Dez de Paus, A Lua, Seis de Paus, Oito de Copas

Na área do lar, o Dez de Paus como carta-chave mostra que Simon acha que alguma coisa o está oprimindo ou sobrecarregado. A Lua sugere emoções flutuantes e talvez alguma incerteza. Simon não conseguiu associar isso à sua vida doméstica e por isso prossegui. Expliquei que aparentemente a sensação do fardo e as emoções flutuantes poderiam estar associadas a uma situação que poderia apresentar boas notícias, que inicialmente o alegrariam e trariam uma sensação de realização pessoal.

Quando acrescentei a interpretação do Seis de Paus, Simon me disse que tinha adquirido recentemente outra propriedade e que estava muito feliz consigo mesmo por causa do valor que havia pago pelo imóvel. Na ocasião, ele achou que iria se mudar para lá como sua nova casa, mas agora não tinha certeza. Ele não tinha feito a conexão porque não é o lugar onde mora e não associara o imóvel à sua vida doméstica. Na verdade, ele gostaria que seu parceiro se mudasse com ele para essa nova casa, mas como isso não ocorreu, o seu entusiasmo inicial diminuiu. Ele disse que embora a propriedade estivesse vazia, ela era um lembrete em sua mente daquilo que ele realmente esperava e desejava: um lar para compartilhar com seu parceiro. Ele concordou que os significados do Dez e da Lua refletiam precisamente seus pensamentos e sentimentos a respeito da casa.

O Oito de Copas indica o afastamento de uma situação devido a uma desilusão ou desapontamento, e geralmente representa uma forma de abandono a favor de um caminho diferente. O Seis de Paus está cercado por cartas menos positivas aqui, e por isso o sentimento positivo é limitado pelas outras emoções. Com o Oito de Copas como carta final dessa área, as indicações presentes são que ele se afastaria dessa propriedade no futuro. Se isso se daria por um aluguel ou por uma venda, eu não poderia dizer, mas atualmente a sugestão é que ele não iria tornar essa casa o seu lar.

Simon disse que, no fundo, ele percebia que a compra da casa fora uma decisão emocional e, provavelmente, não muito lógica. Embora soubesse que não perderia dinheiro com a compra, emocionalmente ele ficou desapontado em função das verdadeiras razões para tê-la adquirido. Ele explicou que reformou e decorou completamente a casa, mas que ficou triste quando a visitou; não conseguiu mudar-se sozinho para lá. Escutei em silêncio sua tristeza enquanto ele se punia por aqueles sonhos que agora pareciam irreais e estúpidos. Eu lhe disse que todos nós estamos propensos a agir como tolos aos olhos do amor, mas que, se lhe servia de consolo, eu ficaria alucinada se alguém tivesse se dado ao trabalho de fazer tudo aquilo por conta de um sentimento que nutria por mim. Esse comentário aliviou o clima e ele disse que, se fosse hétero, casaria comigo na hora. Nós dois rimos muito.

A Tiragem da Vida

Carta-Chave: Cinco de Copas

A Âncora

Esperanças e Desejos: A Torre

Achei que essa carta-chave foi muito curiosa: a leitura pareceu muito positiva. Embora Simon não estivesse obtendo exatamente o resultado que esperava em seu relacionamento, ele não parecia ligado a um momento Cinco de Copas. A carta-chave nem sempre se relaciona com um evento futuro e pode representar como o querente está se sentindo com relação a uma situação ou sua atitude geral. Isso é claramente importante, pois pode mostrar o que o está afetando ou o que o impede de conseguir aquilo que ele mais deseja.

O Cinco de Copas indica a sensação de desapontamento ou de perda. A figura na carta focaliza-se sobre as três taças tombadas, representando aquilo que ele sente que se perdeu, em vez de se ater aos fatores positivos que ainda estão em ação e representados pelas duas taças em pé atrás dela. Há, aqui, o perigo de se ficar preso a aspectos passados de uma situação, perdendo de vista o bem que ainda resta. Simon confirmou que os temores iniciais com relação a seu parceiro ainda o preocupavam, caso a situação simplesmente se repetisse.

A Torre na área dos desejos da Âncora também é um indicador forte. Às vezes, pode parecer confuso alguém encontrar uma carta supostamente negativa na posição dos desejos. Como isso é possível? Descobri que a Torre ou a Morte nessa posição mostra que a pessoa deseja uma mudança radical numa situação corrente que a está sobrecarregando (por exemplo, pessoas que passam por um divórcio ou por uma ruptura complicada costumam ter uma dessas cartas nessa posição). Como são cartas muito fortes, e do tipo que a maioria deseja evitar, dá para se ter uma ideia do nível de ansiedade que algumas pessoas podem estar sentindo por dentro. Juntas, portanto, o Cinco de Copas e a Torre nos dão mais informações sobre o que Simon está realmente sentindo quanto ao relacionamento e como este é importante para ele.

A Âncora

Futuro: O Mago

O Mago na posição final da Âncora dá a Simon a mensagem de que ele tem confiança em sua própria capacidade de resolver situações; ele já tem todos os talentos e habilidades de que precisa, basta ter confiança nesse fato. Embora seja uma boa carta para seus negócios, ela pode se relacionar com qualquer área da vida. Dizendo isso, levei-o de volta à Temperança e à Imperatriz da Âncora na área do amor e em sua seção pessoal da Tiragem da Vida. Ele já lidou bem com a situação até agora e as cartas indicaram que isso ainda aconteceria para que ele atingisse sua meta — paciência e atenção. Simon achou que isso lhe deu conforto quanto à sua situação e afirmou que se esperara tanto tempo, poderia esperar um pouco mais.

Resumo

Tendo concluído tudo que pude ver nas duas tiragens, e antes de recolher as cartas, perguntei a Simon se havia mais alguma coisa que ele gostaria de esclarecer sobre a leitura, ou se havia mais alguma coisa a perguntar para as cartas. Simon disse que tudo tinha ficado claro, mas queria saber se poderíamos saber um pouco mais sobre o relacionamento com outra leitura e se haveria um modo de saber mais sobre o ritmo dos acontecimentos. Quanto à Tiragem da Vida, tenho visto que os resultados se seguem após um período de três a seis meses, embora alguns eventos possam levar até doze meses. No entanto, a Cruz Celta pode oferecer uma indicação de tempo mais precisa, caso apareçam as cartas relevantes de que precisamos.

Tiragem adicional: Cruz Celta

Em vez de pedir especificamente às cartas que proporcionem uma indicação de tempo, sugeri que Simon fizesse uma pergunta quanto ao futuro do relacionamento. Desse modo, seria possível recebermos uma carta de tempo dentro da tiragem, mas se isso não acontecesse, poderíamos levar a leitura um estágio à frente e fazer uma pergunta específica. Contudo, disse a Simon que se nenhuma carta de tempo tinha aparecido até aquele ponto, era improvável que aparecesse agora.

Como sua pergunta dizia respeito especificamente a seu relacionamento com outra pessoa, cobri os quatro tipos de personalidade dos reis. Desse modo, poderíamos identificar seu parceiro de antemão, para que não houvesse dúvidas caso alguma das cartas masculinas da corte aparecesse na leitura. Ficou decidido que Simon era o Rei de Paus e seu parceiro o Rei de Ouros.

Tiragem adicional: Cruz Celta 1

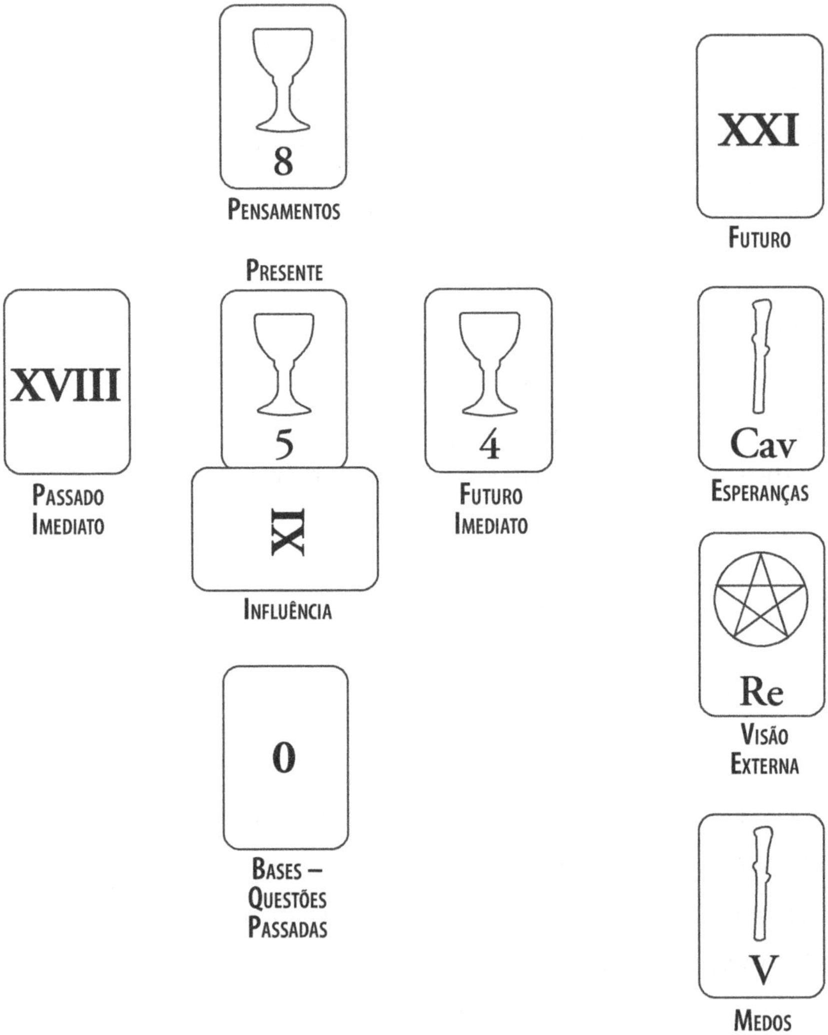

Simon embaralhou as cartas enquanto perguntava qual seria o futuro do relacionamento com seu parceiro. Na pág. 56 estão as cartas em resposta à sua pergunta. É interessante observar quanto dessa leitura confirma aquilo que já tínhamos lido; geralmente, você vai perceber que isso acontece.

O Cinco de Copas na posição inicial mostra o que Simon está sentindo com relação à pergunta, e seus medos dizem respeito ao passado desse relacionamento. Contudo, a carta que o cruza age como um filtro. Nesse caso, temos a Justiça, que mostra a necessidade de manter a mente equilibrada e lógica.

A base da situação (carta 3) costuma se associar com a carta que fala dos temores do querente (carta 7), proporcionando um retrato de uma situação passada que está influenciando a situação presente. O Louco, juntamente com o Valete de Paus, revela a mensagem inesperada, o telefonema que provocou a situação atual e as emoções de Simon mostradas na primeira e na segunda cartas.

O passado mais recente, ou a influência que acaba de ser sentida (carta 4) por Simon é a Lua. Ela nos mostra suas emoções flutuantes e certa confusão interior. Ela passa ainda a mensagem de que uma situação é muito mais profunda do que se pode perceber atualmente.

De modo geral, outra ligação pode ser encontrada nos pensamentos que prevalecem (carta 5) e na carta 9 das esperanças. O Oito de Copas e o Cavaleiro de Paus mostram que Simon pensou em abandonar seus planos de se mudar para a casa que adquirira, pois o Cavaleiro de Paus costuma representar uma mudança de residência. Contudo, quando também são analisados no contexto de sua própria posição e da conexão com a pergunta, os pensamentos do querente costumam levar a um possível curso de ação que pode se manifestar: nesse caso, as cartas indicam Simon pensando seriamente em abandonar os esforços dirigidos ao relacionamento até então.

Levando isso um estágio além, a atitude do querente pode ser vista estudando os pensamentos que prevalecem (carta 5), os temores (carta 7) e esperanças (carta 9). Nessa leitura, temos três cartas dos Arcanos Menores nessas posições. Também podemos ver algum conflito nas emoções de

Simon: a ideia de abandonar a situação e afastar-se, enquanto o Valete de Paus é uma carta positiva numa situação "negativa", mostrando seu desejo de ter boas notícias mas receando não recebê-las, com o Cavaleiro de Paus seguindo o Valete, levando ação às notícias e sua esperada mudança de residência.

No futuro imediato, o Quatro de Copas adverte que Simon deve tomar cuidado para não perder oportunidades em função do que possa estar sentindo. A sexta carta, como futuro imediato, costuma estar já no processo de "preparação", pois esse evento já foi influenciado pelo passado recente e pelo presente, por ações já encetadas ou pelas reações a coisas que já aconteceram, e por isso os resultados da sexta carta podem ser de difícil alteração, uma vez que já se acham no processo de materialização.

Analisando a sequência do Cinco de Copas (influência presente), da Lua (passado recente) e do Oito de Copas (pensamentos que prevalecem), a sensação de insatisfação que costuma ser vivenciada pelo Quatro de Copas parece mostrar uma progressão natural que faz sentido.

Uma das cartas mais interessantes foi o Rei de Ouros situado na oitava posição, pois tínhamos determinado antes que esta seria a carta da corte que representaria seu parceiro. O parceiro de Simon é contador e seu tipo de personalidade também se ajusta de perto àquele que atribuo ao Rei de Ouros. Na oitava posição, podemos ver que seu parceiro tem sentimentos intensos quanto à situação.

Na posição final da carta dez, temos o Mundo. Essa carta traz a mensagem de conforto de um resultado e de uma conclusão final com êxito. Como tanto a carta seis como a dez representam uma situação futura, elas geralmente estão fortemente ligadas à cadeia de eventos, e por isso é particularmente importante que Simon acate a mensagem do Quatro de Copas, pois sua tendência natural poderia levá-lo a desistir (Oito de Copas na quinta e Quatro de Copas na sexta posição).

Embora o Mundo possa ser uma carta importante e geralmente contenha uma energia mais poderosa, não podemos descartar a influência encontrada nas mensagens das cartas mostrando a atitude e os sentimentos do querente; embora sejam Arcanos Menores, as mensagens encontradas aqui podem atenuar ou degradar a interpretação habitual do Mundo. Além disso, o Cinco de Copas no presente, e a Lua no passado recente, aumentam os receios de Simon sobre a situação. Mais uma vez, sinto que isso representa um considerável esforço para Simon. O Quatro de Copas também nos informa a respeito disso, mas a mensagem parece ecoar das áreas tradicionais, quando analisada mais de perto.

Usando a Âncora para esclarecer ainda mais a questão, temos a Temperança na área do amor, o Julgamento como ponto central e o Louco no futuro imediato, e por isso parece que uma oportunidade vai se apresentar e que essas cartas vão fortalecer o Mundo encontrado no final da Cruz Celta. Levar em conta todos esses fatores produz uma mensagem bastante confusa, e por isso vê-se claramente que parece haver um potencial, mas as apreensões de Simon podem lançar dúvidas sobre o resultado. Para atingir sua meta, ele precisaria ser mais positivo quanto à situação, e, como a Imperatriz nos informa na Tiragem da Vida, a forma pela qual os resultados do Mundo são alcançados parece provir do cuidado com que Simon leva o relacionamento.

Levando a um Estágio Além

Como não tivemos uma carta indicadora de tempo, usei o Mundo e coloquei-o na primeira posição para podermos continuar a leitura. As cartas restantes foram recolhidas e o baralho foi dado a Simon para que ele o embaralhasse. Dessa vez, ele pediu que as cartas proporcionassem uma leitura de continuação com indicação de tempo — e quando as cartas foram tiradas, vimos que obtivemos uma!

Esta foi uma leitura de continuação muito positiva. Nessa situação, estamos indo adiante no tempo, pois usamos a última carta, que representava o resultado futuro. Assim, todas as posições precisavam ser lidas tomando esse fato como base. Logo, a primeira carta representa a situação atual que vai cobrir o Mundo. De fato, a leitura baseia-se naquilo que irá ocorrer *caso* o Mundo se manifeste; é como abrir uma porta para ver o que acontece depois.

O Ás de Paus na posição de cobertura indica um começo inteiramente novo, com muita excitação e entusiasmo. Além disso, a carta que cruza, ou filtro, é o Nove de Copas, carta também conhecida como a "dos desejos".

Como a base daquilo que será a situação passada, o Seis de Paus é o portador de boas notícias, significando que os esforços de Simon serão reconhecidos e ele se sentirá realizado. Observando a sétima carta, o Dois de Copas, temos mais informações a sustentar o que parece ser um relacionamento íntimo repleto de amor.

O passado mais recente, ou a situação que estaria acabando de ocorrer, o Quatro de Ouros, pode indicar que ele não deve se segurar demais em termos emocionais. "Quem não arrisca, não petisca."

A carta dos pensamentos do querente que prevalecem, revelada na posição cinco, é o Ás de Copas — que também é nossa carta indicadora de tempo. O Ás mostra que os pensamentos de Simon no momento estarão num início emocional totalmente novo, ou num senso de renovação no relacionamento. A carta nove, o Três de Copas, significa crescimento emocional no relacionamento. Com o Ás, o Dois e o Três de Copas ocupando as posições que representam variações da atitude do querente, podemos ver que Simon deve estar se sentindo bem e positivo com relação a tudo. Felizmente, o resto da leitura também mostra que não é o caso de estar vendo tudo com óculos cor-de-rosa (às vezes isso pode acontecer se o querente estiver fora de sintonia com aquilo que está acontecendo à sua volta).

No futuro imediato, o Imperador mostra estabilidade material e emocional graças ao uso de habilidades lógicas e de liderança, colocando Simon numa posição de força.

Geralmente, perguntam-me o que significa quando uma carta positiva aparece numa posição que pode ser considerada negativa, representando, por exemplo, as apreensões do querente. É um caso clássico de se querer algo e de ter a preocupação de que isso não vá ocorrer. O Dois de Copas informou a Simon que tudo ficará bem, simbolizando a unidade de um relacionamento muito harmonioso. Como é uma carta positiva numa posição negativa, ela também enfatiza a necessidade de foco no resultado, opondo-se ao medo de que este não ocorra.

Pela segunda vez, temos uma carta da corte na posição do ambiente. Nessa posição, a Rainha de Copas mostra que essa pessoa pode ser muito importante, de algum modo, pois ela deve ser forte para aparecer nessa posição. Com a descrição que Simon me passou, parece que seria uma pessoa da família de seu parceiro, que, até então, estava apoiando a amizade existente e se mostrava simpática aos esforços de seu parceiro quanto a ocultar sua preferência sexual de sua família.

Não poderíamos esperar uma carta melhor do que o Sol na posição final, com sua mensagem de sucesso, calor e de um relacionamento prazeroso e feliz. Juntamente com o Ás de Copas, ele também nos proporcionou uma ideia de tempo. A última carta é numerada, e assim reduzimos o dezenove do Sol a um único dígito ("noves fora"). Logo, 1 + 9 = 10 e 1 + 0 = 1. A primeira semana do início de março seria uma data importante para esse relacionamento. Isso não significa necessariamente que levará seis meses para o relacionamento começar, embora isso possa acontecer; o melhor que podemos informar é que a data será importante, de algum modo.

Esta é uma tiragem muito positiva, mostrando o potencial daquilo que Simon pode aguardar, mas não podemos descartar a possibilidade de ele passar antes pelas experiências das mensagens recebidas com as primeiras tiragens, devendo seguir a orientação destas para obter os resultados finais. A última tiragem não exclui as anteriores; é a continuação da história depois da realização das experiências anunciadas pelo Mundo, e presumindo que suas ações vão continuar nesse caminho.

Resumo da tiragem adicional

Ao resumir, lembrei a Simon de que tudo que estivemos observando representa o potencial, ou a possibilidade, de uma situação. Muito vai depender dele e do fato de ele seguir a orientação que o Tarô proporcionou para

O gay — Cruz Celta 2

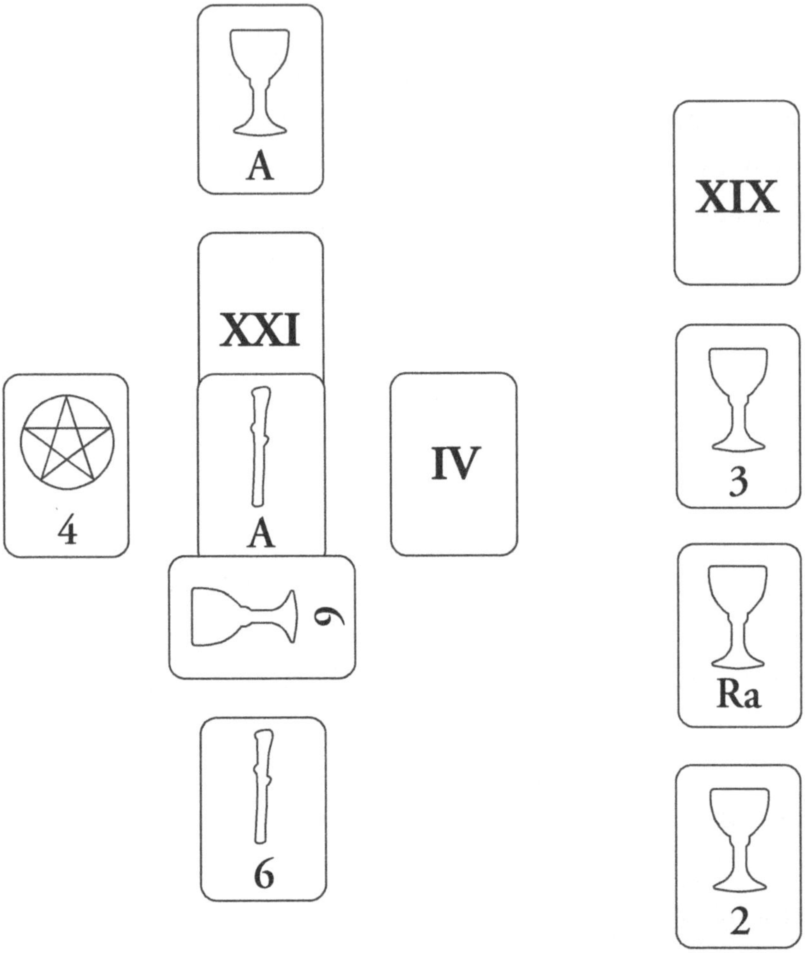

ajudá-lo a ir em frente. Se ele decidir tomar um curso de ação totalmente diferente, é provável que observemos um resultado diferente.

Embora seja uma leitura positiva, às vezes existe o risco do querente ficar excessivamente confiante com sua situação. O futuro não está gravado em pedra, ele flutua e muda em função das atitudes do querente por trás de suas ações, criando assim o seu futuro. É por isso que as cartas podem ser muito úteis caso seja encontrada uma situação negativa, pois podem, com a mudança de suas ações, ajudá-lo a se desviar de quaisquer dificuldades potenciais.

Resultados e *feedback*

Quatro meses depois

Simon me ligou para dizer que decidiu vender a casa que tinha comprado. (Área do lar: Dez de Paus, a Lua, Seis de Paus, Oito de Copas.) Por mais que gostasse dela, tendo criado um lar maravilhoso, ele nunca morou nela e não tinha vontade de se mudar para lá, e ela ficou vazia. A corretora fora instruída a começar o processo de venda.

Ao mesmo tempo, ele estava achando muito difícil a situação em torno do relacionamento. Analisando a tiragem da Cruz Celta com relação a este problema, lembrei-o de que tínhamos o Quatro de Copas na sexta posição, o futuro imediato, e por isso era provável que ele estivesse passando por aquilo naquele momento. Com sua leitura principal, ficou evidente que o resultado bem-sucedido dependia do fato de ele alimentar a situação: naturalmente, isso cabia a ele. Atualmente, Simon está começando a perder as esperanças e o ânimo, e não tem certeza se vai continuar. Em suma, ele disse que está "completamente cansado e farto do *status quo*".

Cinco meses depois

Recebi um telefonema de Simon dizendo que a funcionária que chefiava a nova área de seus negócios anunciara que deixaria seu cargo em algumas semanas, e que por isso estava se demitindo da empresa. Como isso implicava uma mudança importante, ela já devia estar planejando isso discretamente havia algum tempo. (Tiragem da Vida, área do trabalho, carta-chave: Dez de Espadas. O Diabo, a Rainha de Paus, o Cavaleiro de Espadas.) Simon me disse que por isso ele ia encerrar essa área de seus negócios. Apesar da perda de investimentos e do fracasso subsequente de seus planos, ele se sentiu bem mais feliz por conta da visão de longo prazo, pois, com a crise econômica, o lado lucrativo de seus negócios estava sustentando financeiramente essa nova área, aumentando a pressão sobre sua atividade principal. De modo geral, ele estava satisfeito em cortar essas perdas, sentindo-se bem aliviado e mais otimista pelo fato de o fardo financeiro adicional estar sendo removido (a Âncora, área do trabalho: o Sol).

Seis meses depois

Na semana que antecederia o momento indicado pela Cruz Celta de Simon, seu parceiro sofreu a perda de um ente querido. Simon correu para fazer o que fosse possível para ser útil e dar-lhe apoio. Contudo, ele me disse que foi nessa situação que percebeu que estava sendo sempre quem dava apoio no relacionamento, e viu que era pouco provável que isso mudasse. Ele achou que seu parceiro ia pular de crise em crise e Simon não queria passar sua vida tendo sempre de animá-lo. Isso fez com que percebesse que queria um relacionamento com uma pessoa que também o apoiasse quando ele precisasse. Quando Simon conversou comigo, disse que tinha percebido a precisão das cartas no modo como a situação se desenvolveu, mas essa percepção veio quando ele entendeu que a Imperatriz, como a carta indicativa da atenção e do papel de mãe, seria sempre um papel importante que ele precisaria desempenhar nesse relacionamento para que o mesmo desse certo. Em última análise, Simon sentiu que teria dado qualquer coisa para que esse relacionamento funcionasse, mas quando compreendeu o que esse relacionamento seria na realidade, e seu papel nele, viu que não era o que desejava. Nesse momento, Simon decidiu abrir mão do relacionamento.

Nas palavras do próprio Simon

Acho que minhas leituras foram 100% precisas, e encaixaram-se bem com o momento indicado. Graças à leitura, fiquei mais focado e minha mente ficou mais limpa, e isso me motivou a sair à procura de minhas metas. Depois que reli sozinho as anotações da leitura, percebi quanto eu tinha mudado como pessoa (e para melhor, devo acrescentar), e vi que tinha chegado a um estilo de vida mais realista, aprendendo a recuar um pouco para tentar compreender melhor a situação à minha frente. Senti-me à vontade com Josie, ela compreendeu meu estilo de vida e aquilo que estava acontecendo na minha vida, sem me julgar e sempre com profissionalismo.

Dicas da taróloga

Cartas da corte e relacionamentos do mesmo sexo

Às vezes, perguntam-me se uso cartas de outro sexo para representar o parceiro em relacionamentos do mesmo sexo. Como você pôde perceber com a leitura de Simon, uso os reis para representar homens e rainhas para representar mulheres, independentemente de sua preferência sexual. Como todos nós temos uma mescla de energia masculina e feminina, acho que é útil ser específico, particularmente pelo fato de as cartas da corte serem uma área com a qual os novos tarólogos têm dificuldades para lidar.

De modo similar, assim como todos nós compartilhamos diversas características de cada um dos naipes que representam os reis e as rainhas, geralmente há um mais dominante. Assim que o querente menciona uma pessoa (ou mais) como tendo um papel importante em sua situação, é útil passar algum tempo apresentando os quatro tipos de personalidade daquele gênero sexual, para que, quando a carta da corte aparecer, não reste dúvidas sobre quem ela irá representar. No caso de Simon, depois que soube que sua principal preocupação envolvia uma pessoa numa situação de relacionamento, apresentei-lhe rapidamente os diferentes tipos para que pudéssemos chegar a um consenso sobre as cartas da corte que representariam ele e o seu parceiro. Como você viu, não houve cartas masculinas da corte na Tiragem da Vida, mas foi útil fazer aquilo antes de começarmos as leituras da Cruz Celta.

3
A dona de uma empresa

Eu não tinha feito leituras para Jane antes. Ela só recebera uma leitura de Tarô quando era bem mais jovem e se lembrava muito pouco dela. Jane tem trinta e tantos anos, é casada, tem dois filhos e administra sua própria empresa.

Primeiras impressões

- Julgamento repetido na Tiragem da Vida e na Âncora.
- Tiragens parecem orientadas para o trabalho.
- A leitura parece se mover, mas não de forma suave. Perceba a Rainha de Paus na primeira posição.

Acompanhando esta leitura

Esta leitura é bem consistente com pessoas do tipo Rainha de Paus. Como você vai descobrir, esta é a carta da corte de Jane. Tenho muitas amigas que foram a Rainha de Paus e seu denominador comum, como percebi, é que para elas a leitura reflete seu estilo de vida agitado — em todos os setores. Por esse motivo, a leitura foi de uma área para outra, e por isso é um pouco difícil tentar dividi-la; você vai perceber que vamos um pouco de lá para cá e vice-versa. Contudo, se você puser as cartas à sua frente (o que eu recomendo), poderá fazer as conexões relevantes com mais facilidade.

A dona de uma empresa — Tiragem da Âncora

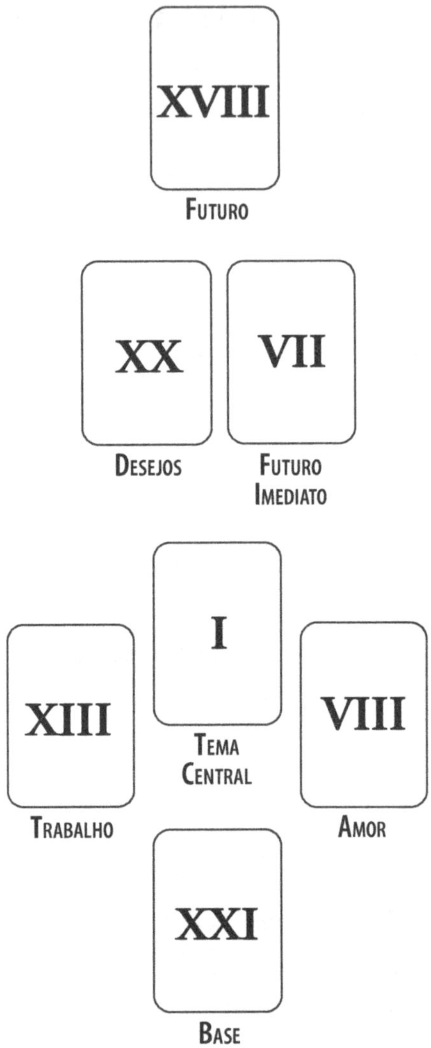

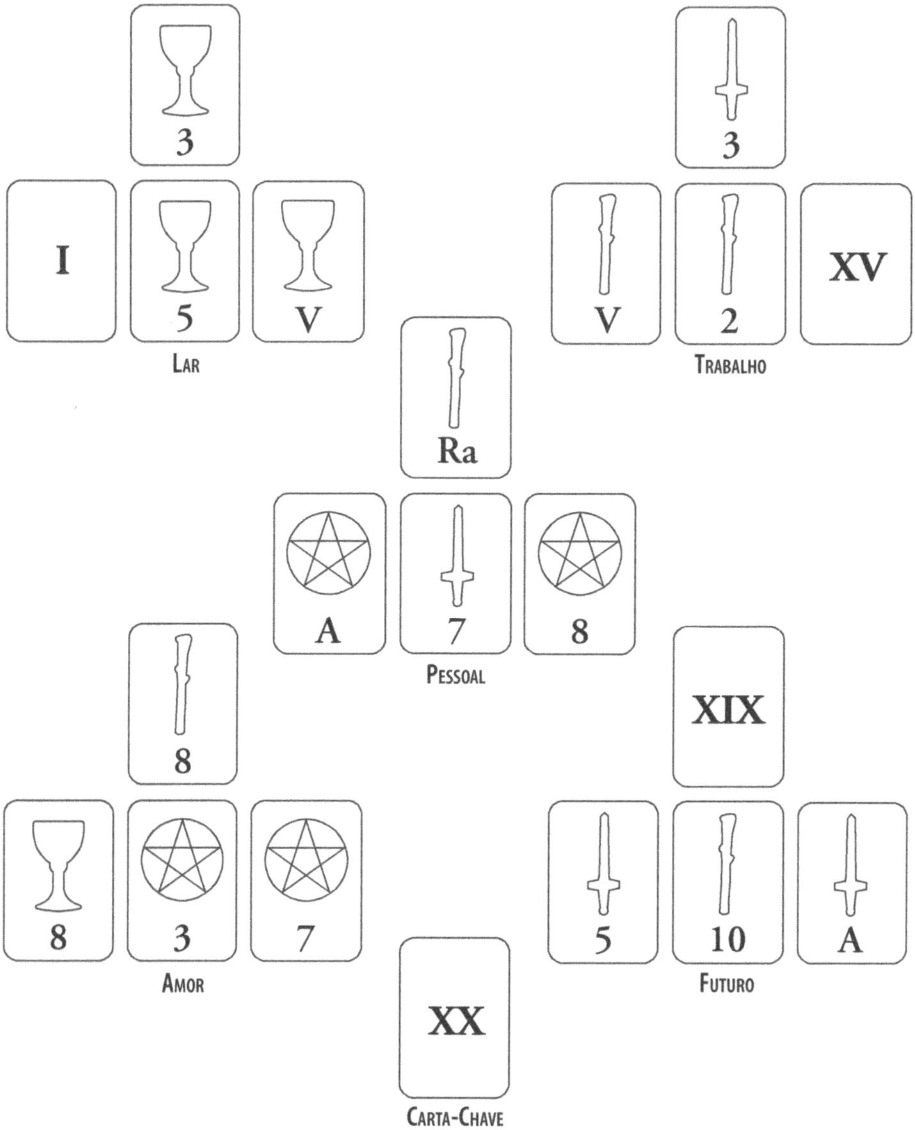
3
I
5
V
LAR
3
V
2
XV
TRABALHO
Ra
A
7
8
PESSOAL
8
XIX
8
3
7
AMOR
5
10
A
FUTURO
XX
CARTA-CHAVE

Achei que ela serve de bom exemplo de leitura para uma Rainha de Paus. Às vezes, elas podem literalmente pular de uma carta para outra como uma parte diferente de sua vida na mesma área delineada, pois os limites ficam imprecisos nessas passagens. Na verdade, elas costumam parecer mais frenéticas do que esta. Não se espante se encontrar uma dessas pessoas: pode levar um pouco mais de tempo para estabelecer os fatos e compreender a leitura.

A Âncora

Posição de Base: O Mundo

Como primeira carta da Âncora, o Mundo mostra que Jane deveria estar se sentindo bem satisfeita com suas realizações, e que estas provavelmente não eram coisas conquistadas da noite para o dia, mas trabalhadas diariamente. Jane disse que essa interpretação estava correta.

A Tiragem da Vida

Área Pessoal: Rainha de Paus, Ás de Ouros, Sete de Espadas, Oito de Ouros

Indo diretamente para a carta na primeira posição da Tiragem da Vida, eu quis confirmar a identidade da Rainha de Paus representada, e, pela descrição da personalidade, concluímos que era a própria carta de Jane. (Sempre atarefada e indo para lá e para cá, com tendência a assumir demasiados encargos, mas sempre alegre e otimista.)

O Ás de Ouros representa a base de um novo negócio de bom potencial, ou pode representar documentos importantes, como contratos, hipotecas ou contas bancárias. Expliquei a Jane que com a tiragem que eu estava usando era importante para mim determinar onde estávamos na linha de tempo dos eventos de sua vida, e por isso minhas perguntas visavam tentar identificar se alguma das cartas pertencia a situações presentes ou do passado recente, e não a necessidade de uma recapitulação completa de tudo que ela pudesse estar vivendo. Depois de determinar esse ponto, seguimos em frente, da esquerda para a direita, como se lêssemos uma frase para saber como a situação teria prosseguimento.

O Ás de Ouros ligou-se aos dois níveis. Vários meses antes, ela tinha criado uma nova divisão de seus negócios, diferente daquela que já possuía fazia alguns anos: no mesmo ramo, mas numa direção levemente diferente. Entretanto, como seus negócios estão relacionados com propriedades, todos os tipos de documentos que mencionei costumam envolvê-la.

Mencionei a Jane que, a julgar pela tiragem, tinha-se a impressão de que o trabalho se espalhava pelas diversas áreas de sua vida, pois ele também aparecia na área pessoal e na do amor. Ela concordou que era exatamente dessa maneira que as coisas ocorriam, pois seu marido agora era seu sócio e estavam atarefados com seu mais recente empreendimento.

A Âncora

Área do Trabalho: A Morte

A Tiragem da Vida

Área do Trabalho: Três de Espadas, Valete de Paus, Dois de Paus, o Diabo

A carta da Morte na área do trabalho parece representar o término de um modo de fazer negócios e a procura por uma mudança importante. Jane me informou que ela antes trabalhava com imóveis e tinha diversas propriedades que alugava; isso levou à administração de imóveis e, mais recentemente, seguindo ao aperto nos créditos, preparavam-se para prestar serviços de locação e vendas de imóveis. Outro aspecto interessante é que seu marido tinha aberto mão de um bom emprego para associar-se a ela nos negócios, logo antes do aperto nos créditos que afetou o Reino Unido. Uma época preocupante para qualquer um que estivesse envolvido com negócios imobiliários.

Antes de continuar na área pessoal, passei para o Três de Espadas na área do trabalho, e perguntei a Jane se teria acontecido (quase certamente) algum tipo de problema ou discussão com relação aos negócios. Jane disse que não tinha tido nenhum problema interno, mas confirmou uma situação com o representante de uma incorporadora, e que fora bem traumática para eles.

O Valete de Paus mostrou que recentemente teriam recebido alguma boa notícia no trabalho. Jane disse que desde que tinham inaugurado seu escritório, o negócio deslanchou, e por isso estavam tentando se mudar para um local mais apropriado. Havia pouco tempo, tinham sido informados da disponibilidade de um espaço e estavam procurando obter a papelada para a mudança. Essa informação também podia se ligar ao Ás de Ouros, pois os documentos para funcionamento do escritório seriam regidos por essa carta.

O Dois de Paus representa a sequência dos primeiros estágios e o foco recaindo sobre planos futuros. Essa carta positiva mostra Jane seguindo a direção de suas metas e é interessante notar que costuma ser uma carta que indica parcerias nos negócios. Aqui, o Diabo tende a advertir contra o excesso de trabalho, a fadiga resultante dele. Jane disse que como eles adoram o que fazem, descobriram que querem conversar sobre o trabalho o tempo todo, e que precisam se esforçar para não fazerem isso em casa, pois achavam que não era justo com as crianças. Ela também disse que se não se esforçassem, seria fácil o trabalho tomar conta de tudo, e de repente ele não seria mais tão agradável. Jane achou que seria um aviso apropriado para ela, pois ela tinha a tendência de trabalhar demais.

A Tiragem da Vida

Área Pessoal

Voltando à área pessoal: o Ás de Ouros poderia representar o novo empreendimento, mas poderia também simbolizar os documentos relativos à mudança sendo analisados. Com o Oito de Ouros no final, pareceu indicar que eles vão continuar a expandir seus negócios, mas o Sete de Espadas tende a indicar que poderia haver um desdobramento inesperado sobre o modo como chegariam lá, ou que seriam necessários tato e diplomacia em algum aspecto de sua empresa. Seria quase como um soluço nos preparativos, mas não pareceu ser nada mais sério do que isso. Jane disse que tinham sido informados de que não haveria problemas com a documentação, mas, qualquer que fosse o caminho indicado pelas cartas, ela se sentiu aliviada por estas mostrarem que seus negócios teriam continuidade.

A Tiragem da Vida

Área do Amor: Oito de Paus, Oito de Copas, Três de Ouros, Sete de Ouros

A Âncora

Área do Amor: A Força

Posição Central: O Mago

Futuro Imediato: O Carro

Como apareceram mais cartas de trabalho, passei para a área do amor. O Oito de Paus, como carta-chave, simboliza eventos em ritmo rápido, geralmente após reveses ou um período de estagnação. O Oito de Copas mostrou que Jane se afastara de alguma coisa por conta de uma desilusão e de um desapontamento, depois de dedicar muito esforço e de dar muito de si. Jane disse que seria a área de incorporação à qual ela havia se entregado completamente, com seu marido envolvido parte do tempo, pois ele ainda tinha outra carreira na época. Ela se sentiu completamente desestimulada depois que todo o tempo, o esforço e o dinheiro empregados nos terrenos ficou prejudicado pelo arrocho nos créditos. Felizmente, ela já tinha começado a formar as áreas de aluguéis e de manutenção de seus negócios, pois do contrário teriam sofrido com a situação, mas certamente o fato fez com que ela parasse de lidar com aquela área da empresa.

Expliquei que as cartas seguintes eram promissoras. O Três de Ouros representa um trabalho que Jane já começou, no qual é hábil e do qual gosta, além de lhe proporcionar a sensação de realização e de reconhecimento. O Sete de Ouros mostra o crescimento continuado, apesar de não ser necessariamente rápido, e representa a recompensa do trabalho sendo desfrutada após o emprego de cuidado e de atenção. Embora o Sete também traga melhorias financeiras, ele avisa que ainda será preciso trabalho no futuro para que venham as recompensas.

No centro da Âncora, o Mago confere um forte apoio ao fato de Jane ter todas as habilidades e talentos de que precisa para ir em frente, bastando que continue a se aplicar e que tenha confiança nessas habilidades. Até agora, todas as indicações para o trabalho e os negócios são muito boas. Percorrendo as diversas áreas, o Dois de Paus mostra uma análise do crescimento e dos planos futuros, o Oito de Ouros continua a desenvolver os negócios, e o Três e o Sete de Ouros já foram vistos. Assim, a única advertência aqui é garantir que Jane não se deixe sobrecarregar pelos negócios e pelo excesso de trabalho — o que, segundo mostra o Diabo, são coisas que ela mesma se inflige — e depois se sinta "presa" à empresa. Metade da batalha contra a carta do Diabo consiste em perceber a situação antes que ela se torne uma obsessão ou vício, e por isso o fato de Jane perceber os avisos é bom, para que ela não caia nessa armadilha. Jane disse que, até ali, a leitura parecia acertar "na mosca", e ela estava se identificando com tudo que era dito.

Na área do amor, temos a Força, uma carta extremamente boa nessa área, sugerindo que o relacionamento de Jane está repleto de qualidades amáveis e de força interior, proporcionando determinação para a busca ativa de suas metas juntos e para fazer o relacionamento dar certo. Jane confirmou que tudo ocorria exatamente dessa maneira. Como essa carta já está em prática, eu lhe disse que isso deveria continuar no futuro.

No futuro imediato, o Carro informa a Jane que ela deve manter suas energias focalizadas numa direção, sem permitir que elas se espalhem, para atingir suas metas. Como carta de determinação, ela também representa o triunfo sobre os obstáculos, de modo que ela tem a capacidade para superar o que aparecer à sua frente, mesmo que às vezes o caminho pareça difícil.

A Tiragem da Vida

Área do Lar: Três de Copas, O Mago, Cinco de Copas, Valete de Copas

Voltando à Tiragem da Vida, o Três de Copas na área do lar mostra um crescimento progressivo no relacionamento, uma carta feliz, talvez sugerindo comemorações recentes, mas tendendo a mostrar amor abundante em casa. Perguntei se teria havido alguma celebração familiar recentemente e Jane disse que seus pais tinham comemorado cinquenta anos de casados naquele ano. Ela me disse que se sentia uma pessoa de muita sorte na vida pessoal e que seu lar era um lugar feliz, cheio de amor. Novamente, com a presença do Mago, tende-se a ver o trabalho infiltrado na área do lar. Agora, isso não é uma surpresa, pois sabemos que marido e mulher trabalham juntos na empresa e há indicações suficientes mostrando que o casamento e a vida doméstica são fortes, e por isso não preocupam.

O Cinco de Copas após o Mago indica uma sensação de abandono e parece fora de contexto nessa área, e perguntei a Jane se teria havido algum remorso sobre ações passadas recentemente, ou se ela se sentira mal por causa de alguém, ou abandonada. Jane disse que se sentia assim por causa de um funcionário que a magoara (Três de Espadas na área do trabalho), pois era uma situação com a qual nunca se deparara anteriormente e envolvia uma pessoa que ela conhecia pessoalmente e na qual confiava. Ele saiu da empresa e entrou com uma ação trabalhista — uma grande surpresa, pois o ex-funcionário nunca chegou a discutir qualquer problema. Consequentemente, Jane e seu marido procuraram orientação legal e contestaram a ação, pois tinham perdido dinheiro com as atitudes do antigo funcionário e achavam que não tinham feito nada de errado.

Informei a Jane que isso era interessante, porque não havia cartas ligadas a questões jurídicas, embora o Valete de Copas indicasse que eles deveriam receber boas notícias que os deixariam contentes. Jane disse que seu advogado os havia informado de que o ex-funcionário não estava colaborando, pois nem respondia aos mandados, nem proporcionava informações necessárias, e ela sugerira que ele fosse contatado para que a questão se resolvesse fora do tribunal. Como Jane conseguiu se identificar bem com as cartas, pareceu muito provável que essa seria a área sendo coberta, especialmente porque tinha sido um evento muito importante para eles, estava em andamento e não havia cartas jurídicas na tiragem. Contudo, só para ter certeza, disse-lhe que se não fosse essa a situação, ainda poderia haver algum desapontamento pela frente, embora este devesse manter proporção com aquilo que estava sendo mostrado. Rapidamente, lembrei que a carta estava bem isolada, seguida por boas notícias e que uma das palavras-chave dessa carta é "sensação de", que é o modo como a carta afeta as pessoas. Se fosse esse o caso, ela estaria, de algum modo, ligada à área do lar, como um amigo ou membro da família, mas a situação parecia breve e com resultado agradável. O importante era enxergar tudo em seu contexto.

A Tiragem da Vida

Carta-Chave: O Julgamento

A Âncora

Desejos: O Julgamento

Com o Julgamento repetido nas duas tiragens, o próprio nome pareceu bastante adequado e bem literal para a situação legal pendente de que ela me informara, embora eu nunca tenha associado essa carta com verdadeiros julgamentos, jurídicos ou não, e por isso fiquei curiosa para saber como Jane se relacionaria com ela.

Expliquei que na área dos desejos aquela carta costuma refletir aquilo que a pessoa mais quer mas que geralmente não fica aparente para os demais. Como ela também é a carta-chave da Tiragem da Vida, claramente tem sua importância, e esperei que ela pudesse lançar algumas luzes sobre a carta. Expliquei que o Julgamento costuma mostrar um ressurgimento ou renovação; como carta de ressurreição, ela tende a nos libertar de experiências passadas, agora mais sábios e prontos para prosseguir. Ela pode representar a reconciliação com alguém do passado ou com alguma coisa renovada do passado. "Como plantas, colherás", os resultados de sementes previamente lançadas à terra.

Jane achou que o Julgamento representava o caminho de aprendizado que ambos trilharam em seus negócios, a terrível experiência de se esforçarem e de darem tudo de si e depois observarem com horror o mercado imobiliário entrar em crise. Felizmente, eles já tinham diversificado seus negócios em ramos correlatos, e por isso estavam menos vulneráveis. Jane esperava que seu trabalho duro fosse recompensado e que com o tempo o valor de seu investimento original desse retorno. Apesar disso, admitiu que se não fosse essa experiência, eles não estariam onde estavam no momento, e que desfrutavam muito desse novo setor de seus negócios.

A Tiragem da Vida

O Futuro: O Sol, Cinco de Espadas, Dez de Paus, Ás de Espadas

O tema geral do futuro é o sucesso, mostrado pelo Sol como carta principal; o Ás de Espadas no final da leitura indica triunfo sobre adversidades. Isso é útil, pois o Cinco de Espadas e o Dez de Paus sugerem alguns percalços no caminho. Agora que sei disso, é difícil dizer se o Cinco de Espadas se relaciona com a situação legal, pois há sempre o risco de se apegar àquilo que já sabemos; por outro lado, é um aviso para tomar cuidado com pessoas que podem ter uma agenda oculta, ou que não têm as mesmas boas intenções de Jane. Isso pode estar ligado a coisas de que tratamos na leitura ou pode ser uma situação toda própria. O Dez de Paus poderia mostrar que isso faria com que ela sentisse um peso nas costas, mas o Ás de Espadas nos diz que no final ela vai vencer.

O Dez de Paus também faz eco com o Diabo na área do trabalho, tomando cuidado para não assumir coisas demais, mas sentindo-se sobrecarregada, apesar de tudo. O Ás de Espadas é uma carta excelente para completar a leitura. Sempre considerei essa carta uma dádiva divina, como o proverbial "ás na manga", ou o ditado, "se a vida lhe der limões, faça limonada!". Não importa a situação, se você estiver preparado para se esforçar, com esse Ás do seu lado você vai acabar vencendo. Jane disse que, até então, seu sucesso tinha sido assim, e que o trabalho duro não era um problema, desde que achassem que estavam indo na direção certa.

Finalmente, a Lua no final da Âncora é uma carta interessante para encerrar a leitura: na posição futura e com as outras indicações, achei que seria um aviso para que Jane não tomasse decisões precipitadas. À luz da Lua, nada parece tal como é sob a luz do Sol, e criam-se formas nas sombras que desaparecem quando se acendem as luzes. A Lua sugere que há mais coisas acontecendo sob a superfície do que Jane pode imaginar, e por isso é prudente deixar os fatos aflorarem antes de tomar decisões, mesmo que isso signifique passar a noite pensando. Pode também estar avisando Jane que ela deve ter uma postura um pouco mais cautelosa do que aquela adotada no passado. De modo geral, há boas indicações na leitura, com algumas indicações de cautela, e, assim, achei que a Lua pareceu cristalizar essa informação.

Seguindo essa Linha

A história de Jane foi se desenvolvendo aos poucos com a leitura, e como a situação com o funcionário estava tão presente para ela, achei que grande parte da leitura estava relacionada com o fato. Não importava a área que estudássemos, ele aparecia. Agora que sabemos que o caso pode ir à justiça, e por isso é bem sério, não seria surpresa se elementos do caso se infiltrassem pelas diferentes áreas da Tiragem da Vida. De modo geral, ele parece lançar uma sombra escura sobre uma paisagem que, não fosse por isso, seria bem luminosa.

No entanto, para mim foi interessante perceber que não havia cartas relacionadas com questões jurídicas, nem com perdas. Tendo em vista a seriedade da questão, se ela fosse ficar realmente complicada, eu esperaria encontrar cartas bem diferentes. Na verdade, se analisarmos o que sabemos agora, era possível estarmos vendo uma mensagem repetida em diversas áreas.

O Sete de Espadas (área pessoal) mostra que se lida com cuidado com alguma coisa — será que o Ás de Ouros indicava documentos exigindo pagamento? Às vezes, pode representar um documento importante de relevância material, mas o Oito de Ouros mostra a continuidade na formação de sua empresa.

Na área do trabalho, o Três de Espadas é a carta-chave, realçando a queda no mercado mas, novamente, o Valete de Paus e o Dois de Paus mostram a continuação. Fico me perguntando se o Diabo poderia indicar como eles estavam se sentindo aborrecidos com o problema legal pendente, embora achasse que o aviso era sobre o excesso de trabalho.

Na área do lar, temos o desapontamento vindo de alguém que era um amigo pessoal (o Cinco de Copas) mas seguido de boas notícias. No futuro imediato, o Cinco de Espadas pode mostrar alguma desonestidade e aborrecimentos com a situação pelo Dez de Paus, mas a energia positiva do Sol e do Ás de Espadas faz literalmente um sanduíche dessas cartas, limitando-as. Isso reduziria seu impacto, particularmente por se tratar de um Arcano Maior e de um ás, e pelo fato de o Sol ser a carta mais positiva do Tarô, com a interpretação adicional do Ás de Espadas. A Lua no final da Âncora pode também representar a informação oculta que ainda será revelada.

Levando em conta tudo o que Jane disse, fica evidente que sua vida está bem descomplicada e que, no mais, está feliz e bem estabelecida. Achei que a maioria dos elementos desagradáveis da leitura deriva do possível processo legal e relaciona-se com seu aparecimento. Com o Mago como carta central da Âncora e todas as outras indicações que apareceram, inclusive as cartas que foram relevantes por sua ausência, tenho certeza de que eles verão um bom resultado e não posso afirmar que vá haver um processo, nem a devastação financeira que o processo acarretaria.

Tiragem adicional: Cruz Celta

Perguntei a Jane se havia mais alguma coisa que ela desejava perguntar ao Tarô. Embora ela achasse que a leitura tinha abrangido tudo, ela quis saber se as cartas proporcionariam mais informações sobre a situação legal pendente. Primeiro, expus a Jane os quatro tipos diferentes de personalidade dos Reis para identificarmos a carta da corte do ex-funcionário caso ela aparecesse na leitura. Escolhemos o Rei de Copas.

As cartas da Tiragem da Vida foram recolhidas, colocadas de volta no maço e entregues a Jane para que ela o embaralhasse. O tempo todo, ela deveria concentrar-se na questão: Eles resolveriam favoravelmente a questão com (nome do ex-funcionário)? As cartas foram cortadas em três, como de costume, recolhidas e dispostas.

Na posição presente, achei que os Enamorados representavam Jane e seu marido, um casal de sócios com um vínculo muito forte e íntimo. O Nove de Paus cruza a situação como carta de "filtro" e simboliza bem a questão, e o naipe de Paus por trás da figura representa tudo aquilo pelo que Jane e seu marido se esforçaram para construir, e pelo que agora se defendem. Embora cansados, a carta mostra muita determinação e a coragem para se defenderem na contestação. Com o Imperador oferecendo novas informações para nossa primeira carta, podemos ver que a decisão que tomaram foi racional e lógica, o que os levou a essa iniciativa.

A quarta carta revelou o passado recente, e a Torre foi bem precisa, mostrando como os eventos se sucederam e o choque e a perda resultante. (Infelizmente, como a questão envolvia terceiros e era bastante profunda, não posso revelar todos os detalhes fornecidos por Jane na Tiragem da Vida com relação ao problema legal.) É sempre estimulante para o querente quando as primeiras cartas abrangem tão bem o assunto, pois isso dá mais confiança ao resto da leitura.

A Justiça, como os pensamentos de Jane que prevalecem, relaciona-se ao processo legal e a um modo equilibrado de lidar com a questão. Analisando suas esperanças e desejos na posição nove, podemos ver por conta do Diabo que ela está se sentindo muito aborrecida com a situação. Com duas cartas maiores equilibrando-se nessas posições, podemos ver que ambas têm um controle igual sobre o que Jane está sentindo.

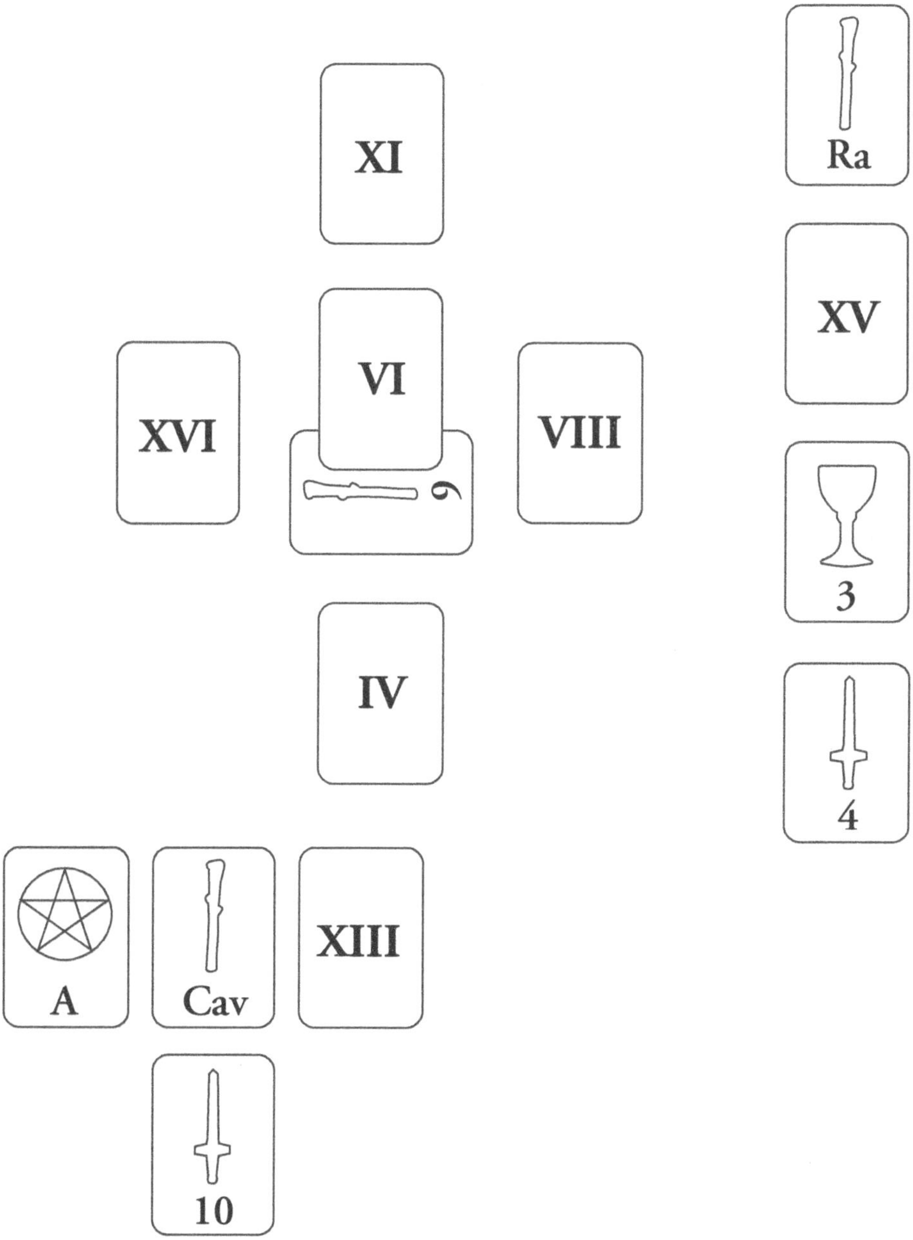
XI
Ra
XV
XVI
VI
9
VIII
3
IV
4
A
Cav
XIII
10

Como o nome sugere, na posição seis (o futuro imediato) a Força proporciona coragem e resistência para se atingir os resultados almejados. O Quatro de Espadas na posição das apreensões mostra um período de descanso e recuperação após a tensão; em linguagem figurada, ela está reunindo os recursos necessários antes de pegar a espada para voltar ao combate. Isso se equilibra bem com o Imperador (posição 3), com sua lógica e liderança, bem como com os dois quatros, um número de estabilidade, representando outro minienredo dentro da história.

Como a pessoa foi nomeada na pergunta, a carta oito representa como ela está ou estará vendo a situação. Também precisamos estudar a carta dez sem nos deixarmos enganar, pois embora o Três de Copas simbolize comemorações na oitava posição, podemos ver que no final a resposta está associada com a Rainha de Paus, ou depende dela. Pode ser Jane, pois é sua própria carta da corte, mas alternativamente poderia ser outra mulher com características similares. Embora seja incomum, pois as cartas normalmente mostram uma outra carta da corte como representante de outra pessoa, ainda é uma possibilidade. Jane comentou que sua advogada era muito parecida com ela, e por isso poderia representá-la. Mas eu imaginava que a Rainha de Espadas fosse sua advogada, e em última análise ela recomendaria ações à sua cliente; mesmo assim, a decisão seria de Jane, e por isso era mais provável que a carta representasse a própria Jane.

Como o futuro imediato e o resultado devem estar relacionados, com a Força a tendência é mostrar como tudo será solucionado por Jane, talvez com sua decisão ou com suas ações no processo. Pelas cartas apresentadas, senti que o processo seria resolvido satisfatoriamente para todos, tecnicamente uma situação ganha-ganha. Jane achou que isso seria possível se o ex-funcionário aceitasse a recente proposta de um acordo extrajudicial, pois se o processo tivesse andamento seria dispendioso para ambas as partes e o "ganha" de qualquer lado seria bem pequeno. Com as duas cartas nas posições seis e dez, e com a Força no futuro imediato, achei que ainda haveria alguma negociação para se chegar à conclusão e ao resultado final, dependendo de como a questão fosse tratada pela Rainha de Paus. Lembrei ainda a Jane da carta da Lua na posição futura da Âncora, informando-a de que ela deveria tomar decisões com calma, assegurando-se de ter todos os fatos à mão antes, porque ainda poderiam aparecer novos elementos.

As cartas no Leque do Tarólogo ofereceram um pano de fundo para o histórico dessa situação, com o Ás de Ouros indicando os contratos originais de trabalho. O Cavaleiro de Paus às vezes simboliza propriedades e a obra contratada envolvia uma conversão de propriedade. A Morte e o Dez de Espadas deram mais informações sobre o final súbito do trabalho e da relação empregatícia, juntamente com os planos arruinados e o desapontamento resultante.

Jane disse que a leitura estava "absolutamente correta" com relação a tudo o que estava acontecendo à volta deles e achou que fora muito útil e estimulante, tendo em vista o ano anterior e os novos negócios que estavam realizando. Ela também achou que a leitura tinha sido "fantasticamente precisa" quanto ao excesso de trabalho, indicando que eles não deveriam se deixar sobrecarregar, perturbando seu lar e sua família, como fizeram no passado, pois adoravam o que faziam.

Resultados e nova visita

Seis semanas depois

Jane me ligou para dizer que tinham recebido a autorização para "funcionar" no seu novo endereço.

Dois meses e meio depois

Exatamente duas semanas antes de ir ao tribunal, os nervos de Jane estavam acabando com ela. O ex-funcionário ainda estava firme no processo e ela queria saber se eu me importaria de fazer outra leitura para ela. Perguntei-lhe se tinha acontecido alguma coisa desde nosso último contato e ela me informou que sim, e por isso combinamos de nos ver.

Embora sua única preocupação fosse o processo e sua resposta principal provavelmente pudesse ser encontrada numa única Cruz Celta, ainda assim fiz primeiro a leitura com a Tiragem da Vida e a Âncora, pois ela

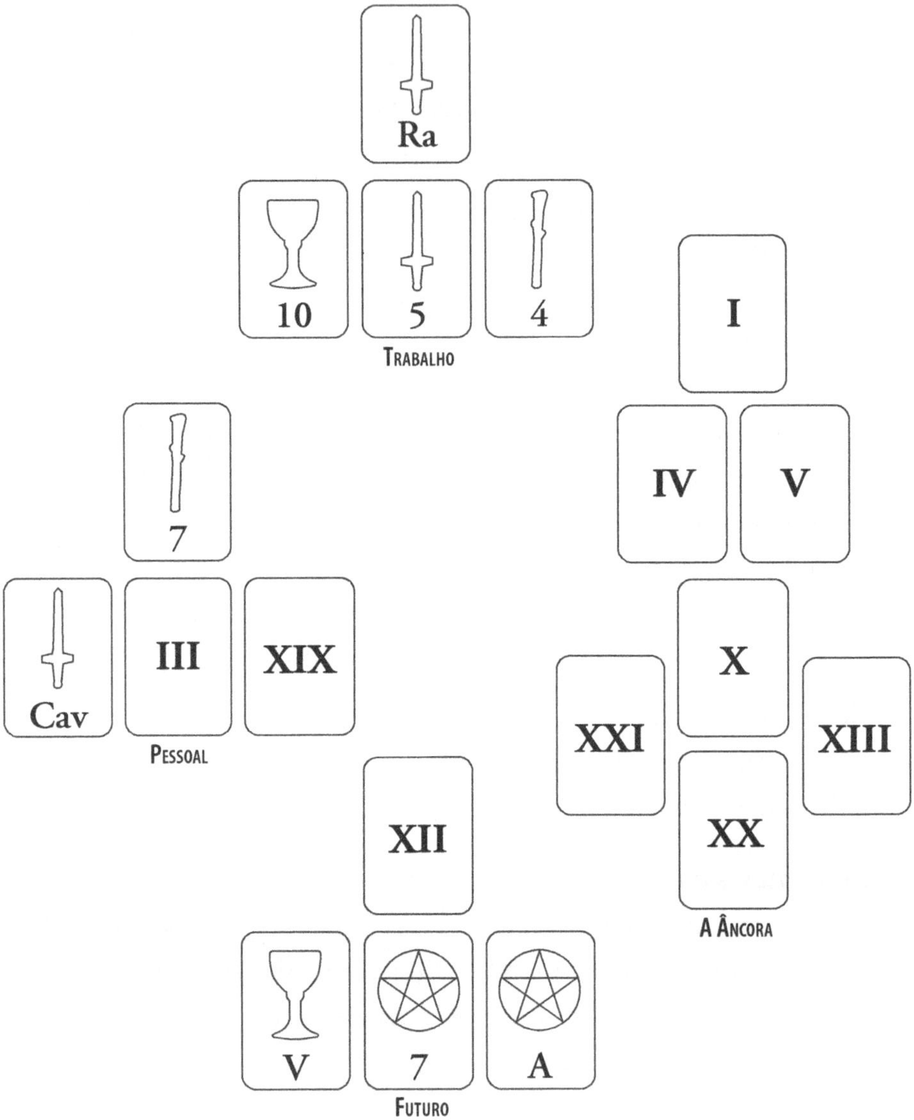
Ra
10
5
4
Trabalho
I
IV
V
7
Cav
III
XIX
Pessoal
X
XXI
XIII
XX
A Âncora
XII
V
7
A
Futuro

proporciona uma visão mais ampla e me garante que não perderei de vista nada de importante que possa ter acontecido. Para não prolongar demais este estudo de caso, e para os propósitos do livro, só vou relatar as áreas da Tiragem da Vida que foram relevantes para a situação. Embora as cartas das áreas do lar e do amor fossem levemente diferentes, as mensagens foram consistentes com aquelas recebidas anteriormente.

Como já temos plena consciência de todas as circunstâncias envolvendo a situação de Jane, espero que você veja as cartas "saltando" das páginas até você, ainda mais se realmente tiver disposto as cartas à sua frente.

A Âncora

Analisando a Âncora, tem-se quase a impressão de que esta seria apenas uma cadeia de ligação, pois flui muito suavemente. A carta do Julgamento, na posição atual, realça a questão com raízes no passado que agora está sendo ressuscitada, e embora a interpretação que eu uso não siga sua homônima, fico espantada com o reaparecimento dessa carta com nome tão apropriado!

Considerei que a Morte na área do amor representa um término definitivo da situação desagradável envolvendo Jane e seu marido, pois foi um fator muito importante em suas vidas e também porque são sócios.

Na área do trabalho, o Mundo é muito encorajador, com sua mensagem de sucesso assegurado e de conclusão de um ciclo. A Roda da Fortuna é a carta central da leitura e mostra que a boa sorte está do lado deles, com um novo capítulo de sorte prestes a começar. O Hierofante poderia ser uma autoridade superior da lei.

O Imperador na posição dos desejos de Jane parece mostrar que sua decisão se fortaleceu, além de ampliar seu desejo de ver a aplicação da lógica juntamente com a autoridade. Jane me disse que viram depoimentos de testemunhas e documentos do ex-funcionário e se sentiram mais confiantes. Embora não duvidem de que sua posição seja boa, ainda estão preocupados se o tribunal verá a verdade e decidirá a seu favor. Jane me lembrou de que nunca tinham sofrido um processo e a ideia de irem ao tribunal lhe fazia mal até fisicamente.

O Mago também traz boas indicações para o futuro, informando Jane de que deve aplicar seus talentos com confiança, concentração e força de vontade, e que ela já possui a habilidade e a capacidade necessárias para lidar bem com suas tarefas, levando-as a um bom resultado.

Tendo ido um pouco além, vamos ver como isso se conecta com a Tiragem da Vida.

A Tiragem da Vida

Área Pessoal: Sete de Paus, Cavaleiro de Espadas, A Imperatriz, O Sol

Como primeira carta da leitura, o Sete de Paus indica que Jane está se sentindo desafiada a defender sua posição. Geralmente, essa carta afeta as pessoas num nível fundamental, pois pode dar a impressão de que suas crenças fundamentais, as bases de seus princípios, estão sob ataque. Jane concordou que o que estava em jogo era mais uma disputa envolvendo sua honestidade e seus princípios do que o dinheiro, embora o valor fosse substancial.

Com o Cavaleiro de Espadas, perguntei a Jane se teria havido alguma atividade razoavelmente rápida recentemente, talvez cercada de uma sensação de caos. Ela achou que essa carta também foi muito precisa e explicou que seu caso tinha sido passado para outra advogada da mesma firma; ela lhes telefonou enquanto estavam no carro, depois de terem saído do escritório. Ela disse que a advogada era muito eficiente e séria, bombardeando seu marido com perguntas, uma lista de instruções e de respostas de que precisava. Eles ficaram no carro durante um bom tempo, e seu marido disse que se sentiu traumatizado com tantas perguntas. Logo que chegaram em casa, ele se pôs a trabalhar numa declaração muito detalhada, resultando num documento com 53 páginas. Jane disse que foi como se de repente tudo começasse a acontecer com uma enorme sensação de urgência.

A Imperatriz e o Sol completam lindamente essa área, duas cartas maiores e positivas com uma mensagem repetida de sucesso e de reforço mútuo. Lendo-as como uma sequência, elas mostram o sucesso graças ao cuidado; atenção e proteção levam ao sucesso contido no Sol, o que produz um resultado feliz. (Dito isso, devo frisar que já analisei todas as outras áreas relevantes antes de fazer essa afirmação... só por precaução!)

A Tiragem da Vida

Área do Trabalho: Rainha de Espadas, Dez de Copas, Cinco de Espadas, Quatro de Paus

A Âncora

Área do Trabalho: O Mundo

Geralmente, a Rainha de Espadas é uma mulher forte e decidida e, como pode estar ligada à lei, perguntei a Jane se havia alguma advogada envolvida com eles. Jane não conseguiu identificar essa mulher. Antes, eles tiveram uma advogada (que depois passou o caso para a colega que agora os representava), mas ela era nova na firma e Jane achou que não se enquadrava na personalidade apresentada. Como a carta-chave dessa área, a Rainha de Espadas pareceu importante de algum modo, e por isso pedi que Jane ficasse atenta para seu aparecimento.

O Cinco de Espadas está entre duas cartas positivas. São Arcanos Menores, e, embora o Dez de Copas e o Quatro de Paus pareçam comprimir o Cinco, fez-me pensar que seu aparecimento piorou a situação, mas como ficou entre influências positivas, seu efeito parece ter sido anulado. Se o Cinco de Espadas fosse a última carta do grupo, a leitura teria sido diferente. Lendo-as progressivamente, da esquerda para a direita, o Dez de Copas parece estranho nessa área, mas Jane e seu marido estão juntos nos negócios, de modo que o lar e o trabalho se associam e eles estão felizes e satisfeitos com sua vida. O Cinco de Espadas pode representar a deslealdade da forma como o processo surgiu, resultando na alegação feita contra eles, a qual eles contestam veementemente. A energia dessa carta ainda poderia estar em jogo, e por isso eles ainda podem esperar alguns incidentes, mas com o Quatro de Paus em seguida e do modo como a carta Cinco está disposta, acredito que isso será pouco provável. O Quatro pode representar pessoas que comemoram juntas, um período de repouso e de desfrute após o trabalho, bem como uma sensação de estabilidade.

A Tiragem da Vida
Área do Futuro: O Enforcado, Valete de Copas, Sete de Ouros, Ás de Ouros

Juntas, as três cartas menores na parte de baixo dão uma leitura harmoniosa, mas tive dificuldade para situar o Enforcado como a carta-chave. O Valete de Copas traz mensagens de natureza emocional; com cartas positivas seguindo a interpretação habitual — boas notícias — isso parece certo. O Sete de Ouros mostra a recompensa dos trabalhos diligentes de Jane, a safra prestes a ser colhida, e um bom indicador para questões financeiras.

Juntamente com o Ás de Ouros, que também representa grandes somas de dinheiro, bem como documentos importantes de natureza material, essa linha parece bem promissora. Será que o Enforcado indica algum tipo de sacrifício feito a curto prazo para que haja um benefício maior no futuro? Se for assim, isso significa que Jane e seu marido fariam alguma concessão? Alternativamente, será que o ex-funcionário fará um sacrifício e abrirá mão do processo? Como faltam duas semanas para o julgamento, e com todas as outras cartas que temos, não se tem a impressão de que a "vida ficou suspensa".

Isso me deixa com a outra opção que tenho para essa carta, observando a questão segundo outro ponto de vista a fim de compreender melhor as coisas. Levando em conta aquilo que já aconteceu, talvez signifique que Jane e seu marido terão uma visão mais clara do modo como devem administrar seu negócio no futuro. Com a experiência de terem depositado confiança num amigo e com isso terem deixado de lado alguns pontos em contrato, pode ser algo que eles nunca irão repetir. Não tenho muita certeza de como ler essa carta e acho que não posso falar muito mais sobre ela. Entretanto, com todas as outras indicações, inclusive os Arcanos Maiores da Âncora, creio que Jane ainda está diante de um resultado positivo, e até mais certo do que na leitura feita dois meses e meio antes.

Nova visita: Cruz Celta

A Tiragem da Vida foi recolhida, Jane embaralhou as cartas e enquanto o fez concentrou-se numa pergunta: se eles iriam ganhar o processo contra o ex-funcionário.

Analisando as cartas da visita de Jane, foi interessante ver que os Enamorados saíram também na primeira posição! Achei que os Enamorados na primeira posição representavam Jane e seu marido e as opções que teriam e que levaram ao processo — e naturalmente, eles teriam a opção de fazer um acordo antes do julgamento. O filtro, ou a atmosfera da leitura, foi bom, com a presença da Roda da Fortuna.

A Sacerdotisa, como história da primeira carta, informa que houve a revelação de segredos em benefício deles. Jane me disse que, como certos documentos teriam de ser entregues para eles, diversas coisas se mostraram incorretas, e para corroborar isso eles contavam com testemunhas confiáveis. Isso reforçou a decisão (ver a carta dos Enamorados) de continuarem no caso.

A carta da Morte no passado mais recente, que também se repetiu na Âncora, mostra o encerramento definitivo do assunto — como isso ainda não aconteceu, deve se manifestar dentro das duas semanas seguintes. (E, o que foi espantoso, o julgamento do caso se daria exatamente duas semanas depois dessa leitura.)

Seria a Rainha de Espadas que prevalece sobre os pensamentos de Jane sua nova advogada? Posicionado do outro lado da Temperança, ela deve ter inspirado emoções mais equilibradas, encontradas na mensagem dessa carta. Jane disse que eles ficaram bem mais satisfeitos e confiantes depois que começaram a tratar com a nova advogada.

A dona de uma empresa — Cruz Celta 2 (nova visita)

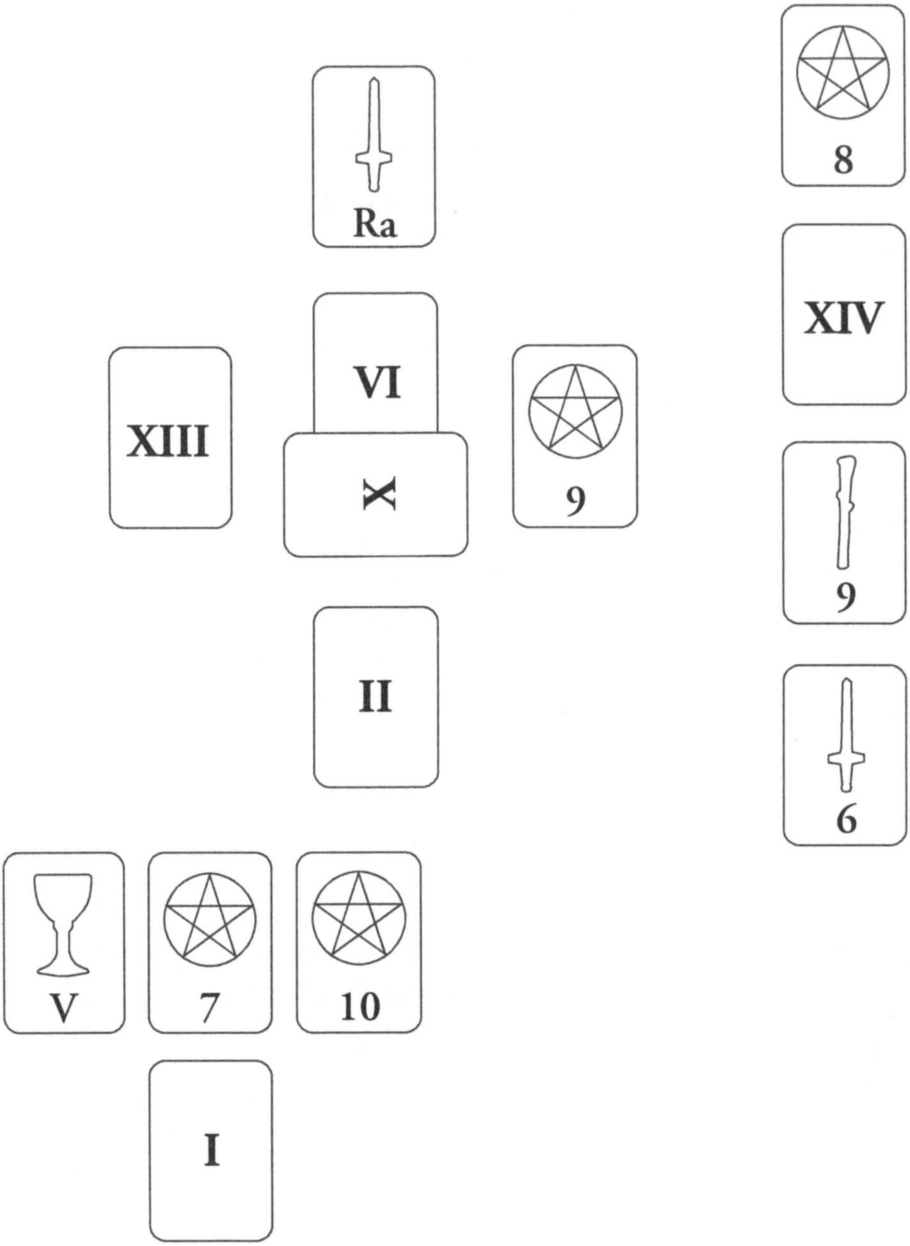

No futuro imediato, o Nove de Ouros deve mostrar algum ganho financeiro, e com essa carta geralmente o ganho se dá por meio de esforços próprios — e por isso, é uma excelente carta para essa colocação.

Nas apreensões de Jane, o Seis de Espadas revela seu desejo de seguir em frente e de se afastar desse período estressante, e juntamente com as cartas 5 e 9 vemos que ela tem uma boa postura, sintonizada com o restante da leitura.

Acredito que o Nove de Paus foi muito útil aqui, pois como ela havia nomeado a pessoa, a carta representou o modo como essa pessoa via a situação. Por um lado, podemos dizer que o ex-funcionário acha que eles estão defendendo bravamente sua posição, recusando-se a abrir mão dela, mas também entendi que ele estava se cansando da batalha. Na leitura original, e levando em conta o que Jane disse sobre erros nas declarações, fiquei surpresa por ele ainda não ter desistido.

Com todas as outras indicações da leitura, e com o Nove de Ouros tendo algum tipo de ligação direta com o Oito de Ouros, minha reação imediata foi, "os negócios continuam como de costume". Jane e seu marido ainda estão desenvolvendo a empresa, e isso se encaixa com a interpretação de aprendizado que se encontra nessa carta. Embora eles fossem prosseguir nos negócios mesmo perdendo o processo, o custo financeiro seria grande e poderia deixá-los com problemas, mas o Nove de Ouros pareceu melhorar sua situação financeira, o que os ajudaria a prosseguir com mais facilidade.

O Leque do Tarólogo nos mostra algumas mensagens repetidas e, no meu entender, reforça a leitura. Sua leitura é direta e suave, uma carta leva à outra. São boas notícias, eles estão felizes no que diz respeito a dinheiro e bens, e seguem com confiança.

Tendo em vista todas as cartas que vimos nas leituras, eu disse a Jane que tinha certeza de que eles não perderiam o processo, e, se ele fosse em frente, a decisão lhes seria favorável, embora eu ainda achasse que o reclamante iria desistir. De qualquer modo, eles estariam numa posição vitoriosa. No entanto, disse-lhe que seria extremamente importante seguirem a orientação legal que lhes estava sendo dada.

Jane disse que a leitura fora muito benéfica e que, embora soubesse que continuaria ansiosa com o julgamento do processo, estava se sentindo mais confiante e menos preocupada com o resultado.

Nova visita: resultados e *feedback*

Três meses depois da leitura original

O ex-funcionário desistiu da ação dois dias antes do julgamento. Jane disse que só foram conhecer a advogada que os representaria no tribunal um pouco antes disso, e que ela era "absolutamente destemida", o que fez com que pensasse que ela deveria ser a Rainha de Espadas mencionada na última leitura. Jane disse que assim que os detalhes do processo ficaram disponíveis para a outra parte, bem como a identidade da advogada do casal, isso teria sido suficiente para fazer a outra parte desistir!

Quando lhe perguntei como esse resultado afetaria a todos em termos financeiros, Jane me disse que isso significaria que cada lado simplesmente pagaria suas próprias despesas. Jane e seu marido ficaram satisfeitos com o resultado e muito aliviados com o fato de poderem prosseguir com sua vida sem aquela preocupação pendente sobre eles.

Nas palavras da própria Jane

Na época das leituras, a preocupação e o estresse de me encontrar na situação de ir a um tribunal, com um resultado desconhecido, só podem ser descritos (sem que eu pareça muito dramática) como horríveis!

As leituras, como resultado das cartas, não poderiam ter sido mais encorajadoras, e me deram uma visão equilibrada de uma situação difícil, com bons conselhos para seguir com cautela e meditar sobre as coisas, tanto sobre o processo como a respeito de nossos negócios e vida pessoal.

Os detalhes mostrados pelas cartas foram impressionantes. Ao reler as anotações das leituras, posso jurar que elas foram apropriadas e pontuais. Quando voltava das leituras e repetia para meu marido o que as cartas tinham dito, sentia-me mais esperançosa e estimulada, acreditando que o resultado seria positivo para nós. Com certeza, dormi melhor na noite da última leitura.

Quanto à Rainha de Espadas, que senhora interessante ela se revelou, na forma de nossa advogada, e não de alguém que teríamos de enfrentar do outro lado do processo!

Em resumo, as leituras fizeram diferença para mim? Com certeza, deram-me força e orientação para seguir em frente, indo até o fim. Tive a profunda sensação de que tudo acabaria bem.

Dicas da taróloga

Cartas ausentes

Um dos aspectos notáveis da leitura de Jane foram as cartas ausentes. Às vezes, as respostas para nossas perguntas podem ser encontradas não naquilo que está presente, mas sim no que não está. Nesse caso, não surgiram cartas ligadas à lei ou a perdas. No resumo feito ao final da primeira leitura principal de Jane, todas as indicações mostraram que seus negócios teriam continuidade, mas elementos que pudessem representar momentos difíceis ou perdas não ficaram evidentes.

Isso pode funcionar de duas maneiras, positiva e negativa. Alguém que procura um final feliz num relacionamento pode ter um solitário Dez de Copas mas não conseguir a solidez de outras cartas, necessárias para sugerir comprometimento e permanência (casamento). Por outro lado, a pessoa que receia enfrentar uma separação ou um divórcio em seu relacionamento pode encontrar cartas que revelam discussões e desafios, mas aquelas que mostram encerramentos definitivos estão faltando. Isso nos dá a possibilidade de mostrar ao querente a energia prevalente em torno de uma situação com que ele esteja lidando, ou enfrentando, pelo menos no futuro imediatamente previsível.

Todas as cartas contam uma história, às vezes até por sua ausência notada. Às vezes, a linha pode ser tênue... como veremos no próximo estudo de caso.

Frequência das consultas

Outro motivo para perguntar se a pessoa já recebeu uma leitura de Tarô antes, além de ajudar a esclarecer quaisquer concepções preestabelecidas, é que isso pode servir de alerta, mostrando que o querente tornou-se viciado na consulta a tarólogos. Como entendemos que uma leitura de Tarô fortalece o querente, não desejamos criar uma situação na qual ele se torne dependente demais das cartas em suas decisões cotidianas, nem transfira a responsabilidade de cuidar de sua vida. Se você agenda seus atendimentos por telefone, isso pode lhe dar a oportunidade de perguntar sobre a frequência de consultas antes de marcar uma.

Como regra geral, se fiz alguma leitura para alguém e essa pessoa me procura pedindo outra num curto espaço de tempo, só farei uma nova leitura se as circunstâncias se alteraram de algum modo, ou se novos acontecimentos entraram na equação. Como exemplo, temos a direção de uma empresa numa época difícil, negociações incômodas e prolongadas, desdobramentos de um processo de divórcio, ou se a pessoa me consultou devido a um problema na carreira mas está enfrentando uma situação complicada num relacionamento.

Minha regra prática é que uma nova leitura para uma situação em desenvolvimento que ficou mais complexa é aceitável, mas se o querente pretende marcar consultas constantes sobre questões que não sofreram alteração, eu não aceito. Nesses casos, explico educadamente que se nada ocorreu que possa mudar as circunstâncias, é grande a possibilidade de que as cartas repitam a informação original até que os resultados discutidos tomem forma. Por isso, seria melhor voltar numa outra ocasião ou quando a situação for diferente: então, terei o maior prazer em atendê-lo novamente. Adotando essa postura, a maioria das pessoas me agradece por ser honesta com elas. Às vezes, elas apenas estão preocupadas ou querem o conforto de algumas palavras gentis.

Se você cobra ou não por suas leituras, não importa: o tempo é seu, e você tem a prerrogativa de não aceitar uma leitura se não se sentir à vontade para fazê-la, qualquer que seja o motivo. Lembre-se de que isso só depende de você.

4

A ex-modelo

Laura tinha feito algumas leituras comigo antes, quando estava estreando no mundo das passarelas. Suas cartas foram muito precisas quanto a seu sucesso inicial nessa indústria e quanto às pessoas que ela conheceria e que seriam influentes para ela. Acelerando alguns anos, vemos que ela deixou de ser modelo. Laura tem vinte e poucos anos, começou um novo negócio e está casada e com dois filhos.

Primeiras impressões

- O Diabo, a Sacerdotisa e o Cinco de Espadas na área do trabalho.
- Três Cincos em três áreas separadas da Tiragem da Vida.
- A Roda da Fortuna repetida nas duas tiragens.
- O Louco na área dos desejos da Âncora.

A Âncora

Posição Básica: A Roda da Fortuna

A Roda da Fortuna na posição inicial foi um começo positivo para a leitura e indicou sorte num novo capítulo da vida. Perguntei a Laura se ela sentia isso e se isso representava o que acontecera recentemente em sua vida. Laura disse que isso se aplicava à sua vida como um todo e que era

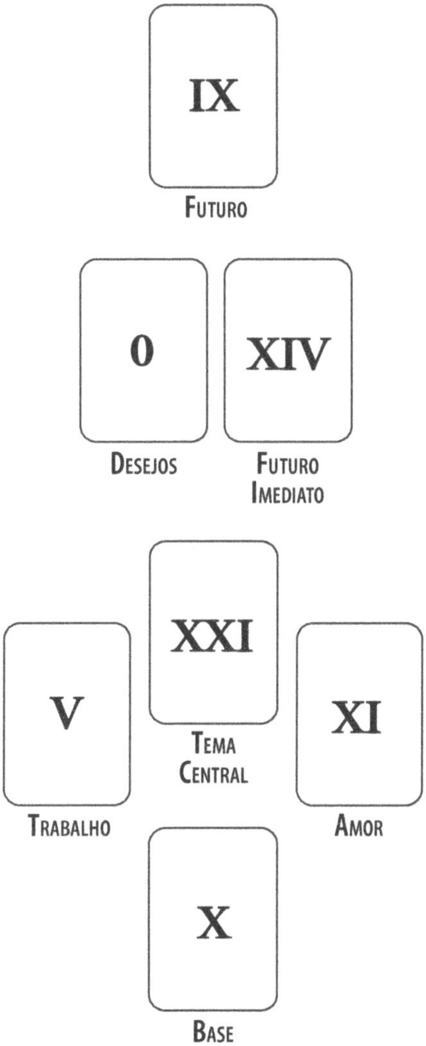
IX
FUTURO
0
XIV
DESEJOS
FUTURO IMEDIATO
XXI
V
XI
TEMA CENTRAL
TRABALHO
AMOR
X
BASE

A ex-modelo — Tiragem da Vida

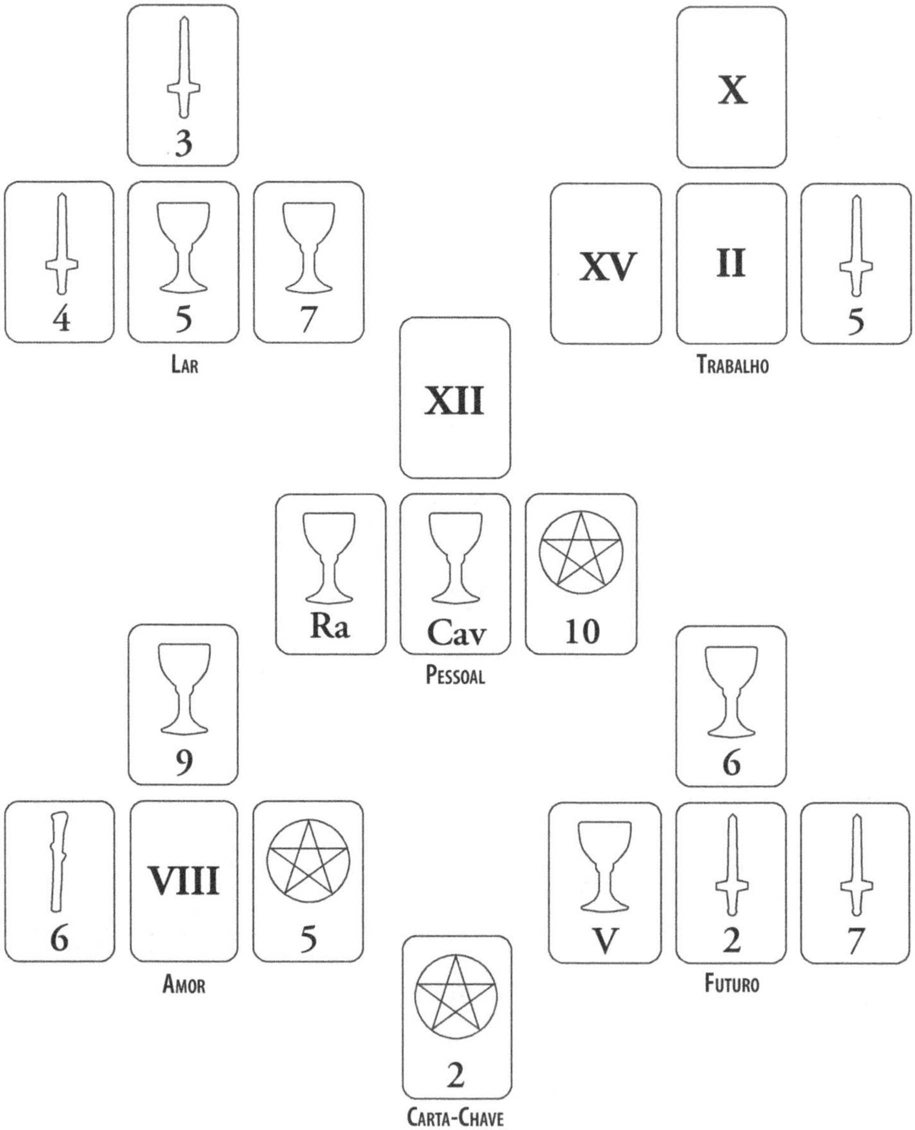

exatamente como ela se sentia, como um novo capítulo, pois passara por muitas mudanças no ano anterior e certamente nos últimos meses. Isso envolvia mudança de casa, abertura de uma empresa e mudanças positivas no casamento.

A Âncora
Área do Trabalho: O Hierofante
A Tiragem da Vida
Área do Trabalho: A Roda da Fortuna, O Diabo, A Sacerdotisa, Cinco de Espadas

Percebi a Roda da Fortuna também na área do trabalho da Tiragem da Vida, mas não avancei muito por causa das três cartas abaixo dela. Conferi primeiro a área do trabalho da Âncora para ver se encontrava um vínculo ou mais informações que se ligassem a essas três cartas. O Hierofante pode representar grandes instituições que têm um jeito específico de fazer as coisas, nas quais a tradição e a convenção costumam figurar claramente e expliquei a Laura que as igrejas caem nessa categoria quando ela me disse que o proprietário de suas instalações era uma igreja. Como essa carta estava na área do trabalho da Âncora, obviamente iria aparecer com força na leitura. Nesse estágio, voltei à Tiragem da Vida para lidar com as outras cartas.

A Roda da Fortuna estava no alto, de maneira positiva, mas parecia isolada das outras cartas da área do trabalho. O Diabo pode indicar que ela se sentia sobrecarregada, e Laura disse que estava enfrentando enormes desafios em seus negócios, inclusive inaugurando-os durante um período de recessão, e sofrera sérios problemas estruturais no prédio em questão de semanas, criando muita discussão e noites maldormidas.

Contudo, apesar de essa carta não se enquadrar no passado recente, era a conexão que se encaixava com o sigilo sugerido pelas outras três cartas, e não podia deixar de ser estudada. O Diabo pode representar planos secretos; a Sacerdotisa mostra segredos que Laura conheceria e que lhe seriam benéficos, e o Cinco de Espadas era um elemento de decepção ou desonestidade. Embora as cartas sejam lidas como um grupo, o Cinco de Espadas está no final (pois estamos sempre indo da esquerda para a direita, avançando no tempo). Como Arcano Menor, ela tem menos poder do que as duas cartas maiores à esquerda, mas é a última carta, e as vibrações positivas da Sacerdotisa estão contidas pela energia negativa das outras duas.

Disse a Laura que explicaria as cartas dessa área tal como eu as via, e que talvez ela pudesse lançar alguma luz sobre a situação. Depois, falei de cada uma das cartas antes de explicar que, como um grupo, tinha a impressão de que alguma coisa podia estar acontecendo no trabalho.

Como isso parecia ser algo desvantajoso para ela, e ela poderia perder alguma coisa (ou negócios) de forma injusta, avisei-a para que ficasse bastante alerta. Outro aspecto do Cinco é alguém que some sem explicação ou sem se preocupar com as outras pessoas envolvidas. Expliquei que um funcionário que sai da empresa e leva clientes, por exemplo, poderia se encaixar nessas cartas, mas não havia nenhuma carta da corte que ajudasse a identificar uma pessoa específica.

Desonestidade, logro e atitudes nada éticas costumam cercar o Cinco, e, embora seja uma carta dos Arcanos Menores, é uma das cartas de que menos gosto. De acordo com minha experiência, ela nunca deixa de aparecer quando um assunto envolve relações duvidosas e normalmente os resultados magoam o querente de maneira pessoal. Essa situação parecia razoavelmente isolada e não aparentava ter nenhum efeito maior. Mantendo-me nesse contexto, embora pudesse ser uma situação desagradável, não parecia haver nenhuma repercussão desastrosa com base no resto da leitura.

Nesse ponto, perguntei como estava a situação com o locador, a igreja, pois a tínhamos identificado como o Hierofante na Âncora e devia haver um motivo para essa carta aparecer. Embora tivesse havido bastante envolvimento com a igreja recentemente, em função do número de vezes em que o imóvel precisou ser reparado, era possível que ainda houvesse outra conexão. Laura disse que tinha descoberto, nas últimas duas semanas, que o prédio ia ser vendido para outro locador. Sugeri que seria interessante se o advogado de Laura revisasse os detalhes do contrato de aluguel, só para garantir que ela estaria protegida adequadamente de eventuais mudanças resultantes dessa venda. Isso parecia pouco provável em função da descrição feita por ela do aluguel, mas, tendo em vista as três cartas que apareceram na área do trabalho da Tiragem da Vida, seria útil conferir os detalhes do contrato.

Tirando isso, o Hierofante poderia representar um mentor, alguém em quem ela confiasse para obter conselhos sobre os negócios, ou outra instituição de porte que poderia estar envolvida de algum modo. Como a Âncora é o principal ponto focal de referência, e levando em conta as três cartas da área do trabalho da Tiragem da Vida, se estivessem ligados esperaríamos uma carta diferente ali, como a repetição do Diabo, ou quem sabe a Torre. O Hierofante talvez fosse relevante de algum modo, mas eu não consegui perceber nenhuma conexão adicional e isso me intrigou bastante.

A área do trabalho da Tiragem da Vida foi a única que pareceu ter leitura objetiva. De diversas formas, as outras áreas pareceram um tanto desagregadas ou desconexas. Parecia haver contradições, e três cincos também mostraram um elemento de instabilidade atuando nas três áreas.

Com a Justiça na área do amor da Âncora, o Três de Espadas como a carta-chave do lar e o Nove de Copas como carta-chave do amor e dos relacionamentos, decidi lidar com essa parte na sequência.

A Âncora

Área do Amor: A Justiça

A Tiragem da Vida

Área do Lar: Três de Espadas, Quatro de Espadas, Cinco de Copas, Sete de Copas

O Três de Espadas pode mostrar discussões, conflitos ou separação, em alguns casos, embora nem sempre signifique uma cisão permanente. Em *Tarô Claro e Simples*, falei dessa carta algumas vezes, tanto na interpretação quanto nos exemplos, pois às vezes ela pode mostrar casais que estão separados pela distância em função das circunstâncias, como o trabalho. Foi um bom exemplo, pois neste caso ambas se aplicavam a Laura. Depois de uma breve separação, ela reatou com o marido fazia poucos meses, mas agora ele estava em um novo emprego, o que significava que teria de trabalhar fora do país e ficar longe de casa por períodos consideráveis.

Presumimos que o Quatro de Espadas representaria o período de descanso e de recuperação depois da tensão logo após a separação. O Cinco de Copas pode mostrar uma sensação de perda, de traição ou remorso por ações passadas, e isso poderia se referir à situação atual, mas como não me senti totalmente convencida, achei que era algo que ainda estaria por acontecer.

Por dentro, eu estava avaliando as contradições a que me referi anteriormente. De certo modo, foi difícil traduzir isso, pois ao escrever, tudo parece mais extenso; mas durante a leitura, tudo passa por sua mente muito depressa. É como essas cenas de filmes nas quais são mostradas letras ou números de um grupo que se destacam quando alguém está tentando decifrar algum código.

Se você puser as cartas à sua frente, será capaz de acompanhar minha sequência, talvez intuitivamente, pois ela não segue nenhum tipo de padrão estabelecido. O Sete de Copas localizado no final da área do lar (escolhas ou imaginação), o Cinco de Ouros no final da área do amor (perdas), o Cavaleiro de Copas no centro da área pessoal (perspectivas de amor), o grupo todo da posição futura da Tiragem da Vida (alguém do passado; mensagens de natureza emocional; não saber para que lado ir; conversa, discursos e diplomacia). O Eremita, como carta futura da Âncora, mostra uma época de contemplação profunda. A Justiça na área do amor da Âncora mostra pensamento lógico e equilibrado, o Enforcado como primeira carta da Tiragem da Vida e o Dois de Ouros como a carta-chave. Na posição dos desejos da Âncora, vemos o Louco, sugerindo que por dentro Laura deseja algo completamente novo e diferente. Há pistas e sugestões aqui, mas elas não acontecem imediatamente, e estou ciente de que não me sinto à vontade, uma vez que alguma coisa não está certa. Não tenho nada de mais concreto a oferecer-lhe no momento, e por isso preciso acompanhar a leitura com ela até alguma coisa entrar no lugar ou ficar mais evidente.

Passando para a área do amor da Âncora, a Justiça mostra a necessidade de uma mente equilibrada e de uma postura lógica diante dos problemas. Também pode representar algum tipo de documento legal (pode ser sobre sua casa, hipotecas etc., mas ainda seria relevante para seu relacionamento) e perguntei a Laura se alguma dessas coisas teria importância naquele momento. Além de tentar ser racional em seu relacionamento, em virtude do recente afastamento, ela não achou que isso se aplicaria naquele ponto.

Com o Sete de Copas, juntamente com a Justiça, disse-lhe que poderia haver um incidente e sua imaginação daria a impressão de que ela teria muitas opções excitantes, mas na realidade elas poderiam não ser o que aparentavam. Como o Sete vem depois do Cinco de Copas, poderia haver o risco de se fazer planos que nunca se tornariam realidade e, nessa época, seria mais prudente aplicar a mensagem da carta da Justiça, segundo a qual é necessário usar lógica. Poderia surgir uma situação em que Laura acharia que tem diversas opções sobre seu relacionamento, sentindo-se otimista com isso. Estou dizendo que se isso ocorresse, ela deveria tomar cuidado para não se empolgar, deveria parar e pensar, tentando manter seus pés no chão, pois ela não estaria vendo as coisas com clareza e precisaria ser lógica.

A Tiragem da Vida

Área Pessoal: O Enforcado, Rainha de Copas, Cavaleiro de Copas, Dez de Ouros

Disse a Laura que seria preciso tomar cuidado porque suas cartas enviavam diversas mensagens contraditórias, e mostrei-lhe o Enforcado na primeira posição da área pessoal. Perguntei-lhe se ela sentia que sua vida estava em suspensão e Laura disse que, apesar de tudo o que estava acontecendo à sua volta e por mais ocupada que estivesse, era exatamente assim que ela se sentia. Embora Laura mostrasse diversas tendências da Rainha de Paus, pois estava sempre ocupada, sua natureza é mais sensível e ela gosta que as coisas sejam esteticamente agradáveis. Sua empresa tem afinidade com o naipe de Copas, e, astrologicamente, ela é de um signo de água. Por isso, podemos considerá-la com segurança como a Rainha de Copas.

O Cavaleiro de Copas costuma oferecer coisas e mandar convites amorosos, embora isso pudesse estar ligado a ofertas imobiliárias, pois o Dez de Ouros segue aquela carta e para mim essas cartas aparecem juntas quando temos transações com propriedades. Normalmente, o Dez se refere ao lar familiar, ou à estabilidade material e emocional no lar com fortes laços familiares, e por isso senti que haveria (ou haverá) uma conexão familiar nesse caso. Laura me contou que ofereceram-lhe outro imóvel recentemente, mas eles estão felizes e bem acomodados onde estão. Todas as cartas se encaixaram na situação, mas é extremamente raro ver todas focalizadas apenas no passado, e por isso, mais uma vez, achei que uma situação iria se apresentar no futuro.

A Tiragem da Vida

Área do Amor: Nove de Copas, Seis de Paus, A Força, Cinco de Ouros

O interessante aqui é que embora tenhamos o Dez de Ouros, que normalmente é bom para a estabilidade material, na área da família, na área do amor nós temos o Cinco de Ouros no final, advertindo contra perdas. Parece mais uma contradição. O Nove de Copas como nossa carta-chave na área do amor aponta para a sensação de abundância, de desejos que foram realizados. O Seis de Paus pode ser o portador de boas notícias, mas também mostra uma sensação de satisfação com as realizações, indicando que outras pessoas reconhecem seus esforços e sucessos.

Laura disse que essas duas cartas se aplicavam de fato à sua situação. Tudo tinha dado certo para eles nos últimos meses, tendo ido de um extremo a outro. Seu marido tinha perdido o emprego, mas passou por um novo treinamento e conseguiu um emprego melhor, e ela iniciou seu próprio negócio. Eles mudaram de casa e financeiramente as coisas nunca estiveram tão boas.

A carta da Força está bem nessa posição, mostrando força interior e coragem, aplicando paciência e diplomacia para obter os resultados exigidos. Ela proporciona muito poder feminino para Laura nessa área de sua vida, especialmente porque é o único Arcano Maior aparecendo aqui. Entretanto, o Cinco de Ouros parece completamente isolado no final do grupo, advertindo contra perdas. Podem ser perdas emocionais ou financeiras, e expliquei a Laura que ela precisaria ser muito cuidadosa em quaisquer negociações futuras, colocar os pingos nos "is" e cruzar os "ts" e não assumir riscos desnecessários. Embora as coisas parecessem estar indo bem em termos financeiros naquele momento, seria bom criar um "fundo para dias chuvosos", pois talvez aparecesse uma despesa inesperada ou um imprevisto, mesmo um buraco na estrada, mas geralmente o Cinco de Ouros indica uma questão ligada a finanças.

Repassei com Laura os três cincos surgindo em três áreas diferentes de sua leitura, e, embora sejam Arcanos Menores e de numeração baixa, podem indicar instabilidade de diversas formas e criar uma sensação desconfortável. Na área do trabalho vimos desonestidade e deslealdade, remorsos na área do lar e agora o Cinco das perdas na área do amor. De diversas formas, todos podem sugerir perdas, mas é importante mantê-los em mente durante o resto da leitura. Temos a impressão de que os cincos parecem agir como sinais de advertência de coisas com as quais é preciso tomar cuidado, talvez não mais do que a proverbial pedrinha no sapato, embora minha principal preocupação sejam as três cartas vistas na área do trabalho.

A Tiragem da Vida

Área do Futuro: Seis de Copas, Valete de Copas, Dois de Espadas, Sete de Espadas

Passando para a área do futuro da Tiragem da Vida, o Seis de Copas pode trazer alguém do passado e esse é o principal tema da área. O Valete de

Copas mostra a chegada de mensagens de natureza emocional, provavelmente ligadas à pessoa do Seis de Copas e geradas por ela. O Dois de Espadas mostra que isso pode levar à sensação de confusão, de uma escolha que precisa ser feita mas sem que se saiba para que lado ir, criando um impasse. O Sete de Espadas pode mostrar uma virada imprevista na situação, mas também informa Laura que esta é a carta da fala, da conversa e da diplomacia, sugerindo que a questão deve ser tratada com cautela.

Com as informações do grupo do futuro, existe a possibilidade de que o Valete esteja ligado ao Cavaleiro de Copas, o qual, por sua vez, poderia se ligar ao Cinco e ao Sete de Copas na área do lar e ao potencial do Cinco de Ouros na área do amor. O que se deduz é que alguém do passado de Laura poderia entrar em contato com ela com uma proposta romântica e criar um dilema pessoal. Embora não haja ninguém mais perto dela no momento, e não tenhamos uma carta masculina da corte na leitura para ajudar na identificação, só me resta dizer que é alguém que ela conhece. É claro que as repercussões dessa situação poderiam prejudicar a fragilidade do seu casamento, que passa por dias felizes, mas em recuperação.

Lembrei a Laura que ela precisaria usar lógica, conforme mostrava a carta da Justiça na Âncora, e da advertência do Cinco de Ouros no final da área do amor, dizendo que agora ela ainda está passando pelo Nove de Copas. Expliquei-lhe que eu não estava na posição de julgar, apenas de transmitir o que via, e como vi cartas maravilhosas ligadas a isso, eu lhe disse, mas minha preocupação era que, com as indicações vistas antes, ela acabasse julgando erroneamente as coisas, ficando numa situação pior.

A carta-chave da leitura mostrava Laura lidando bem com tudo, o que, mais uma vez, parecia muito pertinente ao presente: seu atarefado mas cuidadoso equilíbrio entre o lar, o trabalho e o relacionamento reconciliado.

A Âncora

Posição Central: O Mundo
Futuro Imediato: A Temperança
Desejos: O Louco
O Futuro: O Eremita

As cartas finais da Âncora ainda não tinham sido interpretadas, e por isso passamos para essa área a fim de ver o que mais iríamos encontrar. Disse a Laura que a carta do Louco na sua área dos desejos sugeria que o que ela realmente desejava era um início completamente novo e diferente. Laura pareceu bem surpresa e disse que era exatamente o que sentia. Como saíra do mundo das passarelas, queria simplesmente passar para uma área na qual ninguém a conhecia, começando como uma anônima e do zero. No início, Laura gostava muito da carreira de modelo, e tudo estava indo muito bem, mas depois que ela mudou de empresário, percebeu que cometera um erro, o que resultou em conselhos e decisões que tiveram um impacto muito ruim para ela e sua família. Pessoalmente, ela gostava do *glamour*, do estilo de vida e do imenso reforço em sua autoconfiança, mas percebeu que aquele mundo tornou-se irreal, um mundo do qual, infelizmente, ela conheceu o lado negativo. Com um lar e uma carreira, não era possível mudar-se para o exterior e começar do zero. O Enforcado e o Cinco de Copas repercutiram aqui, e ela disse que se identificava com muitos pontos da leitura.

Mostrei a Laura que ela estava com uma bela carta no centro de sua leitura, o Mundo, que aponta para o sucesso e para a sensação de realização em suas atividades. Essa carta já está no seu caminho e é para onde ela ruma, e por isso está a seu alcance e não muito distante.

Com a Temperança na posição do futuro imediato, disse a Laura que a paciência e a moderação seriam exigidas para que ela atingisse suas metas, mas o aspecto harmonioso dessa carta tão gentil também aporta um adorável elemento de cura para sua vida. A Temperança também pode levar à reconciliação, que pode ecoar com o Seis de Copas do grupo futuro na

Tiragem da Vida, pois ela já se reconciliou com o marido. Vendo a Temperança, informei a Laura que a mensagem das cartas era para ela se conter e exercer a moderação em todas as áreas; agora não era a hora de correr para um lado para o outro, particularmente por causa dos sinais de advertência que vimos em diversas áreas. Laura admitiu que a paciência não era uma de suas maiores virtudes.

Como se fortalecesse a mensagem, o Eremita mostrou que Laura está se dirigindo para um período que lhe exigirá introspecção, um período de profunda reflexão e meditação. No entanto, também lhe informa que no seu íntimo ela já conhece a resposta, bastando algum tempo de silêncio para ter acesso a ela. Levando em conta o contexto da leitura, disse a Laura que no futuro ela estaria contemplando tudo em sua vida desde um nível muito profundo. Assim como a Justiça é a carta que mostra a necessidade de uma mente equilibrada, a Temperança é a carta das emoções equilibradas. Ao seguirmos o caminho que levava ao Eremita, encontramos fortes mensagens lembrando que Laura deve tentar ser lógica, equilibrada e paciente quando tiver de tomar decisões no futuro.

Laura disse que se identificava com muitas das coisas ditas em sua leitura e que as cartas refletiam o que ela estava sentindo, contra aquilo que fica evidente pelas aparências externas. (Talvez seja por isso que as cartas pareceram contraditórias.)

Muito do que ela tinha a dizer sobre sua situação de vida e seu contentamento recém-encontrado tendia a refletir o fato de que ela já estava vivendo as vibrações da carta da Justiça na área do amor. Com outras indicações, e a partir daquilo que ela disse, poderia ser um pouco preocupante saber que ela tinha uma postura prática e lógica quanto à sua situação. As cartas que faltam aqui, o elemento que falta, são os aspectos amorosos que indicariam que seu coração está feliz. O Dez de Copas, por exemplo, o Dois ou o Três de Copas e cartas similares, estão faltando, o que é estranho. O Nove de Copas está isolado e ela tenta manter seus desejos íntegros e a felicidade da unidade familiar, coisas que pelo menos exteriormente são reais. O fato de as cartas de Copas a que me refiro não estarem presentes não significa necessariamente que elas não estão sendo parte de sua experiência. Sinto que o Tarô apresenta as cartas mais necessárias para transmitir sua mensagem dentro das 21 cartas. Mas são meus pensamentos, que não compartilhei com Laura.

Não acho que seja meu papel apresentar minha opinião pessoal, mas ler aquilo que tenho diante de mim — e nesse caso, não indicar aquilo que está faltando. Laura está tentando muito aplicar medidas práticas a um casamento reconciliado, que sempre é frágil, posto que há dores do passado a superar. Creio que nesse ponto ela não precisa que eu fique sugerindo que emocionalmente ela não parece estar feliz, pois não quero influenciar seus pensamentos e nem criar dúvidas em sua mente. Esta é uma conclusão a que as cartas chegariam claramente, ou ela mesma o faria.

Porém, enquanto ela lida com a situação, penso que minha posição consiste em proporcionar a orientação que me é mostrada. Se a situação dela mudar e ela voltar pedindo novas orientações, veremos como as coisas progrediram e oferecerei a informação dada pelas cartas nessa ocasião.

Há algumas outras coisas a assinalar nessa leitura. Primeiro, você pode se perguntar por que as cartas não foram mais conclusivas. Por que há apenas sugestões ao longo da leitura? Meus pensamentos a respeito disso são que, com a Tiragem da Vida, eu esperaria que as cartas seriam bem mais claras caso a situação fosse mais próxima no tempo. A julgar por minha experiência de trabalho com essa tiragem, se os eventos fossem iminentes, as indicações não nos deixariam em dúvida. Acredito que estivemos observando uma situação potencial que ainda pode estar se desenvolvendo. Depende de várias ações que devem ocorrer e, portanto, o resultado ainda é desconhecido.

Como se ecoando alguns de meus pensamentos, a leitura a seguir proporcionou mais *insights*.

Tiragem adicional: Cruz Celta

Laura achou que deveria tentar descobrir mais sobre a situação que fora mostrada na área de trabalho. As cartas da Tiragem da Vida foram recolhidas e dadas a Laura para serem embaralhadas enquanto ela perguntava se haveria alguma coisa prestes a acontecer na sua empresa, e que ela devesse saber.

As cartas tiradas não pareceram ter muita relação com a pergunta feita; às vezes isso pode acontecer caso haja algum problema considerado mais relevante. A leitura pareceu ter mais relação com a vida pessoal e afetiva de Laura.

Agora as cartas de Copas entraram em evidência! A linha reta formada pelo Três de Copas, pelo Dois de Copas, pelo Hierofante e pelos Enamorados com suas associações relevantes me lembraram imediatamente do casamento de Laura. As copas ocupam o presente e o filtro está funcionando.

O Valete de Paus, que representa a chegada de boas notícias, possivelmente ligadas ao trabalho ou de natureza empresarial, está na posição do passado mais recente. Laura acha que isso se deu quando seu marido recebeu a notícia de seu novo emprego, algo bem recente e ela não conseguiria situar essa carta de outra maneira.

Os Enamorados como pensamentos que prevalecem, juntamente com o Dois de Ouros na posição de esperanças e desejos, mostra Laura mantendo o equilíbrio e como isso é importante para ela. Além disso, o Sol, a carta mais positiva do Tarô, aparece na sua área de apreensões, o que é muito estimulante. Mostra-nos sua própria história, pois geralmente essa carta, associada com a base da situação na posição três, proporciona mais *insights*, como neste caso — o Hierofante. Agora, podemos ver que teria sido um erro ter revelado meus pensamentos anteriores, pois aqui estavam as cartas que, para mim, faltavam na história.

O Cavaleiro de Paus pode representar uma longa viagem ou uma mudança de residência. É difícil dizer qual dessas opções sem o apoio de outras cartas; contudo, também poderia indicar cartas na área pessoal da

Tiragem da Vida — o Cavaleiro de Copas e o Dez de Ouros, sugerindo propriedades — e por isso poderia ser uma mudança ou uma nova casa para a família. Como outras pessoas a observar a situação, temos o Sete de Espadas, que pode indicar uma guinada imprevista dos acontecimentos, mas também é a carta que indica assuntos tratados com diplomacia.

Como carta de resultado, o Louco aponta para uma situação nova e inesperada, algo que saiu do nada. Como a sexta e a décima cartas se referem ao futuro, deveria haver uma ligação entre as duas; pode não ser óbvia para nós no momento, mas deve ser evidente ao longo do tempo. Com o Louco na posição dos desejos da Âncora, pode ser que Laura consiga realizar seu desejo de um novo começo, de certo modo, mas com o Sete de Espadas talvez ele não se dê da maneira como ela espera.

As cartas do Leque do Tarólogo — o Carro e o Seis de Espadas — parecem fortalecer a viagem sugerida pelo Cavaleiro de Paus. A Imperatriz apoia as cartas do casamento que vimos; o Quatro de Copas faz eco com alguns pensamentos da leitura anterior. O trabalho do Leque do Tarólogo, porém, normalmente não é ampliar a leitura, mas sim proporcionar mais informações de fundo para o tarólogo.

Seja qual for a situação que parece estar se desenvolvendo na área do trabalho de Laura, não pode ser mais importante do que as cartas que vimos, pois não estão relacionadas com sua pergunta sobre esse tema. Além disso, tendem a sugerir que isso pode ser contido. Laura ficou muito satisfeita com a leitura, alerta quanto às mensagens da primeira tiragem, mas aguardando os eventos vindouros.

Resultados e *feedback*

Dentro do período, os eventos tenderam a acontecer em sucessão.

Dois meses depois

Um membro da família fez a Laura a oferta inesperada de uma propriedade no exterior, e ela ficou muito contente em adquiri-la. Embora não possa se mudar de vez do país, como gostaria, essa casa proporcionou

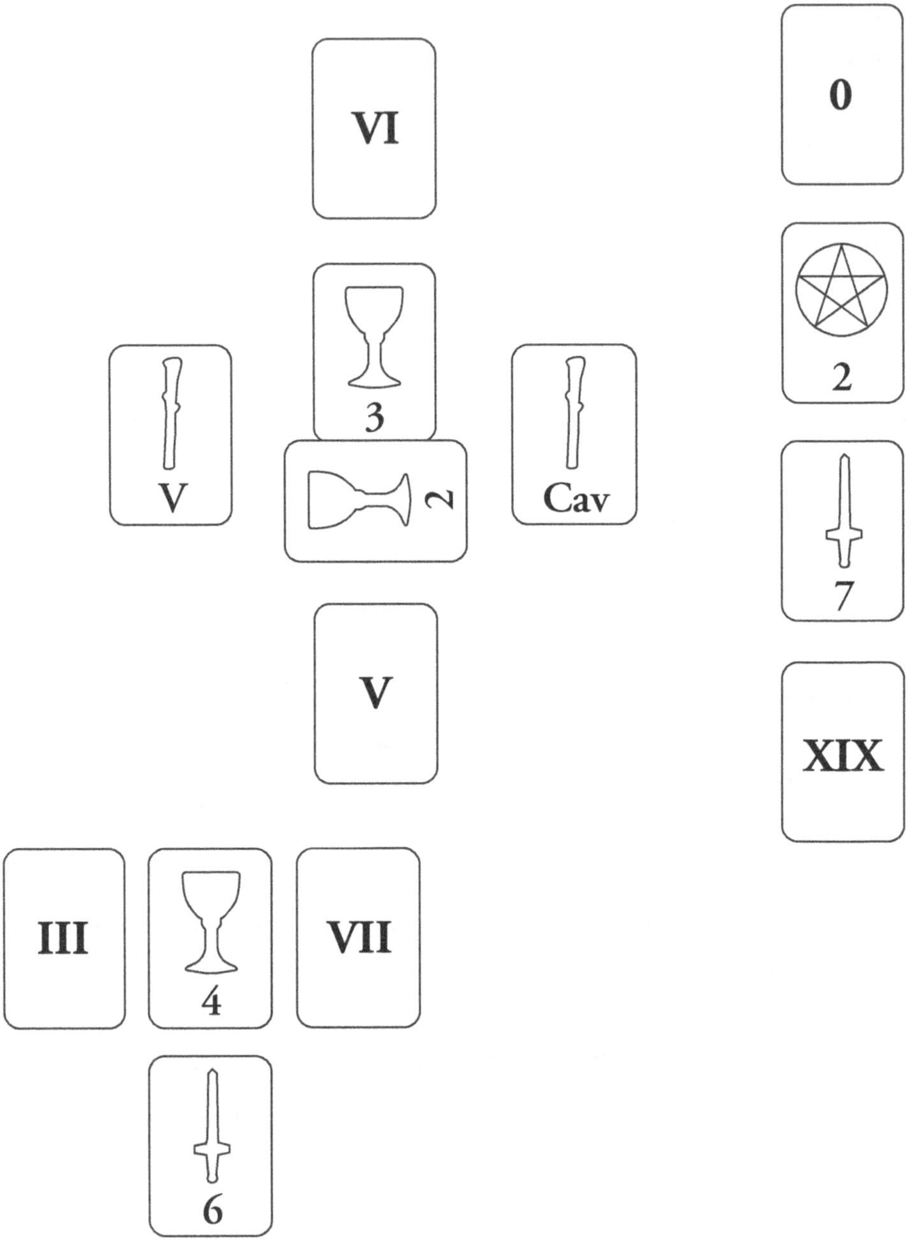
VI
0
3
2
V
2
Cav
7
V
XIX
III
4
VII
6

à família um refúgio numa região que ela adora. (Tiragem da Vida, área pessoal: Rainha de Copas, Cavaleiro de Copas, Dez de Ouros.)

Como o momento dessa oferta foi muito próximo, achei que deveria ser a situação a que a Cruz Celta estava se referindo — o Cavaleiro de Paus e o Louco com a mudança inesperada do Sete de Espadas. Laura disse que a oferta literalmente saiu do nada e foi muito inesperada. Nesse caso, talvez ambos os significados do Cavaleiro de Paus tenham sido relevantes, pois a propriedade é no exterior, e por isso viagem e mudança de residência se aplicam.

Uma semana depois, o marido de Laura foi demitido de seu novo emprego. Contudo, eles tinham a esperança de que uma agência especializada em recolocação profissional conseguisse outro para ele. (Cinco de Ouros no final da área do amor.)

Logo depois disso, Laura teve de demitir parte de sua equipe. Vários problemas de conduta a estavam incomodando, criando muitos transtornos para a empresa, mas foi descoberto um caso de furto que resultou em demissão. Depois disso, Laura descobriu que alguns funcionários estavam "roubando" seus clientes. Ela percebeu isso porque os clientes não apareciam nos horários marcados nem tampouco telefonavam para cancelar o compromisso. Depois de fazer algumas perguntas, ela também descobriu que seus antigos funcionários estavam oferecendo serviços para seus clientes pelo menos um mês antes da demissão. Embora a área do trabalho tenha sido precisa, a sequência de eventos que as cartas proporcionaram também o foi (o Diabo, a Sacerdotisa, o Cinco de Espadas).

O mistério da ligação com o Hierofante também foi respondido aqui. Laura me disse que havia pedido conselhos a um empresário experiente do ramo, que ela conhecia e respeitava. Ele testemunhara várias situações com os funcionários dela e, no final, foi ele quem cuidou das demissões. Por causa desse acontecimento, Laura começou a fazer um curso numa faculdade para melhorar sua base profissional e suas qualificações numa área na qual antes ela dependia de seus empregados, para não ficar tão vulnerável no futuro. Assim, embora a igreja tenha sido relevante como sua locadora, o Hierofante representava o mentor que esteve ligado às demissões e também a faculdade, como instituição de ensino. Embora eu pudesse ter detalhado mais a questão para Laura na época, não havia um modo de fazer essa ligação. É fascinante descobrir depois como as cartas se encaixam.

Três meses depois

Laura me procurou para dizer que seu marido havia encontrado um novo emprego. Ele ainda precisaria viajar muito e ficar regularmente longe de casa, mas fora promovido.

Voltando à Tiragem da Vida: você se lembra da contradição aparente entre o Cinco de Ouros no final da área do amor e o Dez de Ouros no final da área pessoal? Mesmo que você não esteja ciente da forma como a interpretação se encaixou com os fatos, é interessante enfatizar para o querente aquilo que você vê, pois quando os eventos se sucederem, eles podem ser mais apropriados do que você imaginava ou teria previsto na época. Acho que também é um bom exemplo para nos ensinar como o Cinco de Ouros mostrou um evento isolado, sem outras implicações ruins, de modo bem literal, numa posição solitária, aparentemente desconectada das cartas ao redor e sem outras referências ou continuação do tema. Quando as cartas de uma área da Tiragem da Vida não fluem juntas como numa frase, podem mostrar uma situação separada.

Nesse meio-tempo, Laura contratara novos empregados e estava satisfeita com eles, e por isso ela achava que sua vida não só estava entrando nos eixos novamente, como mostrando melhorias.

Desde a leitura, um velho amigo apareceu em cena e, embora Laura gostasse da amizade, percebeu que ela poderia avançar facilmente. Ela disse que a decisão foi muito difícil, pois sabia que seu amigo ficaria aborrecido e ela sentiria sua falta, mas ela explicou, da maneira mais gentil possível, que achava melhor ele não voltar a procurá-la. (Área do futuro: Seis de Copas, Valete de Copas, Dois de Espadas, Sete de Espadas.) Com certeza, Laura parecia estar aplicando o pensamento equilibrado e lógico da carta da Justiça mostrada na área do amor da Âncora.

Cinco meses depois

Aparentemente, a carta do Hierofante ligada ao locador de Laura teve um papel adicional. No período em que os reparos estruturais estavam sendo feitos no edifício e sua empresa não pôde funcionar, ela não pagou o aluguel daquele mês, embora tenha feito todos os outros pagamentos. Para seu horror, ela chegou numa dada manhã e encontrou todas as fechaduras do imóvel trocadas, com avisos grudados na porta. Ela desejou profundamente ter seguido o conselho de pedir a seu advogado para ler o contrato, pois uma cláusula permitia que o locador fizesse aquilo em função da falta de pagamento, independentemente de sua empresa ter ordem para funcionar ou não. Felizmente, ela resolveu a questão rapidamente, mas teve de pagar a conta da troca das fechaduras e precisou lidar com uma publicidade embaraçosa para seus negócios.

Seis meses depois

Laura me informou que foi interessante ver quanta informação apareceu sobre um ex-funcionário, inclusive problemas similares mas não relatados com outros empregadores. Entretanto, ela ficou muito contente com o modo como a parceria de negócios estava progredindo, pois pela primeira vez desde o início de suas atividades, Laura viu resultados tangíveis, tendo conseguido finalmente tornar a empresa um sucesso. Com a nova equipe instalada, o local de trabalho ficou com uma atmosfera mais agradável e por isso a vida ficou mais tranquila. Olhando em retrospectivo, ela diz que não consegue acreditar como as coisas eram estressantes, mas a experiência deixou-a mais sábia. Com essas palavras finais, parece que a leitura de Laura se revelou por inteiro.

Nas palavras da própria Laura

Eu já havia feito leituras com Josie antes e ficara surpresa com sua precisão, por isso estava ansiosa para saber o que ela teria para me dizer. Eu estava com muitos problemas em casa e procurando uma orientação ou algumas respostas para me ajudar.

Quando voltei para casa, pensei no que ela tinha dito; minhas cartas sempre estiveram na minha frente, mas eu não estava bem preparada para a precisão daquela leitura! Certas coisas aconteceram em casa e no trabalho e foram exatamente o que Josie disse para eu esperar. Ela me advertira de que devia tomar cuidado com alguém na minha empresa, alguém em quem eu não deveria confiar, e pouco depois descobri que um funcionário estava me roubando. Percebi na hora que era disso que as cartas tinham me avisado, e por isso eu já estava meio que preparada para o acontecimento, e certamente me fez mudar de atitude. Quando o incidente ocorreu de fato, lembrei-me de ter pensado nisso e até de ouvir as palavras de Josie na minha mente!

Com tudo o que aconteceu, senti que as leituras me ajudaram a enfrentar os últimos meses. Tenho sido mais cautelosa e percebi coisas que nunca teria pensado em observar melhor, pois se não fosse assim, os eventos poderiam ter sido bem piores do que foram.

Dicas da taróloga

Interpretações variadas de uma carta e temas associados

A leitura de Laura oferece um ótimo exemplo sobre o modo como diversas interpretações e aspectos de uma carta podem se aplicar de maneiras diferentes. Por exemplo, o Hierofante na área do trabalho da Âncora foi relevante como o mentor útil ao qual Laura recorreu, e foi crucial para resolver a situação que se desenrolava na área do trabalho da Tiragem da Vida, para sua volta à faculdade como resultado dessa experiência e, finalmente, para a situação que ocorrera tendo a igreja como locadora.

Além da interpretação dos grupos de cartas nas áreas, podemos perceber como cada pista proporciona sua própria história e como isso contribui para a interpretação final. Nesse caso: as contradições aparentes, até o efeito do "pulo do sapo" entre as cartas espalhadas por quatro áreas da Leitura da Vida de Laura que pareciam se associar. No final, todas contaram uma história dentro da história — e isso não costuma ser um reflexo de nossa vida? Para mim, foi um lembrete do valor de mostrar esses fatores para o querente. Às vezes, as cartas fazem muito sentido para ele na ocasião e proporcionam informações relevantes; em outras, parecem fazer pouco sentido para nós... até alguma coisa se encaixar com os resultados posteriores.

Parte do acordo com os participantes deste livro foi que eles dariam um *feedback* sobre os eventos da forma como estes ocorreram, e por isso temos o benefício de registrá-los e de acompanhar seus resultados para ver como as cartas se aplicaram às suas situações. Tenho certeza de que outros tarólogos também vão dizer que às vezes as pessoas ficam excitadas e telefonam só para contar o que aconteceu; às vezes, elas voltam e tornam-se clientes regulares ao longo dos anos, e de algumas nunca mais se ouve falar, mas isso não significa necessariamente que sua leitura não foi precisa.

Depois que o querente sai, nosso papel se conclui. Talvez nunca venhamos a saber o resultado, mas esperamos ter feito o melhor possível para apresentar uma leitura perceptiva, estimulante e o mais útil possível sobre as situações e opções que ele vai enfrentar.

5

A cética

Como é uma situação que às vezes os tarólogos podem ter de enfrentar, quis mostrar uma leitura com uma pessoa cética. Sarah foi recomendada por uma amiga que nos pôs em contato. Expliquei que minha razão para escrever o livro era ajudar os estudantes de Tarô e que a leitura não era para "provar" que o Tarô funciona, e por isso pedi-lhe que mantivesse a mente aberta. Sarah concordou e marcamos uma data.

Sarah nunca tinha feito uma leitura de Tarô antes e admitiu que nem sequer vira um baralho de Tarô, por isso as imagens eram completamente estranhas para ela. Ela me informou que sua experiência "com esse tipo de coisa" relacionava-se com pessoas em barracas de quermesses, todas afirmando ser autênticas ciganas e tentando empurrar-lhe uma leitura ou fazendo-a comprar um amuleto para espantar o azar. Sarah contou que uma vez foi à casa de uma vidente com um grupo de amigas; ficaram desapontadas, pois nada do que foi dito tinha relação com ela ou com suas amigas. Nem é preciso dizer que até aquela data suas experiências não tinham sido muito positivas.

Tendo em vista as experiências anteriores de Sarah, e o fato de ela nunca ter recebido uma leitura de Tarô antes, fui ainda mais cuidadosa ao explicar

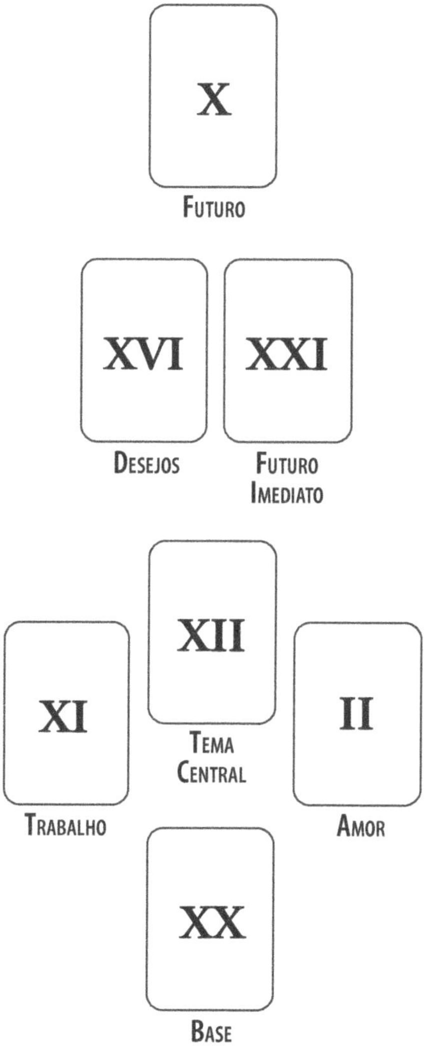
X
FUTURO
XVI
XXI
DESEJOS
FUTURO IMEDIATO
XII
XI
II
TEMA CENTRAL
TRABALHO
AMOR
XX
BASE

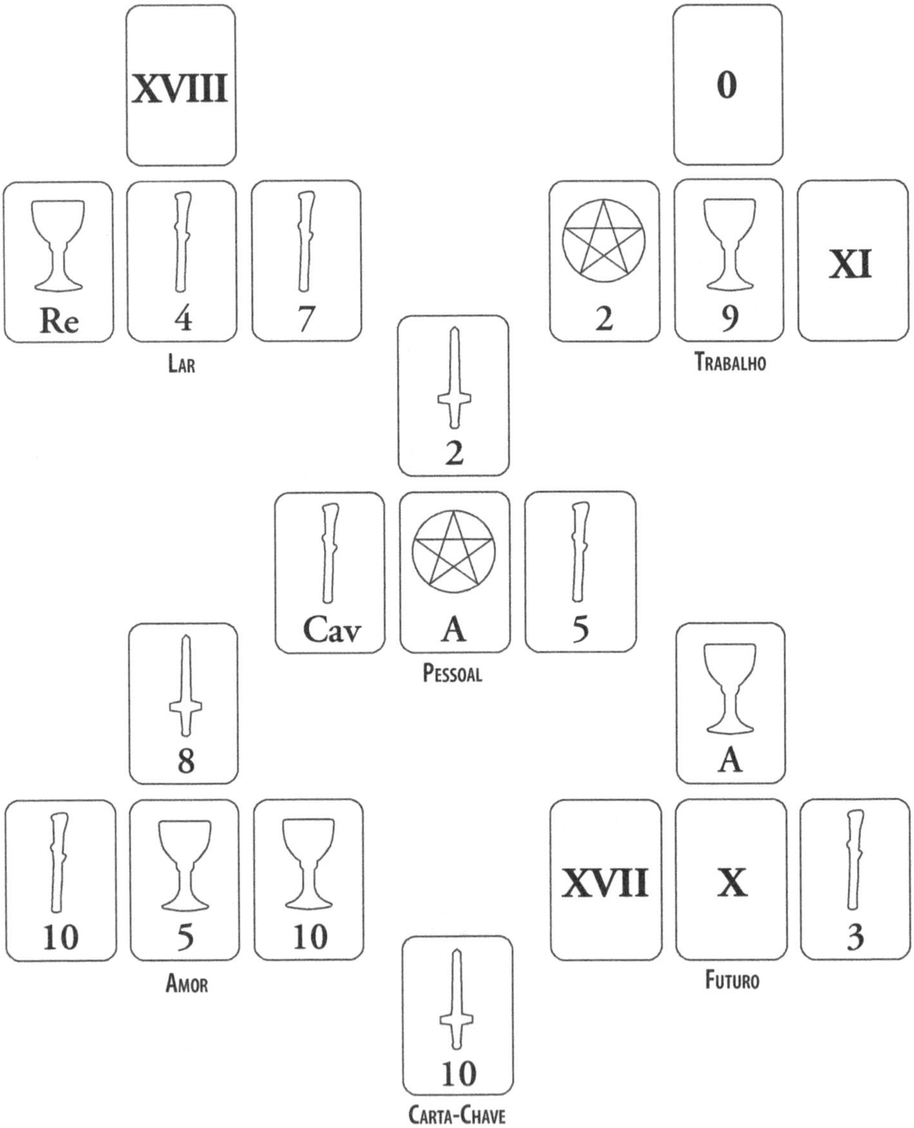
XVIII
0
Re
4
7
2
9
XI
Lar
Trabalho
2
Cav
A
5
Pessoal
8
A
10
5
10
XVII
X
3
Amor
Futuro
10
Carta-Chave

o procedimento que iríamos seguir. Antes de começar, eu sabia que Sarah estava na casa dos 40 anos, era divorciada, tinha dois filhos e era médica.

Primeiras impressões

Enquanto tiro as cartas, procuro sinergias nas tiragens, mensagens repetidas que parecem se apoiar ou temas que tenham relação.

- A carta da Justiça apareceu nas áreas do trabalho das duas tiragens.
- A Roda da Fortuna apareceu nas áreas do futuro de ambas as tiragens.
- O Enforcado foi o centro da Âncora com o Dois de Espadas como primeira carta da Tiragem da Vida.
- A Torre saiu na seção de esperanças e desejos da Âncora e o Dez de Espadas foi a carta-chave da Tiragem da Vida. Além disso, a carta do Julgamento ficou na primeira posição da Âncora.
- O Dez de Copas na área do amor e o Ás de Copas na área futura da Tiragem da Vida.
- Três Dez muito próximos na Tiragem da Vida — fase de transição rumo a uma conclusão.

Como tive apenas alguns momentos antes de começar a interpretar a leitura para a querente, deixe-me repassar as relações que segui mentalmente. Tal como na leitura de Simon no Capítulo 2, temos a Torre plantada na seção de esperanças e desejos da Âncora, geralmente refletindo um forte desejo de mudança. Juntamente com o Dez de Espadas como carta-chave, o Oito de Espadas e o Cinco de Copas na área do amor da Tiragem da Vida, já me senti atraída para o que vejo e suspeito de uma ruptura recente. O Enforcado como centro da Âncora pode indicar a sensação de que a vida está em suspensão, o que corresponde ao Dois de Espadas como primeira carta tirada na área pessoal, mostrando uma situação de impasse. Temos ainda a Lua na área do lar.

No entanto, essas foram as minhas impressões iniciais, e sinto que seria mais seguro acompanhar a leitura toda. Se eu quisesse analisar essas ligações plenamente e me aprofundar no restante da leitura, ficaria num silêncio desconfortável, o que costuma deixar as pessoas nervosas ou tensas, pensando imediatamente que alguma coisa estava errada. Geralmente, é melhor anotar mentalmente as ideias e prosseguir, em vez de mergulhar em cada ponto e obter uma resposta potencialmente errada — ou espantar a querente, se estiver certa, o que não é um modo muito sensível de lidar com a situação dela. Seja o que for que esteja vendo, ou o que tenha de preparar a querente para ouvir, um ambiente calmo conduz a uma leitura mais bem-sucedida para ela e a menos estresse para mim!

A Âncora

Posição da Base: O Julgamento

Na atual posição da Âncora, o Julgamento pode representar renovação e reanimação. Expliquei a Sarah que essa carta pode simbolizar uma encruzilhada da vida, a prontidão para um novo início. Tendo removido antigos entulhos e aprendido lições com o passado, há a sensação de se estar pronto para ir em frente mais uma vez, agora com mais sabedoria graças à experiência passada. Como pode mostrar reanimação e ressurreição, o Julgamento também pode fazer com que entre novamente em cena alguma coisa do passado, como numa reconciliação. Perguntei a Sarah se ela achava que alguma dessas interpretações se ligava a suas circunstâncias do momento e ela disse que sentia algumas conexões, embora sua resposta não deixasse claro se eu tinha acertado no ponto, por assim dizer.

A Âncora

Área do Amor: A Sacerdotisa

Não achei que a Sacerdotisa na área do amor fosse particularmente útil naquele momento. A dificuldade com essa carta é que dizer às pessoas que em breve elas tomarão conhecimento de um segredo que as beneficiará, embora eu não seja capaz de lhes dizer *do que* se trata, e isso pode ser estranho! A meu ver, a Sacerdotisa não revela seus mistérios facilmente. Tentar abrir mais essa carta numa leitura da Cruz Celta, por exemplo, raramente oferece uma resposta e geralmente me deixa andando em círculos. Embora tenha explicado o significado da carta para Sarah, não me detive nela, pois achei que havia outras áreas da leitura que seriam mais úteis naquele momento. Entretanto, Sarah se adiantou e me disse que tinha passado por um rompimento recentemente e que não ficaria surpresa se não houvesse mais informações a respeito. Depois, me perguntou se eu gostaria que ela me falasse mais a respeito, mas eu disse que preferiria analisar outras áreas da leitura primeiro, explicando o que eu encontrasse com relação ao assunto, e então ela poderia falar mais, se não se importasse. Sarah concordou.

A Âncora

Posição Central: O Enforcado

Esperanças e Desejos: A Torre

A Tiragem da Vida

Área Pessoal: Dois de Espadas

A carta central da Âncora costuma ser uma posição importante porque todas as outras cartas a cercam, tornando-a normalmente o coração da leitura. Aqui, o Enforcado pode indicar a sensação de que a vida está em suspensão, fazendo uma associação com a primeira carta da Tiragem da Vida, o Dois de Espadas, que também pode mostrar uma sensação de impasse.

Sarah concordou que isso parecia correto, e por isso passei para a Torre na seção de esperanças e desejos da Âncora, explicando que quando essa carta aparece nessa posição, normalmente as pessoas sentem que estão precisando de alguma agitação na vida, a ponto de realizar mudanças radicais. Sarah confirmou isso, inclinando-se para a frente com ar curioso a fim de investigar as cartas postas sobre a mesa e comentando como as imagens eram bonitas. Senti-me aliviada por termos encontrado a primeira área na qual as coisas pareciam estar se encaixando para Sarah, começando a fazer sentido. Entre o Julgamento, o Enforcado, a Torre e o Dois de Espadas, tive a sensação de que fizéramos nossa primeira associação apropriada.

Voltando ao Enforcado, expliquei que embora ele pudesse indicar que a vida parecia passar por um período de suspensão, também levava a mensagem da necessidade de ver as coisas sob uma perspectiva diferente a fim de compreendê-las melhor. Essa carta que diz para "pensar fora da caixa" sugere que podem ser encontradas soluções analisando-se as coisas sob um ponto de vista levemente diferente. Também pode representar um pequeno sacrifício feito agora para se receber um benefício maior a longo prazo. Também expliquei que ela estava com cartas bem bonitas, mostrando alguns eventos positivos pela frente, que iríamos estudar em seguida.

A Tiragem da Vida

Área do Trabalho: O Louco, Dois de Ouros, Nove de Copas, A Justiça

A Âncora

Área do Trabalho: A Justiça

A Justiça na área do trabalho foi muito interessante, pois repetiu-se nas duas tiragens. Expliquei que a Justiça simbolizava uma postura lógica diante dos problemas, mas também podia representar documentos ou acordos de importância legal. Sarah me disse que não conseguia pensar em nada que se aplicasse ao seu trabalho no momento. Contudo, como a Justiça também está no final da área do trabalho da Tiragem da Vida, julguei que seria algo que ainda estava por vir.

O Louco e o Nove de Copas pareceram excitantes, com o potencial para que alguma coisa nova surgisse de forma inesperada, juntamente com contratos da Justiça. Com o Dois de Ouros na extremidade esquerda, essa posição costuma revelar o passado ou o presente na área específica que ele representa. O Dois mostra a capacidade para lidar habilmente com mais de um projeto e quando disse isso a Sarah, ela me contou que tinha um emprego noturno secundário para complementar seu trabalho diurno em período integral. Como mãe solteira, estava acostumada a trabalhar muito para sustentar sua família e a si mesma.

Quando lhe perguntei se alguma coisa nova havia acontecido recentemente, ela disse que não e que não havia muita probabilidade de que isso fosse acontecer, porque chegara ao máximo que podia em sua carreira. Juntamente com o Nove de Copas (a "carta dos desejos"), ela achava mesmo que isso não poderia acontecer no seu emprego atual ou na sua carreira. Sarah me disse que se havia algum desejo no seu trabalho, seria a possibilidade de fazer algum trabalho voluntário num país do terceiro mundo durante seis meses, o que ela adoraria. Entretanto, ela não achou que fosse o caso, pois isso era algo que ela poderia fazer quando quisesse, e infelizmente o tempo não permitiria, pois ela tinha compromissos familiares.

Levando isso em conta, disse-lhe para se manter alerta, pois com o Louco a nova oportunidade poderia se apresentar de maneira inesperada, embora a ideia devesse animá-la. A Justiça poderia representar contratos e acordos relativos a esse trabalho, embora pudesse significar uma avaliação lógica da situação quando esta surgisse.

A Tiragem da Vida

Área Pessoal: Dois de Espadas, Cavaleiro de Paus, Ás de Ouros, Cinco de Paus

Além do Dois de Espadas, tivemos dificuldades para associar as outras cartas a qualquer circunstância atual na vida de Sarah naquele momento, indicando que elas ainda devem estar no futuro.

Geralmente, o Cavaleiro de Paus significa uma mudança de residência ou uma longa viagem. O Ás de Ouros pode representar somas em dinheiro, presentes ou documentos importantes relativos a bens materiais. Geralmente, esses dois, juntos, tendem a mostrar quando alguém está comprando ou vendendo propriedades ou se mudando, devido aos valores envolvidos e às hipotecas (se comprando) ou aos contratos (se alugando). Normalmente, esta seria minha primeira opção. Sarah me informou que ela morava num bom lugar, sua residência era adequada de diversas maneiras e por isso uma mudança não era algo que fazia parte de seus pensamentos.

Se o Cavaleiro de Paus indica viagens, geralmente elas são de longa distância, como uma viagem ao exterior; o Ás de Ouros poderia representar documentos de viagem e moedas. Sarah esperava viajar para o exterior, mas seus planos não se materializaram; na verdade, ela riu porque tinha deixado seu passaporte expirar. Com o Cinco de Paus no final, sugerindo pequenos obstáculos, achamos que seria uma boa ideia renová-lo, só por precaução.

Expliquei que o Cinco de Paus poderia ser desgastante, mas, como já disse, os obstáculos ou conflitos representados pela carta são pequenos, ficarão aparentes mas não serão intransponíveis. Como não pareceu haver quaisquer outras indicações sugerindo mudanças ou viagens, disse a Sarah que ela precisaria se manter alerta, pois eu não tinha nada mais a informar sobre esse ponto.

A Tiragem da Vida

Área do Lar: A Lua, Rei de Copas, Quatro de Paus, Sete de Paus

A Lua, como carta-chave na área do lar, pode mostrar emoções oscilantes mas também pode sugerir decepções ou enganos, e antes de falar sobre outros significados Sarah me interrompeu para dizer que essa carta tinha acertado na mosca. Ela disse que era justamente por esse motivo que tinha rompido com seu parceiro. Como o Rei de Copas estava na primeira posição, disse-lhe que faria uma descrição do tipo de pessoa representada por aquela carta para ver se ela o identificava. Geralmente, o Rei de Copas é conhecido por sua natureza descontraída e amigável, querido por muitos e raramente tem inimigos; uma pessoa criativa e atenciosa, o que pode destacá-lo em sua profissão. Sarah pareceu bem surpresa com a descrição. "É ele!", exclamou. "Isso descreve exatamente o meu ex."

Para mim, duas coisas foram interessantes: o Quatro de Paus na sequência mostra estabilidade, a sensação de satisfação com aquilo que foi obtido — e às vezes férias, um período de repouso e de relaxamento com as pessoas queridas. Em segundo lugar, se você analisar a área do amor, o Cinco de Copas vai direto para o Dez de Copas. O que quero enfatizar é que em ambas as posições não aparece um afastamento.

Passamos direto de uma situação para a seguinte, embora eu deva abordar esse ponto com mais detalhes nas cartas da área do amor. Nesse estágio, eu ainda estava medindo meus pensamentos. Até ali, a leitura de Sarah estava indo bem, e eu não queria me precipitar e fazer uma análise errada ou fazê-la recuar, pois agora ela estava plenamente envolvida e gostando da leitura.

Expliquei que embora seu parceiro tivesse ido embora, a situação no lar parecia estável, ou se estabilizara rapidamente. Seu desaparecimento não parecia ter abalado o equilíbrio doméstico, embora isso parecesse entrar em conflito com o vai e vem emocional sugerido pela Lua. Sarah disse que ele não estava morando o tempo todo com ela, embora tivesse passado a maior parte do tempo com ela, e por isso Sarah considerou que seu lar era estável e que não tinha sido afetado pela partida dele.

O Sete de Paus representa alguém defendendo figuradamente o seu canto com confiança em termos de ideais e crenças. É a carta de quem é fiel consigo mesmo e, se for necessário, não receia defender seu território no que diz respeito à sua integridade e a seus valores mais profundos. Sarah disse que em sua opinião essa carta descrevia com muita precisão sua personalidade e que, na situação com seu ex, tinha sido sua política de tolerância zero que causara a separação. Nesse ponto, a carta pareceu destacar-se sozinha, pois estava na posição do futuro. (Voltei mais tarde a ela, como você verá na sequência da leitura.)

A Tiragem da Vida

Área do Relacionamento: Oito de Espadas, Dez de Paus, Cinco de Copas, Dez de Copas

Carta-Chave: Dez de Espadas

Agora, Sarah já havia revelado diversas coisas sobre sua separação, mas não a havíamos discutido em profundidade. Como carta-chave, o Oito de Espadas mostra a sensação de restrições e de "monstros mentais" que impediriam um progresso. Na imagem, a mulher está amarrada e vendada, o que a impede de sair do círculo de espadas que a cerca, e também de ver a claridade contida nas lâminas — o aspecto de dois gumes que costuma ser visto no naipe de Espadas (com perdão pelo trocadilho!).

O Dez de Paus representa a sensação de peso ou de fardo causado por uma situação, seguido pelo Cinco de Copas que mostra uma perda e remorsos, e às vezes um sentimento de traição. Entretanto, mostrei que não via outra pessoa envolvida com as cartas, e por isso não parecia haver uma traição propriamente dita. Passei para o Dez de Espadas, a carta-chave, representando desapontamento e perdas. Nesse ponto, Sarah disse que não tinha havido outra pessoa envolvida, mas que as cartas representavam bem seus sentimentos, pois ela ficara imensamente desapontada com o comportamento do ex-parceiro.

Como você deve ter percebido, fui me aproximando devagar do Dez de Copas. Antes, já tinha conhecido pessoas que ainda estavam muito abaladas emocionalmente por causa de separações, e quando elas se viam diante de uma linda carta como essa, ficavam meio defensivas e começavam a discutir. Se vejo cartas razoavelmente significativas, gosto de avaliar a reação da pessoa antes de lhe passar a mensagem — do contrário, pode acontecer de o querente desejar atirar no mensageiro! Ser sensível ao estado do querente e lidar com as questões segundo esse estado torna a vida mais fácil para ambos. Como tarólogos, sabemos o que essa carta representa, mas se o querente está pronto para ouvir sua interpretação, já é outra história.

Creio que minha maior lição com esse tipo de situação surgiu como resultado de uma leitura para uma divorciada; em sua Cruz Celta, a carta de seu ex-marido levava diretamente ao Dez de Copas. Nesse caso em particular, havia outras indicações para apoiar a interpretação nas outras posições, mas quando lhe passei a informação, ela foi absolutamente categórica ao afirmar que eles nunca iriam voltar a se ver, muito menos num relacionamento a dois — e, *com certeza*, não num casamento. Ela ficou horrorizada e discutiu o caso. Eu sorri e expliquei que estava apenas transmitindo a mensagem dada pelas cartas; disse que era aquela a interpretação das cartas, e o que quer que acontecesse depois, e o que ela decidiria a respeito, era uma decisão só dela. Ouvi dizer que casaram novamente naquele mesmo ano.

Graças a experiências como essa, você começa a confiar nas suas cartas. Independentemente do que você pensa, ou por menos provável que possa parecer para o querente com base naquilo que você lhe disse, é melhor manter-se fiel aos significados que você atribui às cartas em vez de tentar ajustá-las ao que lhe parece ser a situação naquele momento. No entanto, é mais fácil falar do que fazer, depois que a mente lógica toma o controle. Costumo pensar naquilo que os comediantes costumam dizer sobre o desfecho de uma piada — a forma de apresentar e o momento é que são importantes. Talvez seja uma analogia estranha, pois em boa parte do tempo não estamos apresentando uma mensagem que o querente deseje ouvir.

A diferença para a situação com as cartas de Sarah é que não temos outros indicadores do casamento. Isoladamente, o Dez de Copas pode levar satisfação e felicidade ao coração, mas, pelo menos nesse estágio, não parece ir além. Talvez seja uma possibilidade que se projeta para além do radar do tempo que podemos atingir nesse momento.

Expliquei a Sarah que as cartas pareciam bem interessantes (uma palavra que uso muito nas leituras; como você verá, ela me serve em todo tipo de situação!). Embora entendesse como ela se sentia e ouvisse o que me dizia, o Dez de Copas e sua mensagem de um relacionamento feliz e agradável parecia uma carta muito improvável para estar bem ao lado daquele Cinco. Contudo, o que achei mais intrigante nela foi que a tiragem passava direto do Cinco para o Dez. Achei que isso significava que o relacionamento seguiria a interpretação literal da passagem da situação do Cinco para o Dez no relacionamento a que o Cinco se referia — ou que um relacionamento espantosamente bom iria aparecer do nada, por assim dizer. Expliquei que meu motivo para isso devia-se ao posicionamento das cartas, pois não havia nada entre elas para mostrar o aparecimento de uma nova relação. Era até possível, pois tínhamos um Ás de Copas na seção final da Tiragem da Vida, mas tendo em vista o que tínhamos ali, era grande a possibilidade de que as cartas poderiam indicar seu ex-marido. Sarah ficou muito espantada e não me arrancou a cabeça — um bônus.

Sarah explicou que o relacionamento era maravilhoso, mas que ficou muito desapontada ao descobrir uma série de mentiras. Quando lhe perguntei sobre a natureza dessas mentiras, ela disse que o ridículo era que eram triviais e sem importância, não eram maliciosas e nem usadas para ocultar um mau comportamento. Nossa discussão a respeito aprofundou-se e Sarah expressou seu conflito interior (Oito de Espadas) sobre a situação. Aqui nós tínhamos um belo relacionamento em todos os sentidos, exceto por algumas histórias inconsequentes, que não foram usadas para enganá-la, traí-la ou magoá-la intencionalmente, e pareciam não ter nenhuma função. Seu parceiro era mais jovem do que ela, um dos motivos pelos quais ela havia relutado em aceitar o relacionamento até deixar-se envolver. Ela achava que havia a possibilidade de que, embora fosse maduro para sua idade, seu parceiro sentisse a necessidade de tentar ser "mais do que era" aos olhos de uma companheira mais velha.

Nesse momento, mostrei-lhe o Cinco de Copas e lhe pedi para observar a imagem da carta, analisando as taças ali presentes. Pedi-lhe para descrever o que via e ela falou do homem lamentando as três taças derramadas, com duas taças em pé atrás dele. Expliquei-lhe que a mensagem da carta podia ser bem literal. O homem estava concentrado naquilo que perdera na situação, mas as duas taças em pé atrás dele representavam coisas boas que ainda podiam ser encontradas, só que ele não conseguia vê-las naquele momento. Geralmente, o Cinco indica que ainda há alguma coisa boa. Com outras cartas poderíamos dar interpretações diferentes, mas não era esse o caso.

Sarah disse ainda que não conseguia tolerar mentiras de qualquer tipo por causa das circunstâncias do seu primeiro casamento e do comportamento de seu ex-marido, que incluíam diversos casos amorosos e violência. Quando ela se abriu e verbalizou o problema, teve um momento de *insight* pessoal, pois percebeu que o comportamento do seu parceiro se associava com o do seu ex-marido, o que provocou imediatamente uma reação baseada numa resposta do passado.

Pareceu um momento apropriado para falar das mensagens de algumas das cartas em função de suas posições específicas e de uma ligação relevante contida nelas.

A Âncora

Área do Amor: A Sacerdotisa

Posição Central: O Enforcado

A Tiragem da Vida

Área do Lar: A Lua

A Sacerdotisa revelou segredos que em breve deveriam ser conhecidos e que lhe seriam benéficos na área do amor. O Enforcado, um elemento muito importante na leitura, sugeriu que ela deveria analisar a situação de outra maneira, a fim de obter uma melhor perspectiva e conquistar algo melhor a longo prazo. A Lua também tem uma qualidade de ilusão, como o luar no escuro que cria sombras que não são o que parecem depois que as luzes são acesas. Com a Lua, é sempre melhor deixar para julgar depois que se conhecem todos os fatos, e naquele momento eles estavam sob a superfície e não tinham sido totalmente revelados.

Disse a Sarah que as cartas sugeriam que mais coisas deveriam aparecer naquela situação e que se ela mantivesse a mente aberta e aceitasse a mensagem do Enforcado, talvez ela pudesse ver um resultado diferente; é claro que a escolha era dela. Se o Dez de Copas não se referia a seu relacionamento mais recente, então talvez o Cinco a levasse a um lugar de maior compreensão, ajudando-a em seus antigos padrões de comportamento caso o Dez efetivamente indicasse outro relacionamento. Sarah ficou fascinada, pois percebeu como isso se aplicava a seu caso.

A Tiragem da Vida

Resultado Futuro: Ás de Copas, A Estrela, A Roda da Fortuna, Três de Paus

A Âncora

Resultado Imediato e Futuro: O Mundo e A Roda da Fortuna

O Ás de Copas, representando o início do amor e da felicidade, pode indicar um novo relacionamento. Às vezes pode representar a renovação, e de fato temos aqui a Estrela (cura). Entretanto, essa nem sempre é a interpretação que costumo usar com essa carta, confiando geralmente no Julgamento, na Temperança e no Seis de Copas para ressurgimentos. Esse Ás pode assinalar o começo de alguma coisa nova que traz satisfação emocional. A Estrela como carta da fé, da esperança e da cura assegura tempos mais promissores e melhores à frente. A Roda dá prosseguimento a esse tema, pois abre um capítulo totalmente novo e está aspectada positivamente pelas cartas próximas. O Três de Paus mostra um sucesso inicial e uma progressão nos planos, algo que costuma estar associado a questões relacionadas com o trabalho, embora nem sempre isso ocorra.

As últimas cartas da Âncora estão sintonizadas com a área final da Tiragem da Vida. Com o Mundo no futuro imediato da Âncora, tem-se a sensação de conclusão com sucesso. A Roda, repetida como carta final de Sarah, torna a enfatizar que um novo ciclo está para começar e será de natureza positiva em função das cartas vizinhas. Depois que ela passar da posição do Enforcado, essas maravilhosas cartas finais proporcionarão a

A cética — Cruz Celta 1

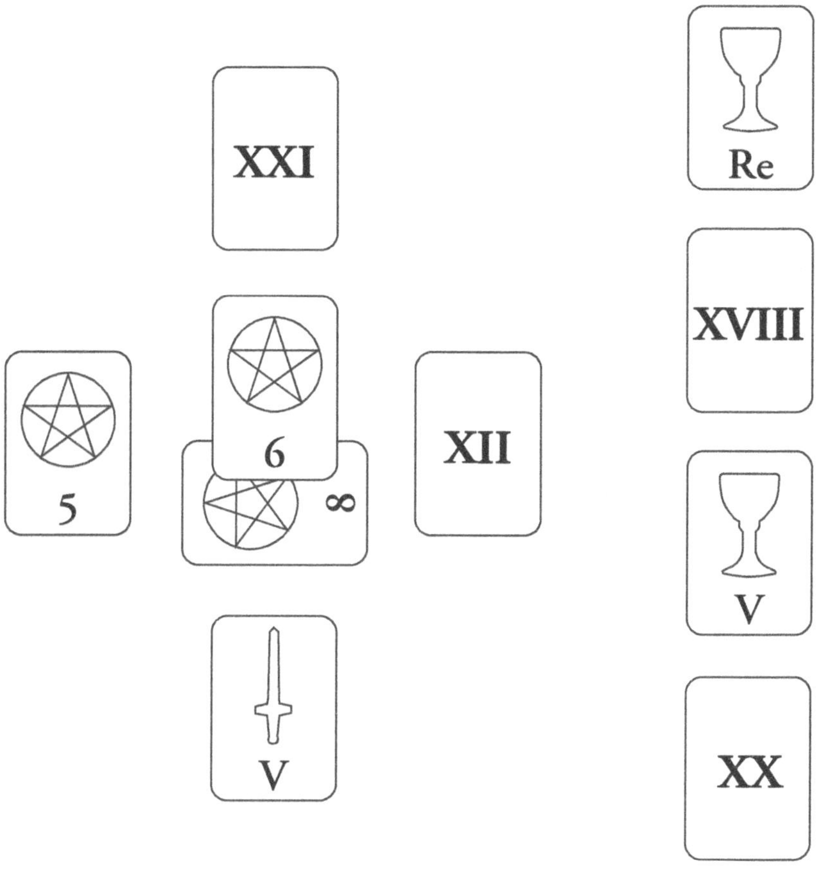

mensagem inspiradora de que a vida está prestes a melhorar para Sarah no futuro.

Tendo analisado todas as cartas das duas tiragens, perguntei a Sarah se havia alguma coisa que ela gostaria de esclarecer ou se queria perguntar algo que não fora mencionado na leitura. Sarah disse que gostaria de saber um pouco mais sobre a situação de relacionamento mostrada na leitura, para saber se ela se referia a seu ex ou a uma pessoa diferente.

Tiragem adicional: Cruz Celta

As cartas da Tiragem da Vida foram recolhidas e o baralho entregue a Sarah. Expliquei-lhe que ela teria de embaralhar e cortar novamente as cartas, como antes, mas que agora ela devia se concentrar numa pergunta. Como uma questão do tipo "e/ou" poderia nos deixar uma resposta ambígua, a sugestão foi perguntar, "O que deve acontecer na minha vida amorosa?", pois assim as cartas poderiam nos mostrar se o relacionamento era novo ou restabelecido. Pedi a Sarah que se concentrasse na pergunta e que demorasse para embaralhar, a fim de estabelecer um bom vínculo com as cartas.

Na posição presente o Seis de Ouros pode mostrar presentes, generosidade e partilhas, ou então um aumento nas finanças; cruzado pelo Oito de Ouros, que geralmente mostra algum trabalho novo. O Valete de Espadas pode significar notícias desapontadoras ou algum tipo de atraso, e às vezes pode revelar mais informações sobre o pano de fundo, e por isso poderia estar ligado ao Seis de Ouros. Não me pareceu fazer muito sentido, e por isso perguntei a Sarah se ela poderia encontrar alguma relação entre essas cartas. Ela pareceu um pouco surpresa e disse que seu ex tinha comprado uma joia de presente, mas ela não chegou a recebê-la porque eles se afastaram, e que ela o conhecera através de seu segundo emprego. Apesar de não fazer muito sentido para mim, fez para Sarah, e por isso a posição inicial foi bastante precisa.

O Cinco de Ouros mostra o passado mais recente e é uma carta de perda, embora, nesse caso, trate-se da perda emocional. Os pensamentos de Sarah que prevalecem e suas esperanças e temores (cartas 5 e 9) mostram o conflito "vai não vai" pelo qual ela está passando, espalhado pelas duas cartas. O Mundo é aquilo que ela espera, mas a Lua está perturbando seu equilíbrio, pois suas emoções oscilam muito. Sarah disse que era assim que ela se sentia, pois o relacionamento fora bom.

O Enforcado faz mais uma aparição no futuro imediato e assim terá alguma relação com a carta do resultado final, pois ambas lidam com o futuro. A carta do resultado final é o Rei de Copas, que já determinamos que representa seu ex. Uma carta da corte na posição final informa que a resposta está associada com a pessoa que ela representa, e por isso o resultado final vai depender das ações ou do comportamento do seu parceiro.

Observando a Âncora, podemos compreender porque o Enforcado é centro e pivô da leitura, uma vez que temos informações que mostram que ele tem um papel importante no futuro imediato e que, em última análise, conduz ao Rei. A reavaliação da questão por parte de Sarah, analisando as coisas sob uma perspectiva diferente, também é um componente-chave aqui. Como essa carta parece ter um papel importante, dei-a para que Sarah a examinasse, tal como fiz com o Cinco de Copas.

Na área das apreensões, o Julgamento, como carta de renascimento, também faz outra aparição. Foi nesse ponto que Sarah me disse que seu ex já estava em contato com ela, perguntando se eles poderiam voltar a ficar juntos. Sorri e apontei para a carta do Julgamento na Âncora e lembrei-a de que ela fora nossa posição de partida na primeira leitura. (Teria ajudado bastante se eu soubesse disso naquele momento!)

Como outras pessoas estão vendo a situação, o Valete de Copas representa mensagens, geralmente de natureza alegre e que nos afetam emocionalmente, e por isso senti que ela tornaria a ser procurada por ele.

Como a carta de seu ex-parceiro surgiu na última posição, eu disse a Sarah que podíamos usar sua carta e avançar na leitura, caso ela desejasse. Dessa vez, porém, pedi-lhe que se concentrasse nele e que pedisse que a leitura prosseguisse a partir dessa carta. Nem preciso dizer que ela ficou ansiosa para fazê-lo!

A cética — Cruz Celta 2 (continuação da leitura)

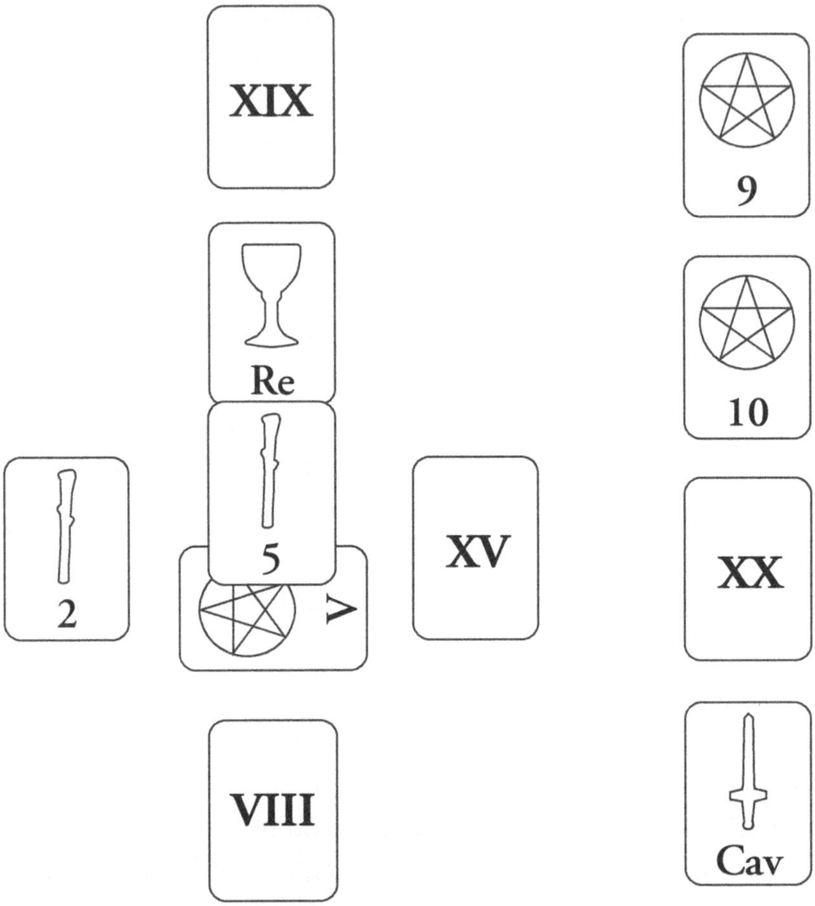

Tiragem adicional: Cruz Celta 2

Embora tenhamos considerado o Rei de Copas o representante do ex de Sarah, a tiragem ainda é lida como sendo dela e não dele. Como primeira carta tirada, o Cinco de Paus oferece mais informações sobre o que aborda a situação com o Rei de Copas. Como deve se lembrar, em resumo o Cinco de Paus representa pequenos obstáculos e desafios. A carta de filtro, a atmosfera, se preferir, pela qual o Cinco está trabalhando mostra mensagens sendo recebidas e que podem indicar mudanças desejáveis.

Na base da situação, a Força é uma boa carta para se ter, representando não apenas as qualidades mais femininas da diplomacia e da paciência, como pode ser uma carta poderosa para uma mulher, proporcionando certo magnetismo para a energia masculina.

No passado mais recente da situação, o Dois de Paus encontra forma, tendo superado a expressão, as ideias e a energia criativa encontrada no Ás, que agora contempla o futuro e as escolhas que esses elementos produzirão.

Como carta que prevalece, o Sol está bem mais equilibrado aqui contra o Dez de Ouros na nona posição, a das esperanças e desejos. Lembrando que avançamos um pouco no tempo (esta é uma leitura de continuação), podemos ver que os pensamentos de Sarah sobre o potencial da situação melhoraram. Como o Sol pertence aos Arcanos Maiores e o Dez de Ouros aos Menores, a indicação é que ela provavelmente tenderá para a carta maior. No entanto, essas duas também são bem lidas como par, complementando-se mutuamente.

O Diabo está rodeado por cartas positivas, e embora ainda possa indicar um bloqueio da situação, também podemos ver o lado mais leve dessa carta, que pode sugerir uma melhora em sua vida amorosa — o Diabo pode ser uma carta passional e quente nas circunstâncias certas. Sarah deu um grande sorriso!

Expliquei a Sarah que a posição das apreensões costuma intrigar as pessoas quando elas veem uma carta positiva; geralmente, as pessoas desejam alguma coisa mas não conseguem acreditar que aquilo pode acontecer.

Normalmente, o Cavaleiro de Espadas traz para o cenário uma energia acelerada; a velocidade dos eventos pode fazer com que pareçam quase caóticos, pois tudo acontece muito depressa. Com essa carta, achei que estávamos contemplando uma escala de tempo bem curta.

Como Sarah concentrou sua atenção especificamente em seu ex-parceiro, a oitava posição mostra como ele vê ou verá a situação. Novamente, temos a carta do Julgamento, e por isso seu desejo de se reconciliar e de retomar o relacionamento ainda aparece claramente.

Na posição final, o Nove de Ouros pode parecer intrigante à primeira vista; às vezes, essa carta pode ser interpretada como um prazer solitário, mas não significa necessariamente que a pessoa esteja sozinha ou sem um relacionamento. Pessoas independentes, autossuficientes ou desapegadas podem ter essa carta, representando segurança íntima e em suas realizações. Com o Diabo levando ao Nove de Ouros, isso não parece nos dar um futuro com um compromisso. Se levarmos em conta o histórico de relacionamento de Sarah e o fato de que ela educou com sucesso dois filhos graças a seu próprio trabalho e esforço como mãe solteira, é pouco provável que ela queira perder essa sensação de independência. Sarah confirmou que queria desfrutar de um relacionamento, mas certamente precisava se sentir independente dentro dele, e recebeu bem essa carta de resultado final.

As indicações de todas as leituras sugerem que existe o potencial para uma reconciliação no relacionamento, mas a julgar pela primeira Cruz Celta, o resultado irá depender, de algum modo, das ações do seu parceiro. Com o Enforcado como carta central da Âncora e na sexta posição da primeira Cruz Celta, muito depende ainda do ponto de vista de Sarah quanto à questão no futuro e pode sugerir alguns sacrifícios. Será que ela vai lidar bem com suas percepções atuais? O que decidirá fazer?

Resultados e *feedback*

Depois da leitura, Sarah disse que ficou absolutamente espantada com as informações proporcionadas pelas cartas e com a profundidade que atingiram. Ela gostou muito de nossa sessão e disse que aprendeu muito sobre si mesma, coisas que intimamente ela sabia, mas para as quais nunca dera muita atenção. A leitura lhe deu a oportunidade de ver como alguns de seus antigos padrões de comportamento afetaram suas respostas e reações diante da atual situação.

Dois dias depois

Recebi um telefonema de uma Sarah toda excitada dois dias depois. "Você não vai acreditar", disse, "mas topei com meu ex no dia seguinte à leitura e ele me perguntou se poderíamos conversar." Sarah concordou. Ela me disse que a Sacerdotisa na área do amor fora precisa e eles passaram horas conversando sobre tudo que tinha acontecido, com muitas revelações de ambos os lados. "E aquela carta do Diabo valeu o preço! Ele passou a noite comigo." Não preciso dizer mais nada!

Sarah disse que as mensagens das cartas ajudaram-na muito a lidar com a situação e seus sentimentos de maneira bem mais positiva, e embora eles ainda não tivessem se reconciliado, agora era algo para se pensar. Ela também me disse que a leitura mudara completamente sua opinião sobre o Tarô, a ponto de ela comprar o livro *Tarô Claro e Simples* para estudar as cartas por conta própria. Uma convertida! Como combináramos, ela me disse que telefonaria quando outros aspectos da leitura se manifestassem.

Dois meses depois

Sarah telefonou para dizer que as coisas com o ex não estavam avançando. Embora ele a procurasse com frequência, dizendo que queria que voltassem, ela sabia que seu hábito de inventar histórias não mudara, e ela não se sentia capaz de retomar o relacionamento. Ela analisara tudo e achava que ele não era a pessoa certa para ela.

Seis meses depois

Algum tempo depois, conversei novamente com Sarah para saber das novidades. No decorrer da conversa, dois incidentes sobre sua leitura se destacaram.

Nada acontecera com relação a mudanças de residência ou viagens. Analisei as cartas de sua leitura original. O Cavaleiro de Paus, o Ás de Ouros e o Cinco de Paus pareciam um aspecto inacabado da leitura. Não é frequente acontecer de algumas cartas ficarem sem manifestação; geralmente, trata-se de uma interpretação errônea minha, ou o querente decide seguir um caminho totalmente diferente, alterando os eventos. À primeira vista, não entendi o que eu podia ter deixado passar. Como Sarah não estava alimentando aquele relacionamento, fiquei me perguntando se as cartas estariam ligadas a isso. Depois, percebi que havia outra interpretação do Cavaleiro de Paus que eu não aplicara à leitura de Sarah.

Sem planos para viajar ou para mudar de casa, perguntei se ela teria feito alguma mudança na decoração da casa ou tinha planos de fazê-lo. Sarah ficou surpresa com a pergunta e me disse que tinha acabado de reformar metade da casa. Quando lhe perguntei sobre despesas e atrasos, ela me disse que tinha encomendado e pago alguns móveis grandes na época em que a reforma começou, mas a empresa teve alguns problemas e ficou um bom tempo sem entregar nada. Sarah me informou que a obra começara uns quatro meses após a leitura. Embora não tivesse planos de mexer na casa, foi uma decisão de momento, mas uma decisão agradável — e que seria agradável depois que chegassem os móveis para concluir a obra!

A alteração e a renovação do imóvel indicadas pelo Cavaleiro de Paus são aspectos dessa carta que eu nunca levara em conta antes; foi uma sugestão de minha amiga e colega de Tarô, Sheila. Como ela mencionara esses aspectos uma ou duas vezes em minhas próprias leituras, com bons resultados, mais tarde eu os adicionei às minhas interpretações. No caso de Sarah, porém, nem sequer os mencionei. (Eu me repreendi por isso, depois de ter falado tanto sobre abordar todos os aspectos e significados de cada carta!) Contudo, não sei se teria feito a associação da maneira como os eventos acabaram se desenrolando. Nós duas ficamos espantadas.

Quando lhe perguntei sobre a carta dos desejos na área do trabalho, Sarah disse que seu principal local de trabalho envolvera-se com uma associação de caridade na qual remédios sem uso eram doados e enviados a países do terceiro mundo nos quais eram necessários com urgência. Assim, embora ela ainda não possa viajar para a África, um modo de proporcionar assistência a encontrou. Como a associação lida com remédios para os quais é necessário receita, há uma documentação oficial envolvendo a remessa. Sarah também me disse que em seu trabalho ela está constantemente envolvida com importantes documentos legais, pelos quais ela é responsável. Isso teria conexão com a Justiça na área do trabalho da Âncora e proporcionou o elo com o Nove de Copas em seu trabalho principal, uma área na qual ela achava que seria pouco provável que seus "desejos" pudessem se manifestar. Na verdade, isso ocorreu, embora não de um modo que ela pudesse esperar.

Há mais alguns pontos que eu deveria ter percebido na época da leitura de Sarah, mais ainda pelo fato de a leitura ter chegado à Cruz Celta. Lendo o que eu anotei na época, você pode perceber isso. Começando pelo Louco, Sarah disse que nada de novo surgira no trabalho e que achava pouco provável que isso fosse acontecer. Imediatamente, conectei o Louco com o Nove de Copas, mas não percebi a progressão natural das cartas.

Sarah tinha associado o Dois de Ouros na Tiragem da Vida como algo relacionado com o emprego em meio período em que ela começara a trabalhar, e depois que fiz a leitura da Cruz Celta, ela disse que o Oito de Ouros era seu "novo" emprego secundário. O erro foi meu. Depois que identifiquei o Dois de Ouros, e como o Louco o precedia, eu deveria ter voltado ao Louco e perguntado se o emprego secundário era novo. Ao perguntar isso a Sarah agora, ela me disse que tinha começado a trabalhar nesse segundo emprego alguns meses antes da leitura. Entretanto, eu poderia ter percebido isso quando ela se referiu ao novo emprego na leitura da Cruz Celta que fizemos em seguida. Às vezes, as coisas parecem óbvias quando vistas em retrospectiva!

Isso deixou o Dez de Copas e a área do futuro da Tiragem da Vida como o último ponto de interrogação.

Oito meses depois

No último estágio da tentativa de finalizar algumas leituras, telefonei para Sarah a fim de saber se teria acontecido mais alguma coisa com relação à sua vida amorosa. Como ela não tinha conhecido ninguém, perguntei-me se o Dez de Copas estava ligado a seu breve reencontro com seu ex, embora isso ainda deixasse o Ás de Copas no ar, e eu imaginava que alguém já deveria ter aparecido por conta do ás. Embora algumas partes de uma leitura possam levar mais tempo para se manifestar, todo o restante da leitura de Sarah parecia confirmado, e eu só pude concluir que tinha interpretado alguma coisa incorretamente. Meio envergonhada, Sarah pediu desculpas e me disse que, na verdade, tinha conhecido uma pessoa que era até interessante, mas não quis comentar nada porque a relação ainda estava no começo. Perguntei-lhe quando ela conhecera esse novo homem e ela disse que ele apareceu em cena apenas três semanas depois do encontro com seu ex, e, como sugerido, apareceu do nada. Creio que isso esclarece tudo!

Nas palavras da própria Sarah

No começo, quando Josie tirou as cartas, pensei comigo mesma, "O que estou fazendo? Cartas não podem me dizer nada!". Sinceramente, era como eu pensava. Quando iniciamos a leitura e Josie começou a explicar as cartas, seu significado e como elas podiam se relacionar com áreas da vida etc., comecei a ver as coisas se encaixando. Fiquei absolutamente espantada e encantada com tudo aquilo. A experiência foi fascinante, convincente e abriu minha mente. Depois que terminamos, senti-me elevada, foi fantástico. Depois da leitura, comprei o livro, estudei e ainda estudo as cartas. Fui convertida, algo que nunca imaginara que fosse acontecer! Recomendo o Tarô para todos aqueles que acreditam ou não!

Dicas da taróloga

Compartilhar as cartas

Um dos comentários de Sarah foi que as imagens e os significados do Cinco de Copas e do Enforcado ficaram gravados após a leitura, e meses depois ainda estavam em sua mente.

Quando você apresenta a carta ao querente, pedindo-lhe que descreva o que ele vê e explicando o significado da carta, você o está trazendo para dentro da leitura — uma técnica de aprendizado de que já falei. Isso funciona muito bem quando você quer enfatizar cartas específicas da leitura que podem ser relevantes. Se alguém está passando por um momento difícil, então o ato de compartilhar uma carta positiva que aparece na leitura, como a Estrela, proporciona uma mensagem positiva que acompanhará o querente mais tarde.

Às vezes, nos esquecemos de que o querente está sentado à nossa frente e as cartas aparecem ao contrário para ele. É uma pena, pois ele não consegue sentir o impacto das cartas como nós.

Quebrando o gelo e se envolvendo

Às vezes, coloco o querente na minha cadeira, aponto para as cartas e falo delas em diversos aspectos da leitura. Isso pode ser útil *ao final* da leitura, pois percebi que se faço isso no começo, o querente fica tão encantado com as imagens que não consigo nem falar! É bom para envolver o querente, e ver quais as cartas que se destacam e ressoam com ele sempre é interessante; pode também ser um bom quebra-gelo com pessoas mais tensas. No entanto, quando você está tentando se concentrar na leitura, é melhor deixar o querente do lado habitual da mesa. Usar o Tarô Dourado sempre provoca reações positivas, pois as pessoas adoram as imagens, elas são simpáticas.

Removendo as barreiras das "Três Grandes"

Você também pode ajudar a aliviar os receios das pessoas quando uma das "três grandes" — o Diabo, a Morte ou a Torre — aparecer numa leitura. Tradicionalmente, essas cartas são as mais temidas e as menos compreendidas, e muitas pessoas vão reagir com medo caso virem uma delas. Tente colocar a carta na frente da pessoa e fale sobre ela. Peça seu *feedback* e diga ao querente quais são os melhores aspectos dessa carta. Isso pode ser muito útil para remover barreiras ou concepções errôneas sobre o Tarô. Se fizer isso, lembre-se de falar de uma das cartas mais agradáveis da leitura logo depois, ou do contrário a imagem daquela carta pode ficar gravada depois da sessão!

Como pode ver, gosto de manter uma postura interativa. Se não estiver seguro, procure convidar o querente a se sentar no seu lugar depois da leitura e veja o que acha. Para mim, a atmosfera muda completamente e algumas pessoas ficam excitadas, indo de carta em carta, tocando-as, fazendo perguntas e dizendo como são bonitas. Todos têm sua carta favorita, e explicar as cartas dessa forma é bem divertido. Por que não experimenta?

6

Leitura por e-mail... com uma variante!

Devido ao modo como trabalho, prefiro fazer leituras na presença do querente. Tudo fica mais pessoal e gosto da interação, que acaba gerando uma relação de trabalho contínua que pode durar anos. Entretanto, como agora a internet proporciona a possibilidade de me conectar com pessoas do mundo todo, e com as solicitações de membros do meu site vindas de lugares muito distantes, comecei a fazer leituras por e-mail há alguns anos.

A leitura por e-mail que apresento aqui é um tanto incomum, como espero que você perceba quando chegarmos à conclusão, onde darei mais algumas informações a respeito. Esta leitura foi feita há mais de um ano e foi reproduzida aqui graças à amável permissão da querente. Eu tinha seu nome, data de nascimento, endereço e foto por conta de sua página pessoal no meu website; ela fez uma pergunta e mais nada. A pergunta foi: "Vou conhecer minha alma gêmea?", feita a uma Cruz Celta, pois concentra-se apenas numa pergunta.

Por motivo de privacidade e de diversos problemas relacionados com a internet que podem ocorrer, todas as correspondências e leituras são postadas no site. Escrevi imediatamente para Pauline para dizer-lhe que tinha recebido o pagamento, mas ao ver sua pergunta perguntei se ela faria a gentileza de proporcionar algum histórico. Sua pergunta era bastante ampla e eu precisava saber como deveria aplicar o significado das cartas à sua situação pessoal. O site envia automaticamente um e-mail para informar alguém de que há uma mensagem esperando, mas o sistema depende de as pessoas consultarem regularmente seus e-mails, ou de as mensagens chegarem efetivamente até elas! Infelizmente, muita gente não confere sua área pessoal no site e o tempo foi passando.

Com o prazo final me pressionando e nenhuma resposta de Pauline, entendi que teria de trabalhar às cegas naquele caso. As cartas que saíram estão incluídas no texto que foi enviado a ela. O histórico da situação será apresentado depois.

Olá, Pauline,

Obrigada pelo pedido de uma leitura, que espero que lhe seja útil.

Por motivos legais, devo informá-la de que agora as leituras precisam ser classificadas como "apenas para fins de entretenimento".

Foi uma leitura bastante interessante, especialmente pelo fato de você não ter me fornecido mais informações, e, como não recebi a resposta a esse pedido, no começo fiquei preocupada com o fato de essa leitura parecer insatisfatória.

O que mais me intrigou foi a parte que se refere ao momento presente... essas cartas tendem a mostrar que você já recebeu uma mensagem de natureza emocional, pois é a primeira carta e cobre a situação à sua volta em relação à pergunta. (Se você tem meu livro, talvez queira dar uma olhada na seção que fala da Cruz Celta, pois pode interessá-la.)

Essa carta está cruzada pelo Cavaleiro de Copas, que quase sempre traz ofertas e convites amorosos. Assim, se alguém já não lhe fez alguma proposta, certamente parece que isso deve acontecer em breve.

Outra possibilidade é que você pode ter comparecido recentemente a uma celebração familiar ou de algum grupo (pois temos o Três de Copas na posição do passado), e essas três cartas juntas parecem reme-

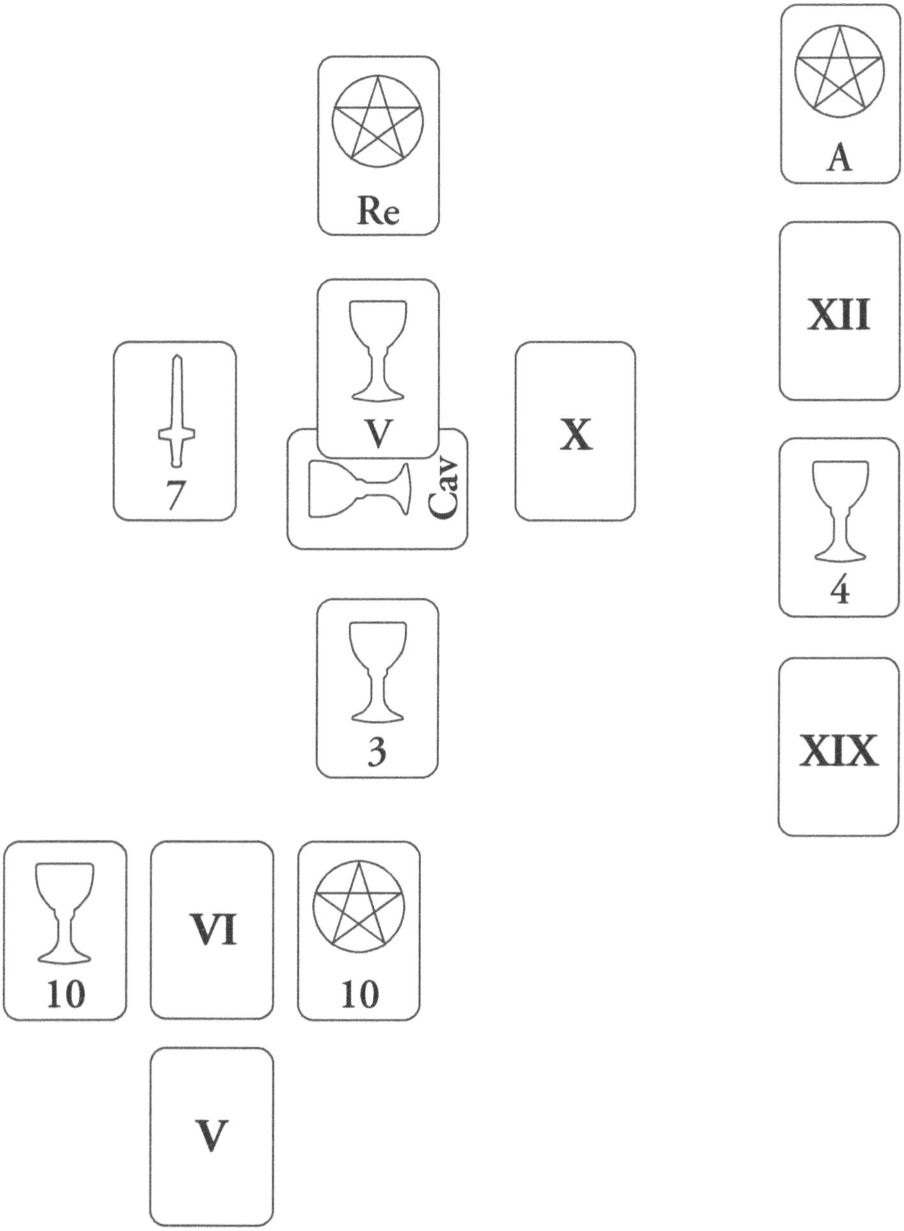
A
Re
XII
V
7
X
Cav
4
3
XIX
10
VI
10
V

ter a um batizado, noivado ou casamento — se foi o caso, então esse evento é pertinente e tem relevância para sua pergunta. Será que você encontrou alguém?

Em termos ainda recentes, normalmente nas últimas semanas, parece que você teve de ser diplomática com alguém, pois a carta trata de diplomacia em vez de reações agressivas.

Analisando as cartas do futuro próximo, vemos um ciclo de eventos inteiramente novo pela frente, pois essa carta costuma indicar boa sorte e a ação do destino, com novos inícios e um capítulo totalmente novo. A mensagem importante dessa carta é que depois que a mão do destino gira a roda, nunca sabemos quando ela tornará a girar — por isso, malhe o ferro enquanto ele ainda está quente.

Há diversos elementos nessa leitura que me levam a perguntar se há alguém perto de você que foi descartado, talvez depressa demais.

Primeiro, temos as cartas iniciais, e o futuro parece levar a um contrato (que pode ser um contrato de casamento) e a leitura lateral também apoia um relacionamento amoroso muito sério e com comprometimento. Mas o modo como a outra pessoa (ou pessoas) olha para você mostra que você parece desinteressada. O Quatro de Copas mostra um jovem em boas circunstâncias, mas quando o céu abre e uma mão oferece uma quarta e bela taça, o jovem se mostra distante e desinteressado. Às vezes, chamo essa carta de "descontentamento divino" — nada está errado, só a sensação de não estar muito certo também, mas sem motivo aparente.

Aqui, seus pensamentos podem proporcionar uma pista adicional, pois temos o Rei de Ouros posto perto do Enforcado. Novamente, isso tende a mostrar que você está olhando para alguém, mas de forma diferente para os demais — mostra ainda que talvez você precise fazer um pequeno sacrifício a fim de conseguir algo de maior valor. Pode ser que inicialmente essa pessoa não "preencha todos os requisitos", a seu ver, mas se você a olhasse de outra maneira, talvez descobrisse bem à sua frente aquilo que deseja.

Normalmente, o Rei de Ouros é um homem prático, realista, que trabalha muito, é bem-sucedido e confiável, e costuma ter uma postura metódica. Sua profissão pode ser ligada a bancos e finanças, empresas, fazendas, comércios, veterinária, joias ou indústrias alimentícias — todas com conexão com a terra. Esse homem pode ser de um signo de terra. Mas a melhor pista costuma ser o caráter básico, que indiquei no começo — tipos leais e firmes, que podem ser parceiros maravilhosos.

Eu também diria que se você tem algum sentimento negativo para com essa pessoa, as cartas estão dizendo, "Bem, na verdade não... ele é muito bom e trará felicidade", pois temos o Sol.

Portanto, Pauline, com essas cartas, eu pensaria que estou olhando para alguém que é casado — ou está prestes a se casar. Tenho certeza de que esse homem já está próximo de você, na sua vida, ou já pode ter entrado em contato com você. Não é intrigante?

Assim, acho que você tem bastante coisas para pensar... a resposta à sua pergunta parece ser um sim — é que você talvez ainda não tenha identificado essa pessoa como sua "alma gêmea".

Como sempre, devo lembrá-la de que o Tarô é um guia maravilhoso, mas não é o seu mestre, e só você pode decidir o que é certo para você; ninguém mais tem a responsabilidade sobre suas ações ou escolhas.

Espero ter sido útil para você e envio-lhe meus melhores votos para o futuro.

Amor & Luz,
Josie

Primeiras impressões

Meu dilema foi que, assim que vi as cartas, senti que estava lidando com alguém que já era casado. As três cartas iniciais da leitura focalizam aquilo que já aconteceu e está afetando o querente em relação à pergunta. Se você observar o Leque do Tarólogo, verá que este também foi taxativo.

O tarólogo não julga; nossa tarefa consiste em proporcionar ao querente orientação confidencial, segundo indicado pelas cartas. Não é raro encontrar pessoas em toda sorte de envolvimentos pessoais ou em complexas situações de relacionamento amoroso. Devem se manter nelas? Devem abrir mão? Há alguém melhor lá fora? Como qualquer tarólogo experiente irá lhe dizer, as situações de relacionamento são infindáveis. Quando você se defronta com certas cartas e o querente está bem à sua frente ou do outro lado do telefone, você pode questioná-lo com jeito antes de prosseguir (sem correr o risco de interferir). Por e-mail, porém, as coisas são um pouco diferentes se você não conhece as circunstâncias que envolvem a pergunta e, conforme a tiragem, seria fácil ofender o querente dizendo alguma coisa errada.

Como você pode ver pela minha resposta, as cartas e meu instinto foram tão fortes que tive de dizer a Pauline que achei que ela já era casada. Como você diz isso com tato para alguém, mostrando que talvez ela já conheça sua "alma gêmea" mas a tenha descartado, talvez sem maiores preocupações? Fiz o melhor que pude.

A experiência útil dessas situações, creio, é lembrar-nos de que devemos nos manter fiéis às mensagens oferecidas pelas cartas, transmitindo-as ao querente tal como surgem. Mesmo quando temos informações históricas, há várias situações em que surgem informações adicionais na leitura que, analisadas, confirmam-se como sendo corretas. Isso acontece apesar de antes não parecer significar muito, ou não aparentar relação com a situação em estudo.

Feedback de Pauline

A leitura de Pauline foi postada no site e continuei a fazer as outras leituras por e-mail que estavam marcadas para aquele dia. Enquanto isso, Pauline respondeu *on-line* à minha mensagem anterior e nossas mensagens subsequentes foram reproduzidas a seguir:

Olá,

Acabei de ver sua mensagem. Sou casada, mas meu relacionamento não está indo bem e não sei como devo proceder. Meu marido não cresceu nestes vinte anos e me sinto isolada em nosso relacionamento. Não sei muito bem que outras informações poderiam ser úteis.

Pauline

Olá, Pauline,

Postei sua leitura hoje cedo... acho que você vai achá-la interessante! Por favor, volte à sua página de leitura on-line, se ainda não o fez. Espero que ajude.

Josie

Querida Josie,

Muito obrigada por minha leitura.

Li-a algumas vezes e creio que ela foi bastante reveladora. Recentemente, comprei seu kit com livro e cartas; tinha tentado ler o Tarô antes, mas sem muito sucesso; você me deu nova inspiração. Mais uma vez, muito obrigada.

Pauline

Os principais indicadores da leitura

Cartas 1, 2, 3 e 7

O Valete de Copas mostra boas notícias de natureza emocional, o Cavaleiro de Copas traz ofertas e propostas de amor e a história (carta 3 — Três de Copas) ligada à primeira carta mostra um casamento, devido às associações das duas cartas iniciais. Perceba o Sol na área das apreensões: juntamente com a terceira carta, esta também pode mostrar parte do histórico da situação, além de seu significado como carta relativa ao futuro. Isso nos diz que o relacionamento foi bom no passado. As três cartas iniciais são o ponto de partida de nossa história, o pano de fundo da situação. Aparecem uma proposta e um casamento, e ambos já aconteceram.

Cartas do Leque do Tarólogo: 11, 12, 13 e 14

Nesta ocasião, essas cartas quase podiam ser ouvidas gritando e pedindo reconhecimento. De quantos indicadores precisamos para mostrar um relacionamento estabelecido e firme, particularmente com o Hierofante sentado sobre elas? Essas cartas confirmaram os sentimentos das três cartas iniciais.

Cartas 5, 9 e 8

O Rei de Ouros é o homem no subconsciente de Pauline (que é, como descobrimos, o seu marido). A carta na nona posição é um Arcano Maior, e como a da quinta é Menor, a probabilidade maior é que Pauline tenda mais para a energia da nona carta. A oitava carta representa como as outras pessoas estão vendo essa situação — com o Quatro de Copas, completa-se o cenário.

Um ano depois, a conclusão

Pouco mais de um ano depois, escrevi a Pauline para pedir-lhe a autorização para reproduzir sua leitura para o livro e perguntei como ficaram as coisas. Sua resposta foi a seguinte:

Querida Josie

Não há problema nenhum em usar a minha leitura.

Na época, eu não percebi como tinha passado poucas informações. O tempo é algo maravilhoso; você me disse que eu tinha encontrado minha alma gêmea, mas ainda não tinha certeza do que isso significava, mas enfrentamos nossas dificuldades e agora nosso relacionamento está melhor do que nunca! Muito obrigada,

Pauline

Ufa! Não é bom ter um final feliz?

Dicas da taróloga

O que levar em conta ao fazer leituras por e-mail

Se você está pensando em se lançar *on-line*, fazendo leituras por e-mail a partir de um site, talvez deva levar em conta alguns pontos antes de se estabelecer.

Às vezes, as leituras por e-mail podem consumir um bom tempo. Mesmo quando você pede detalhes que envolvem uma questão específica, normalmente ficam áreas importantes em branco. Isso pode gerar um monte de e-mails de um lado para o outro para reunir informações — ou o querente apresenta perguntas depois. Some a isso o tempo para fazer a leitura e digitá-la depois etc. (Por esse motivo, é mais fácil usar tiragens menores.)

Você pode personalizar a leitura de diversos modos a fim de escolher as cartas. Alguns tarólogos preferem que o querente diga quantas vezes o maço deve ser embaralhado e forneça uma sequência de números (para que as cartas sejam tiradas do maço e usadas na leitura) entre 1 e 78, que você vai tirar do baralho começando do alto para a leitura. Geralmente, o querente apresenta uma ou mais perguntas. Usando esse método, você tem confiança no fato de que as cartas da leitura terão sido escolhidas pelo querente.

No meu site, todos os membros têm uma área particular na qual podem incluir o nome, a data de nascimento, uma foto e um local. Peço que façam uma pergunta específica e só os detalhes *relevantes* que a rodeiam, incluindo datas de nascimento (caso sejam conhecidas) de outras pessoas envolvidas na questão. Faço isso para identificar a carta da corte, caso ela apareça na tiragem. Geralmente, uso o signo astrológico associado com as cartas da corte quando faço leituras por e-mail, pois fica mais fácil determiná-las. Embaralho as cartas enquanto me concentro na foto do querente e leio a informação relevante até me sentir suficientemente sintonizada, depois paro, corto as cartas em três montes, como de costume, e tiro as cartas conforme a tiragem. Estou acostumada a me sintonizar com as pessoas dessa forma pois é assim que trabalho quando lido com cura a distância, mas isso exige certa concentração, e por isso você deve experimentar as duas técnicas até descobrir qual funciona melhor para você.

Se você prometeu que a leitura ficaria pronta dentro de um período específico, procure não deixar as pessoas esperando — algumas pessoas suspeitam da internet e podem ficar impacientes, ou pensando o pior, caso já tenham pago. Mesmo quando apresento todas as informações necessárias, algumas pessoas não leem as instruções. Depois de algumas situações como essas, fiquei mais alerta, mas aprendi muito errando e corrigindo.

Em algumas ocasiões, as pessoas reclamaram com a empresa responsável por receber o pagamento, dizendo que nunca receberam o serviço pelo qual pagaram; no entanto, suas leituras estavam esperando por elas no site, no prazo combinado e com instruções claras desde o início. Essas situações podem ser complicadas e aborrecidas, mas felizmente o site foi feito de modo a podermos comprovar tudo para a empresa de pagamento, caso surja alguma dúvida. Nada disso se aplicou ao caso de Pauline, pois ela simplesmente não tinha visto o e-mail, mas este pareceu um momento oportuno para mencionar alguns dos detalhes que podem acontecer quando trabalhamos com a internet.

O motivo para termos uma área privada no site é que os e-mails podem voltar em função de caixas postais lotadas ou caírem na quarentena junto com o *spam*, por causa de filtros excessivamente rigorosos — e se isso acontecer algumas vezes, você pode entrar em listas negras... algo desagradável de se resolver. Isso tudo sem falar nos querentes que não fornecem um endereço de e-mail correto. Conversei com alguns tarólogos e aqueles que têm sites muito frequentados concordaram que os e-mails podem gerar problemas inconvenientes.

Vale a pena conversar com um *designer* profissional de sites. Criar um site não é tão fácil quanto gostaríamos, e se o seu site for muito frequentado, os problemas se amplificam. Pense um pouco nessas áreas antes para evitar dores de cabeça depois.

Do ponto de vista positivo, se o seu site e suas instalações forem bem idealizados, é possível fazer leituras para pessoas espalhadas pelo mundo todo que, de outro modo, não teriam acesso a você.

7

A cliente silenciosa

Amy mora na Escócia e entrou em contato comigo pelo site para pedir uma leitura. Eu não estava disponível na época (estava escrevendo este livro), mas como era uma cliente nova, eu a convidei para uma consulta pessoal, caso ela concordasse em permitir a publicação de sua leitura.

Amy começou dizendo que tinha feito uma leitura com uma médium antes, e que ela usava cartas de Tarô. Tomei o cuidado de fazê-la entender que eu iria precisar de algum *feedback* durante a leitura, pois não estaríamos trabalhando "às cegas", como alguns sensitivos ou médiuns preferem fazer, e que a leitura poderia ser diferente. Informei Amy de que iria lhe fazer perguntas ao longo da leitura, e que, para começar, precisaria de informações básicas como idade, estado civil, filhos e se estava trabalhando.

Amy sorriu de leve mas me olhou cautelosamente e cruzou os braços. Sua linguagem corporal fechada não foi um bom sinal, mas talvez ela estivesse nervosa, pois nunca me vira antes. As informações que Amy me deu foram que não é casada, tem trinta e poucos anos, dois filhos e trabalha, embora não em sua área de formação. Amy embaralhou e cortou as cartas, e não pude deixar de notar que ela rapidamente cruzou os braços de novo.

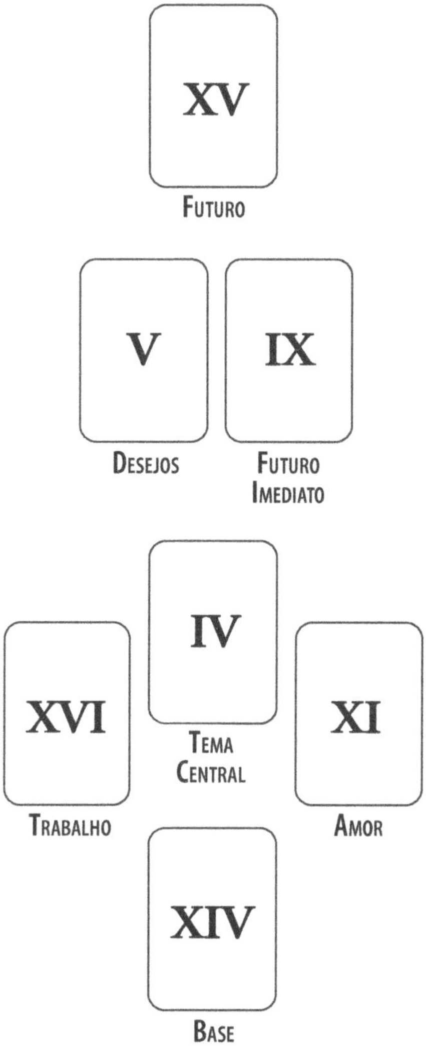
XV
Futuro
V
IX
Desejos
Futuro Imediato
IV
XVI
XI
Tema Central
Trabalho
Amor
XIV
Base

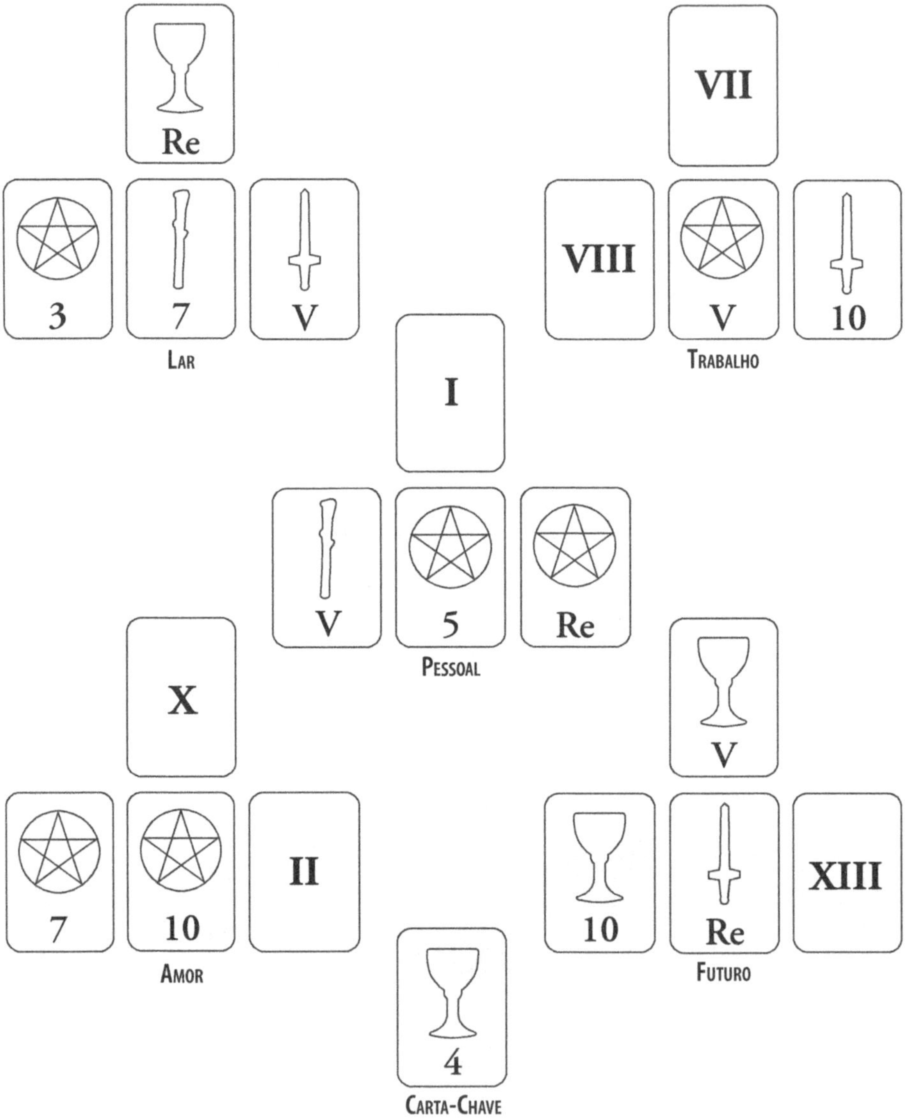
Re
VII
3
7
V
VIII
V
10
Lar
Trabalho
I
V
5
Re
Pessoal
X
V
7
10
II
10
Re
XIII
Amor
Futuro
4
Carta-Chave

Primeiras impressões

- A Torre na área do trabalho da Âncora e o Dez de Espadas no final da área do trabalho da Tiragem da Vida.
- A Justiça na área do amor da Âncora, o Rei de Espadas com a carta da Morte na área do futuro da Tiragem da Vida.
- Três reis em áreas diferentes da Tiragem da Vida.
- Os quatro pajens, nenhum dos quais ligado a boas notícias.
- Aparentemente, o foco da leitura parece estar no trabalho, e sinto a falta de Copas.
- Três dez, indicando um período de transição que leva a uma conclusão.
- De modo geral, as tiragens parecem ter um tom desagregador.

A Âncora

Posição da Base: A Temperança

Área do Amor: A Justiça

Expliquei a Amy que a primeira carta da leitura costuma ser bem harmoniosa, e perguntei se teria havido reconciliação num relacionamento. A confirmação veio na forma de um monossílabo positivo. Perguntei se fora algo recente e se fora referente a um relacionamento afetivo, o que foi confirmado por um sim bem objetivo.

Passando para a Justiça, disse que a carta na área relacionada com amor e relacionamentos tende a sugerir que ela estava lidando com esses temas de um ponto de vista lógico e racional, pois essa é uma carta bem prática e não emotiva. Outro sim de Amy. Fiquei me perguntando se ela estava aceitando literalmente aquilo que eu dizia e se a leitura seria assim o tempo todo. Ela estava bem parada e quieta, mas eu tinha a informação de que precisava e esperava que ela relaxasse ao longo da sessão.

A Âncora

Área do Trabalho: A Torre

A Tiragem da Vida

Área Pessoal: O Mago, Valete de Paus, Cinco de Ouros, Rei de Ouros

Área do Trabalho: O Carro, A Força, Valete de Ouros, Dez de Espadas

Com a Torre na área do trabalho da Âncora, o Dez de Espadas no final da área do trabalho da Tiragem da Vida e o Cinco de Ouros na área pessoal, decidi investigar a atual posição profissional de Amy. Como o futuro mostrava um término com algum desapontamento, não quis alarmá-la caso ela não estivesse realmente esperando por algo assim. Nesse ponto, preocupei-me mais com o *modo* como ia entrar no assunto.

Perguntei-lhe se ela estava planejando sair do seu emprego atual. Amy disse, "Mais cedo ou mais tarde". Mas as cartas que eu via não pareciam indicar esse tipo de circunstância. Você pode achar que eu estava rodeando o assunto, mas quando dou uma notícia, quero saber se o querente está preparado para ela e se as cartas se ajustam à sua posição.

Discretamente, verifiquei ainda as cartas na área pessoal, pois deram-me a impressão de que ela receberia notícias relacionadas ao trabalho, resultando em algum tipo de problema ou de perda financeira. Seguindo a ordem natural das cartas, o Rei de Ouros daria continuidade à situação do Cinco, mas ele poderia estar ligado a ela. Perguntei-lhe se o seu empregador sabia disso, mas Amy disse que não. Expliquei que o motivo pelo qual eu perguntava é que as cartas estavam mostrando um final ligado ao trabalho, mas normalmente elas sugeririam que Amy estaria recebendo a notícia, e não dando, se é que ela me compreendia, e talvez não fosse na escala de tempo que ela esperava. Assim, entrei no assunto, mas sem esgotá-lo.

Informei a Amy que havia três homens aparecendo em sua leitura, possivelmente em áreas diferentes de sua vida, e para não ficar brincando de adivinhação, disse-lhe que gostaria de fazer algumas descrições em alguns instantes. Amy concordou.

Mantendo-me no tema do trabalho com o Carro e a Força, eu disse que a via trabalhando bastante e com determinação, e que havia ainda um elemento de aprendizado. Outro sim de Amy. O Carro mostra que ela está mantendo suas energias numa direção, e, embora possa haver dificuldades pelo caminho, ela vai precisar se manter concentrada, pois essa carta proporciona a força para superar os obstáculos que ela possa encontrar. Junto com isso, também temos a Força, uma carta de discreta determinação, e por isso sinto que essas duas se apoiam mutuamente e, como ambas são Arcanos Maiores, são cartas muito poderosas para ela. Naturalmente, isso também significa que são necessárias muita determinação e decisão, o que nem sempre indica uma situação fácil.

Expliquei rapidamente a Amy que "Arcano" significa segredo e mostrei as cartas maiores e menores na área do trabalho, explicando que, embora ambas sejam importantes, as cartas maiores tendem a exercer maior influência. Entreguei a carta da Força a Amy para que ela descruzasse os braços, e ela se inclinou para a frente a fim de estudar as outras imagens que eu estava lhe mostrando. Explicando as cartas com mais detalhes e convidando sua interação, vi que ela pareceu mais envolvida na leitura, o que me deixou contente. A linguagem corporal fechada, seja por que motivo for, defesa, proteção ou nervosismo, sempre atua como uma barreira, e subconscientemente esse é o seu propósito. Quanto mais cedo você conseguir remover do querente a linguagem corporal fechada, mais relaxada e confortável ficará a atmosfera entre você e ele.

Os Três Reis

Tentando identificar os três reis, falei das descrições da personalidade de cada um. Contudo, um aspecto confuso foi que tanto o Rei de Ouros como o Rei de Copas aparecem com cartas relacionadas ao trabalho. Embora o Rei de Copas apareça como carta-chave na área do lar de Amy, ainda são cartas relacionadas ao trabalho e deve haver um motivo para esse posicionamento da carta. Com a exceção do futuro, todas as outras áreas da Tiragem da Vida parecem relacionadas com o trabalho ou com o dinheiro. Amy decidiu que o Rei de Copas não é seu parceiro, mas, a julgar pela descrição e pelo fato de haver uma ligação com o trabalho, ela disse que existe um homem afável e criativo que a visita diariamente em seu local de trabalho.

Amy não consegue enxergar o Rei de Ouros como alguém relacionado com seu trabalho, mas ela me perguntou se a descrição poderia abranger corretores da Bolsa. Eu disse que sim, mas se ela possuísse ações, ele não estaria trazendo boas notícias. Amy disse que não tem nenhuma associação financeira com ele, mas conhece pessoalmente alguém que se encaixa nessa descrição. Então, ela me espanta completamente perguntando se poderia ser alguém da realeza (uma pergunta que não me fazem com frequência!). E eu falei que poderia. Amy disse que o conhece através do trabalho, embora não trabalhe para ele. Se fosse o caso, eu teria certeza de que este estudo de caso não estaria no livro — mas proporcionou um momento interessante na leitura. Nunca poderia imaginar.

O Rei de Espadas produziu um vácuo. Falei dessa personalidade e que ele poderia estar relacionado com uniformes ou com a lei, mas ela não conseguiu situá-lo, além de alguns aspectos negativos do seu parceiro atual. Não fiquei convencida, pois pelas características desse parceiro ele pareceria um Rei de Paus, e achei interessante notar que foi o único rei ausente à leitura.

Comecei a desejar que tivesse analisado os reis em cada área à medida que os encontrávamos, pois não estava conseguindo detalhes sobre seus posicionamentos. Às vezes, sinto que é a melhor abordagem, pois do contrário o querente pode tentar "forçar" pessoas que ele conhece na leitura. Geralmente, não há erro quando o querente identifica alguém conhecido nas descrições dadas; entretanto, neste caso fiquei em dúvida se teria sido uma abordagem errada. Dois dos reis ainda poderiam ser desconhecidos para Amy, pois ambos ocupam posições futuras.

A Tiragem da Vida
Área Pessoal: O Mago, Valete de Paus, Cinco de Ouros, Rei de Ouros

De volta à leitura! Comecei a analisar a progressão na área pessoal. O Mago, como primeira carta da tiragem, traz a mensagem de quem tem confiança em seus talentos e habilidades, dominando suas técnicas graças à concentração e à vontade, aplicando-as para ter sucesso. Como ainda estou tentando me encontrar em meio à jornada de Amy, perguntei-lhe se essa carta era relevante para suas circunstâncias atuais. Depois de outra resposta monossilábica, perguntei se ela poderia falar um pouco mais sobre isso para que eu pudesse determinar quais cartas se aplicariam ao passado ou ao presente antes de avançar para futuro.

Amy me disse que ela decidiu voltar à faculdade para aperfeiçoar sua educação profissional; ela vê seu trabalho regular como algo temporário enquanto volta a estudar para seguir sua vocação original, à qual ela quer se dedicar quando acabar o curso. Como o Valete de Ouros está no centro de sua área do trabalho, essa carta se encaixaria perfeitamente bem com seus novos estudos. Perguntei se faltava muito para concluir o curso; Amy disse que ele acabaria em breve. O Dez de Espadas deveria estar ligado a isso, mas fico em dúvida porque ela vai terminar logo e, junto com a Torre da Âncora, não é o tipo de situação que sugeriria o fim natural do seu curso.

Expliquei isso a Amy e disse que o Valete de Ouros se encaixa perfeitamente com o fato de que ela está seguindo um curso acadêmico, mas normalmente o Dez de Espadas indica um fim que pode ser considerado frustrante. Com a Torre na área da Âncora relacionada ao trabalho, tive a impressão de que seriam coisas além do seu controle, mas não compreendi como se encaixariam com sua situação. Embora ela possa esperar que o curso vá acabar, as cartas tendem a sugerir um término diferente. Como é um curso destinado a recordar estudos já feitos, é pouco provável que ela vá mal no curso, pois já tem qualificações. Disse-lhe que naquele momento, não poderia ser mais clara a respeito. Geralmente, o Valete de Ouros estaria ligado naturalmente ao seu curso, mas logicamente isso não me pareceu fazer muito sentido. Por outro lado, ele poderia apontar para o lado financeiro encontrado na interpretação dessa carta, que também se ligaria ao Cinco de Ouros que segue o Valete de Paus na área pessoal.

Geralmente, o Valete de Paus costuma trazer notícias positivas ligadas ao trabalho, mas como estava seguido pelo Cinco de Ouros, parece que não seriam notícias tão alegres. Como normalmente o Cinco de Ouros está associado com perdas financeiras, só posso presumir que ele estivesse ligado a seu emprego. E depois tínhamos o Rei de Ouros, que ainda era um mistério. Amy me disse que estava certa de que seria seu amigo corretor de ações, embora eu não soubesse muito bem como ele se ligava à situação; por isso, decidimos voltar a ele mais tarde.

A Tiragem da Vida

Área do Lar: Rei de Copas, Três de Ouros, Sete de Paus, Valete de Espadas

O trabalho também domina esta área, com o Três de Ouros mostrando uma atividade na qual Amy é boa e para a qual tem habilidade natural, podendo receber reconhecimento por isso. O Sete de Paus nos diz que ela tem sentimentos fortes a respeito, e pode se sentir desafiada a ponto de defender seus princípios, ideais e crenças com confiança.

Amy me contou que acha que isso se relaciona com seus estudos, pois ela é apaixonada pelo tema, embora não fosse assim quando o estudou pela primeira vez. O Valete de Espadas poderia indicar atrasos na conclusão, ou notícias que ela consideraria frustrantes. Expliquei que agora tínhamos três páginas indicando alguma forma de notícia frustrante ligada de algum modo à sua carreira, e por isso é provável que indiquem o mesmo incidente.

Lembro-a do Rei de Copas, a carta-chave na área do lar que Amy não associa com seu parceiro, mas com alguém que a visita diariamente no trabalho. Sua posição nessa área também é um pouco misteriosa.

A Tiragem da Vida

Área do Relacionamento: A Roda da Fortuna, Sete de Ouros, Dez de Ouros, A Sacerdotisa

Esta área parece contradizer as outras indicações de perdas financeiras, e sinto que pode até proporcionar certo nível de proteção. A Roda tende a indicar que houve uma mudança, geralmente para melhor, sugerindo o início de um novo ciclo ou capítulo na vida. Amy disse que isso faz sentido para ela.

Com o Sete de Ouros, sinto que é aqui que Amy deve estar, com sua mensagem de prontidão para a colheita após o período de trabalho duro que ocorreu antes. Seguida pelo Dez de Ouros, essas duas cartas fortalecem a mensagem de ganho material. A Roda da Fortuna aparecendo com essas duas cartas parece mesmo reforçar as questões financeiras de maneira bem positiva, e pode introduzir na equação a sensação de sorte, apesar de a Sacerdotisa parecer indicar algum tipo de segredo em volta dela.

Além disso, o Dez de Ouros é a carta da estabilidade no lar e está associada à família. Como pode haver uma propriedade relacionada com essa carta, geralmente ela indica o lar familiar. A Sacerdotisa acrescenta o toque de mistério que parece ter seguido um padrão na última carta de cada área. Informações ou segredos que lhe serão benéficos devem ser revelados a Amy. Fora isso, a Sacerdotisa diz muito pouca coisa, pois de certo modo esse é seu propósito. Representando a guardiã do véu e um nível superior de informação, ao qual não podemos ter acesso sem seu apoio ou suporte, ela não nos revela seus segredos facilmente enquanto não sente que estamos prontos para recebê-los. Para mim, é interessante o fato de ela também poder representar um trabalho de natureza mais acolhedora, o que é o outro lado da moeda do atual trabalho remunerado de Amy, representando, porém, a vocação à qual ela pretende voltar.

Embora as interpretações possam se encaixar com as circunstâncias atuais, essas são indicações futuras. A experiência me lembra que essas cartas se relacionam com aspectos futuros. Como a Sacerdotisa segue o Sete e o Dez de Ouros, de algum modo ela deve estar conectada com essa situação, e por isso aquilo que ela revelar estará relacionado com essas cartas.

Como disse antes, isso parece conflitar com a mensagem de perda financeira, até a possível perda indicada nas áreas do trabalho. Por isso, sinto que, de algum modo, Amy estará protegida, mas como se trata da Sacerdotisa, não posso lhe dizer como. O aspecto sigiloso da Sacerdotisa é interessante, pois o Diabo, no futuro da Âncora, também pode representar planos secretos. Pode ser que Amy tenha planos secretos próprios. Ela não disse isso, mas até agora ela não falou muita coisa mesmo.

Como tanto a Sacerdotisa quanto o Diabo ocupam posições futuras, a mensagem de sigilo é dobrada e parece ressaltar esse aspecto da interpretação sobre o futuro. Parece que o futuro é sigiloso — como isso é frustrante para um tarólogo!

A Âncora

Futuro Imediato: O Eremita

A Tiragem da Vida

Futuro Imediato: Valete de Copas, Dez de Copas, Rei de Espadas, A Morte

No futuro imediato da Âncora, o Eremita mostra que Amy está se aproximando de um período no qual poderá se dar algum tempo para contemplação e para meditar sobre o futuro.

À primeira vista, a área do futuro da Tiragem da Vida parece outra contradição em si mesma. O Valete de Copas costuma trazer boas notícias de natureza emocional, e com o Dez de Copas essa relação com o emocional vai às alturas, pois é a carta da felicidade no departamento do coração.

O Rei de Espadas precisa estar conectado aqui, pois segue o Dez e está numa posição central, mas temos depois a carta da Morte indicando um final importante. Foi por isso que eu quis tentar identificar quem era o Rei de Espadas para Amy, se ela já o conhece, antes de chegar a esta seção. Como não conseguimos situá-lo com clareza, ele se torna um elemento de suspense e representa um dilema quanto ao modo de aplicar as cartas. Vamos tentar.

Uma possibilidade é que o Rei de Espadas seria o motivo para o Dez de Copas e levaria ao fim do atual relacionamento de Amy. Se essa carta fosse o parceiro atual de Amy, o mais provável é que ele encerraria o relacionamento, e essas cartas se ajustariam melhor a esse cenário. No entanto, analisando logicamente esse grupo de cartas, o Valete é que está causando a confusão, e não as três cartas seguintes, embora isso não nos ajude a identificar o Rei de Espadas. Devido à carta da Morte, que também é o único Arcano Maior do grupo, pode ser que a notícia emocional que o Valete traz não seja boa.

Entretanto, se formos seguir a progressão tal como se apresenta diante de nós, e com a presença da carta da Morte, poderíamos manter o Valete mais neutro. Além disso, pode ser que a chave esteja nas cartas maiores da Âncora, que ainda não mencionamos.

A primeira descrição do Rei de Espadas que fiz a Amy foi que esse homem pode estar ligado a uniformes ou à lei. Com o Dez dando início a essa progressão, ele aponta para a direção dos relacionamentos, e na área do amor da Âncora nós temos a Justiça, fortemente associada com questões legais. O Rei de Espadas poderia ser um advogado ou uma pessoa com ligações jurídicas. Se o Rei de Espadas fosse outro relacionamento, eu esperaria que o Dez de Copas estivesse depois dele; nem sempre é o caso, mas geralmente é bem confiável seguir a progressão dada pelas cartas. Com base nisso, aparentemente Amy pode ser a pessoa a pôr fim a esse relacionamento. Além disso, se observarmos as outras cartas que ainda emergem na Âncora, o Eremita e o Diabo não são o que deveríamos esperar caso ela fosse mergulhar alegre e feliz em um novo amor; eles não levam a um momento Dez de Copas. Por isso, neste caso tive a impressão de que estávamos vendo um término e não uma mudança importante de um tipo mais positivo, digamos assim.

Expliquei a Amy que estava dividida com relação ao Rei de Espadas, e esse foi um dos motivos pelos quais quis identificá-lo mais cedo. Amy observou, pensativa, as cartas por um momento e perguntou: "Você está dizendo que há três homens à minha volta na leitura?" Ela sorriu com certa timidez. Perguntei se isso era significativo para ela. Depois de responder com o seu "sim" convencional, comecei a rir com ela e disse que ela teria de me esclarecer isso mais tarde. Finalmente, Amy começa a falar comigo.

Ela estava com seu parceiro havia alguns anos e ele morava de fato com ela, mas não lhe dava apoio emocional — ele era temperamental e a violência já havia aparecido no relacionamento antes (meus olhos se dirigiram para o Diabo no alto da leitura). De diversas maneiras, ela se sentia isolada no relacionamento e distante dele. Ela prosseguiu dizendo que as cartas na área do amor foram bem precisas, pois ela ficou gravemente doente por um longo tempo, incapaz de trabalhar ou de ganhar dinheiro, e por isso a Roda da Fortuna e o Sete de Ouros representaram muito bem aquilo que ela estava fazendo na vida, tentando estabilizar sua futura vida doméstica para si mesma e seus filhos. Embora compreendesse que a mensagem da Sacerdotisa ainda estava por chegar, foi sua doença que a fez retornar à sua área de estudos vocacional, devido ao aspecto de cuidados que ela envolve, e por isso, de diversas maneiras, as cartas dessa área se encaixaram também em sua situação presente. Logo, a Sacerdotisa poderia representar seus planos secretos para o futuro.

Ela acredita que o Rei de Ouros seria alguém com quem ela costumava sair, o sujeito que lidava com finanças. Ela ainda mantém contato com ele e quando ele a levou para jantar, tratou-a extremamente bem. Ele ainda sairia com Amy caso ela quisesse, mas ela não sabe no que isso vai dar, pois sente que não há um compromisso de fato.

O Rei de Copas é tão diferente de seu parceiro — gentil, atencioso e criativo — que ela acha sua natureza atraente e interessante. Não fosse por suas circunstâncias, ela gostaria de investigar se poderia haver um relacionamento entre ambos ao qual ela poderia dedicar-se. Volta e meia ela se pega pensando nele.

Como toda a contribuição verbal de Amy resumira-se antes a uma palavra, ou a uma única frase quando necessário, foi útil para mim ver como diversas áreas da leitura se encaixavam em suas circunstâncias atuais. Ela nunca tentou me enganar e me forneceu as informações de que necessitei à medida que as pedi (aparentemente, no início ela acreditou em mim!). No entanto, de certo modo, agora eu estava contente com o fato de a interação na leitura ter progredido. Foi também um alívio ver os pontos começarem finalmente a se ligar e a dar sentido a algumas das cartas da tiragem. Para mim, foi interessante ver que o Rei de Copas seria como os "pensamentos que prevalecem" à sua área do lar, e com grande precisão. A sensação de distanciamento também explica por que a carta do seu parceiro é a única carta masculina da corte que não apareceu na leitura.

Antes de verbalizar meus pensamentos para Amy, quis testar o clima, caso fossem notícias pelas quais ela não esperava, e por isso fiz uma pergunta em tom positivo. "Você tem pensado em terminar esse relacionamento?" E Amy respondeu que sim. Passei a explicar que era possível que o Rei de Espadas fosse uma nova pessoa entrando em cena, mas achei mais provável que fosse alguém representando a lei, uniformes ou um advogado, pois como eles moram juntos, iriam precisar de um. Amy explicou que se eles rompessem, isso iria envolver tanto a polícia como um advogado, pois já precisara da polícia antes, e ela acreditava que ele ficaria violento.

Apesar de tudo o que Amy me explicara e de ela achar que as cartas se ajustavam a diversos aspectos de sua vida, eu ainda não estava satisfeita. Foi o modo como as cartas se apresentaram, a ordem na qual apareceram e o conjunto das cartas. Para mim, como taróloga, as "peças não se encaixavam". Senti que ainda estava tateando alguma coisa, com pedaços de informação que ainda estavam fora do meu alcance.

A Âncora

Posição Central: O Imperador

A Tiragem da Vida

Carta-Chave: Quatro de Copas

Mais uma vez, vemos duas cartas que parecem se opor mutuamente, mas que, tendo em vista as circunstâncias envolvendo Amy, fazem bastante sentido. Por um lado, temos a força de propósitos oferecida pelo Imperador: uma carta lógica, racional, geralmente associada com ambição e com a posição na vida. Por outro, temos a atitude um tanto *blasé* do Quatro de Copas, sugerindo um tipo de indiferença às coisas que a rodeiam. Mas creio que isso se aplica bem ao modo como Amy lida com suas circunstâncias.

Acompanhando a natureza da carta, ela dá de ombros ao comparar seu relacionamento a um refúgio conveniente. Embora não seja o melhor, ela sabe como ele funciona e descobriu uma forma de se sentir segura nele. Até se sentir pronta para fazer mudanças, ela se sente bem com o modo como as coisas estão, e novamente demonstra indiferença. Olho o Quatro de Copas (não dá para fingir, nem se você se esforçar) e percebo que a imagem de Amy vai ficar ligada a essa carta, pois ela simboliza muito bem tudo que a carta traduz!

Amy achou que o Imperador representa sua ambição encontrada através dos estudos, algo que a anima e que confere à sua vida um senso de determinação e de futuro. Como carta central e seu principal foco, tudo o mais gira ao redor dela, e por isso ela certamente mantém sua vida coesa.

Expliquei a Amy que ela parece ter diversos finais em áreas variadas da vida, mas, segundo o que ela me disse, Amy não parece estar preocupada com isso. Sugeri que pode ser algo devido à sua doença recente, conforme percebi em outros querentes em circunstâncias similares; depois que a pessoa enfrentou uma doença séria, sua atitude diante daquilo que a vida lança à sua frente assume outra perspectiva. Amy disse que isso se aplica a ela e que não está preocupada com aquilo que a leitura revelou até agora.

A Âncora

Esperanças e Desejos: O Hierofante

Futuro: O Diabo

Interessante: na seção de esperanças e desejos de Amy, em função do Hierofante, vejo que ela gostaria de estar casada e estabelecida, vivendo de maneira tradicional, convencional. Amy sorriu e disse que isso era verdade.

Expliquei que o Diabo tem diversos significados que poderiam ser relevantes para a situação dela; poderia sugerir que ela está chegando a um período em que pode se sentir levada por uma situação à qual ficou presa, embora possa representar também um relacionamento controlador ou manipulador. Entretanto, o Diabo também pode ser uma carta de fortalecimento, pois nos lembra que só ficamos presos pelo tempo que estamos preparados para fazê-lo. Em outras palavras, podemos soltar as correntes e caminhar sempre que nos sentirmos prontos para isso, conquistando assim o controle de uma situação. Como o Diabo é a carta de planos secretos, e como o Eremita o antecede, pode mostrar também que essas coisas são pertinentes a Amy.

Expliquei que não estava muito certa da conexão entre o Rei de Ouros e perdas financeiras, e perguntei por que ela tinha tanta certeza de que era o homem que ela conhecia. Como ele não está relacionado com o trabalho dela e não representa seus interesses financeiros, por que ele estaria ligado a uma perda financeira? Amy riu e explicou que ele é um empresário bem-sucedido e com diversos interesses, mas seu principal negócio são casos de falência, e por isso ele lida com perdas financeiras. Como eu poderia imaginar?

Por mais que isso seja revelador, e apesar de esse homem poder aparecer em sua vida, disse a Amy que não tinha certeza se seria o seu amigo, a menos que ele pudesse ser útil para ela de alguma maneira. É sempre difícil quando aparece uma carta da corte como última carta do trio, sem relação evidente com o resto. Tal como a décima posição da Cruz Celta, ela tende a nos informar que de algum modo essa pessoa será importante no futuro. Por isso, vamos precisar ver como aquela carta se desenvolve com o tempo.

Disse a Amy que atualmente as cartas indicam a possibilidade de um encerramento relacionado com o trabalho e um outro encerramento ligado a relacionamentos. Embora haja o aviso de uma perda financeira, as cartas parecem mostrar que ela está protegida. Contudo, sugeri que seria prudente se ela fosse cautelosa com as finanças no momento, para não ser pega de surpresa. Pude ver mudanças importantes em sua vida, mas Amy pareceu preparada para elas e disse que ficou muito contente com sua leitura.

Assim, minha querente, antes silenciosa, desaparece na noite e ruma para seu futuro, toda sorridente. Fiquei feliz por ver sua atitude positiva diante das circunstâncias e espero sinceramente que tudo corra bem com ela.

Resultados e *feedback*

Cinco meses depois

Quando recebi notícias de Amy, ela disse que a maioria dos resultados se manifestou dentro de um período de quatro meses, e que a maneira como isso aconteceu foi interessante. Mesmo sem repassar as cartas das diversas áreas, você vai ver por si mesmo como a situação de Amy relacionou-se com elas.

Amy passou por uma situação difícil no final de seu curso: um professor usou-a como sujeito de um exame prático mas infelizmente não levou em conta as contraindicações, o que causou um problema médico relacionado com sua doença anterior. Ela foi parar no hospital.

Além de ficar obviamente abalada, Amy disse que ficou ainda mais irritada quando o professor responsável por aquela área da faculdade lhe disse que não seria bom fazer uma reclamação oficial caso ela desejasse receber o diploma. Acresça-se à injúria o insulto de receber a conta pela parte final do curso.

O que eu não sabia é que Amy estudava numa faculdade particular. Presumi, erroneamente, que ela frequentava uma faculdade pública, e por isso não fiz perguntas pertinentes durante a leitura. Tendo em vista a sua idade, era lógico que ela teria de desembolsar alguma quantia — fosse particular ou não. Como a faculdade era particular, a quantia era significativa.

Amy se sentiu muito injustiçada e decidiu procurar o diretor da faculdade; ele ficou chocado com a experiência dela. Ela foi informada de que o fato não afetaria seu diploma e eles não iriam cobrar a última parcela do curso.

Depois desse incidente e do problema de saúde ligado a ele, foi seu amigo da realeza (Rei de Ouros) que ofereceu apoio financeiro para a empresa que Amy estava montando. Ela ficou espantada com a generosidade de seu amigo, mas estava estudando a oferta, entendendo que ela pagaria um percentual para uma das organizações de caridade ligadas a essa pessoa, e assim imaginava que estaria ajudando terceiros. No entanto, como diversas áreas dessa nova empresa ainda são sigilosas, esses fatos não são de conhecimento do público.

Quando lhe perguntei sobre sua vida amorosa, Amy disse que ficara sabendo de algumas coisas sobre seu parceiro que, para ela, foram a gota d'água. Ela me contou que estava dando um tempo, pois tinha planos que precisava pôr em prática para sair desse relacionamento no futuro. Um aspecto que a chocara foi que o casamento de seus pais acabou, algo inesperado, pois ela imaginava que ambos fossem felizes. Amy disse que seu pai é militar.

Eu não tinha levado em conta esse cenário mas ele fazia sentido, pois Amy não estava vivendo o Dez de Copas em sua própria vida. Era possível que o Rei de Espadas pudesse estar ligado aos aspectos legais do futuro término de seu relacionamento pessoal — pois o conteúdo da leitura ainda poderia se aplicar por mais sete meses e esse término estar em seus próprios planos. No entanto, como tudo o mais que envolvia sua leitura tinha acontecido, e o Diabo na posição final se liga ao sigilo envolvendo os planos futuros de Amy, creio que a informação dada pela leitura podia ser considerada concluída.

Dicas da taróloga

Dando uma má notícia

A Torre, a Morte, o Dez de Espadas e o Diabo (este, não tanto quanto as outras) são cartas que a maioria prefere não encontrar numa posição futura, principalmente se estiverem juntas! Na leitura de Amy, houve alguns elementos que contrabalançaram as más notícias, mas essas cartas nunca são fáceis de comentar e a maioria não gosta de ter de falar delas.

A vida nem sempre é um mar de rosas, e embora a Tiragem da Vida e a Âncora possam oferecer a possibilidade de focalizarmos aspectos mais positivos da leitura, uma questão apresentada para a Cruz Celta com uma dessas grandes na posição 10 coloca-nos numa situação delicada. Infelizmente, nem sempre podemos apresentar as boas notícias que as pessoas querem ouvir, por mais que desejemos, e não é muito honesto tentar amenizar a situação. Portanto, como devemos proceder?

Assuma uma postura calma e seja o mais diplomático que puder, mas ajude o querente a perceber que nem sempre a vida toma o rumo que gostaríamos. Podemos mostrar que embora não seja a resposta que ele esperava, estamos analisando uma pequena parcela do cenário maior de sua vida; um momento isolado de uma existência. A vida está sempre mudando e evoluindo, trazendo novas pessoas e oportunidades o tempo todo, e a pessoa precisa se manter aberta para novas experiências.

Se o querente fizer uma pergunta e surgirem cartas desapontadoras, nós o estaríamos enganando se não lhe avisássemos corretamente sobre aquilo que vimos. Com a sinceridade, pelo menos podemos lhe dar a chance de concentrar sua energia numa direção favorável, em vez de envolver o desapontamento num falso brilho cor-de-rosa. Se o querente for advertido, pode adotar uma postura diferente diante do problema, o que o ajudaria a evitar a direção mostrada pelas cartas. Ele também pode seguir uma rota distinta, cujo resultado será mais benéfico.

Podemos amenizar o golpe e podemos não ver todas as circunstâncias que envolvem a situação, mas quando as coisas não parecem muito promissoras, é melhor dizê-lo da maneira mais suave possível. Discutindo as diferentes opções que podem estar disponíveis, o Tarô pode ser usado para tratar de outras questões, ajudando o querente a encontrar uma solução alternativa. Se não formos sinceros, será que ele confiará em nós da próxima vez?

8

O caubói

Reid L. Rosenthal é presidente de diversas empresas, basicamente voltadas para a área rural, melhoria de recursos e conservação ambiental, administração de terras e desenvolvimento em algumas áreas especiais. Sua experiência soma mais de quarenta anos, e ele trabalhou com sucesso para milhares de proprietários nas Américas do Norte e do Sul. Além de sua paixão por preservação ambiental, Reid escreve, algo que ele tem feito com mais seriedade nos últimos anos, tendo já diversas obras no prelo. Reid está na casa dos 50 anos, é divorciado, tem dois filhos e passa seu tempo entre suas fazendas no Oeste.

Eu nunca tinha feito a leitura de cartas de Tarô para Reid e essa seria sua primeira leitura. Embora tenhamos trocado correspondência durante alguns anos, não posso dizer que conheço a fundo sua vida particular ou suas atividades empresariais, o que é um pouco difícil com o Atlântico entre nós! Nossa correspondência concentrou-se principalmente em paixões em comum, as diferenças entre o campo nos Estados Unidos e na Inglaterra e a escrita, falando muito de nossa fraqueza pela prosa descritiva. Você verá o nome de Reid na seção de "Agradecimentos" do meu primeiro livro, que eu escrevi depois de ficar hospedada num de seus ranchos há mais de cinco anos. Devido à distância já mencionada, esta leitura foi feita por telefone.

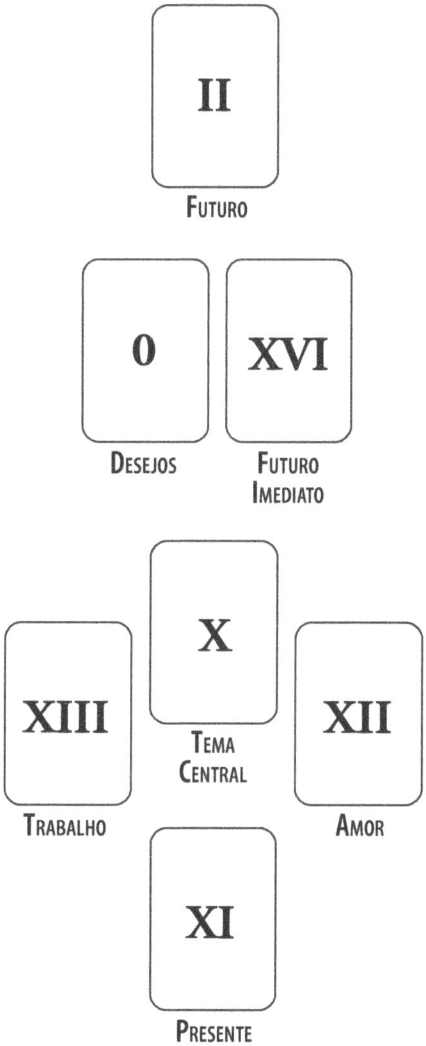
II
Futuro
0
Desejos
XVI
Futuro Imediato
X
Tema Central
XIII
Trabalho
XII
Amor
XI
Presente

O caubói — Tiragem da Vida

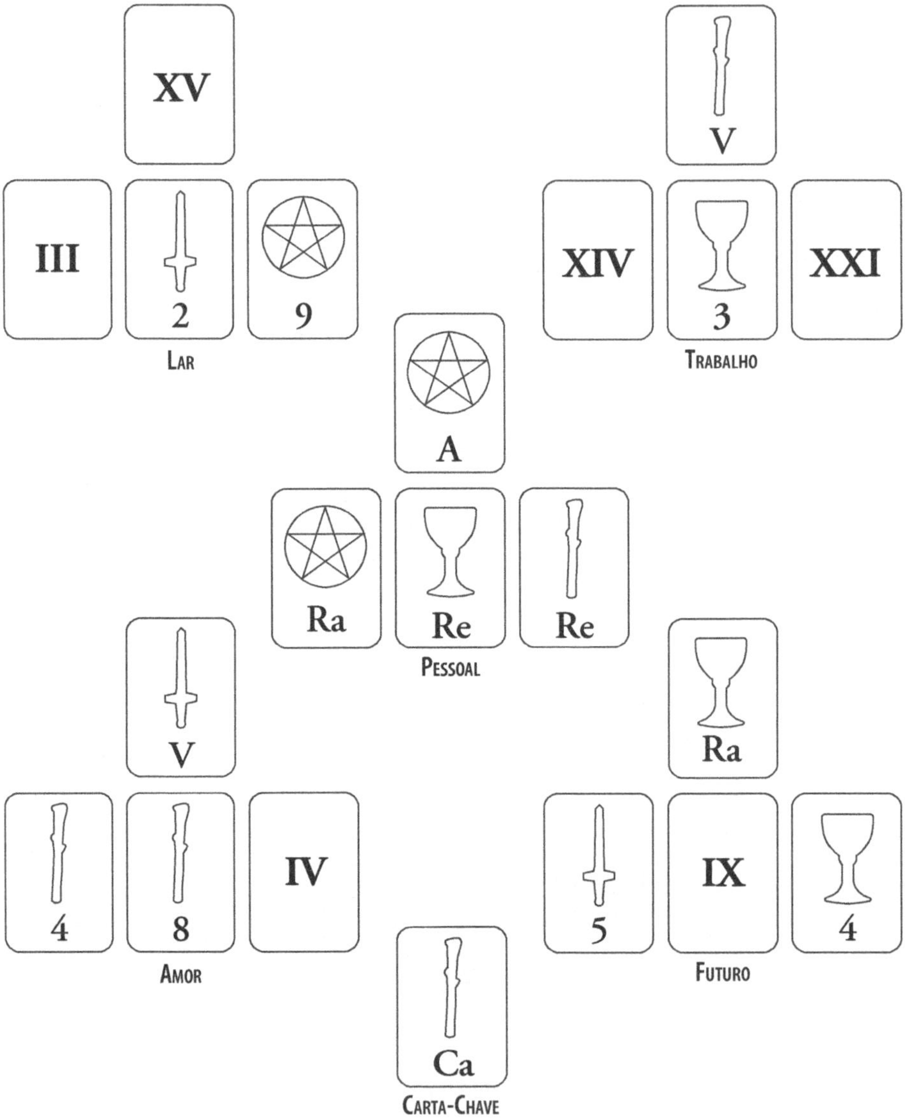

Primeiras impressões

- Mudanças importantes parecem estar a postos com a Morte e a Torre na Âncora, embora isso não esteja refletido negativamente na Tiragem da Vida. A Roda é o tema central da Âncora e o Louco também mostra seu desejo de mudança.
- As três cartas da corte juntas na área pessoal da Tiragem da Vida conectadas com o Ás de Ouros.
- A Tiragem da Vida parece bem equilibrada com os quatro naipes, mas as cartas da corte e os Arcanos Maiores são numerosos.

A Âncora

Posição Atual: A Justiça

Começando a leitura com a carta da Justiça na posição atual da Âncora, perguntei a Reid se havia documentos legais importantes, contratos ou acordos à sua volta. Ele disse que com os diversos aspectos dos seus negócios, ele está sempre envolvido em contratos e acordos legais de diversos tipos. Expliquei que o outro significado da carta sugere que atualmente ele pode estar olhando para os aspectos de sua vida sob um ponto de vista muito lógico. Reid concordou que as duas interpretações seriam corretas.

A Tiragem da Vida

Área Pessoal: Ás de Ouros, Rainha de Ouros, Rei de Copas, Rei de Paus

Indo diretamente para a área pessoal da Tiragem da Vida, o Ás de Ouros, como primeira carta da leitura principal, pode também sugerir documentos importantes de relevância material relativos a terras e propriedades, fazendo um elo com a Justiça. Isso parece envolver três pessoas, ou então diversas pessoas participam com destaque. Nenhuma carta da corte representa Reid, que considero o Rei de Ouros, como empresário de sucesso com interesses em terras e propriedades.

A Rainha de Ouros pode estar envolvida com terras ou propriedades, ou pode estar ligada a finanças, mas as características da personalidade a descreveriam como metódica e com atenção aos detalhes. O Rei de Copas é um homem de natureza afável, que não costuma atrair inimigos e é querido por muitos; pode estar ligado a uma atividade criativa ou de cuidados médicos. O Rei de Paus tem um temperamento bem diferente do exibido pelo Rei de Copas, parecendo mais dinâmico e geralmente com propensão empreendedora; não gosta de detalhes, preferindo o "vamos logo com isso" e, assim, parece mais impulsivo.

Pelas descrições dadas, Reid não conseguiu localizar todos numa transação específica; ele explicou que geralmente está envolvido com diversos negócios e, por isso, com muitas pessoas ao mesmo tempo. Como algumas das propriedades são compradas ou vendidas como consórcios, definir indivíduos específicos de uma negociação em particular não é fácil. Naquele momento, ele acreditava que o primeiro indivíduo poderia ser relevante, mas não conseguiu identificar os outros dois. Eu disse que seria possível que ele ainda não tivesse entrado em contato com todos os envolvidos, pois geralmente as cartas avançam em direção ao futuro. Dito isso, as cartas criam uma imagem bem precisa do seu trabalho.

Eu disse a Reid que acreditava que as cartas da corte deveriam ser particularmente relevantes, pois são as primeiras cartas da leitura e estão em sua área pessoal. Informei que iríamos deixá-las de lado por alguns instantes e que voltaríamos depois a elas, pois a dificuldade é que embora as cartas da corte proporcionem descrições de pessoas, não tenho ações às quais conectá-las. Seria possível encontrar outras indicações em outros pontos da leitura. No entanto, senti que essas três pessoas precisam estar relacionadas com esse documento, que deve ser particularmente importante para ele em função da presença dessas pessoas. Também é possível que, como temos apenas cartas da corte nessa área, elas estejam nos mostrando uma situação que envolve muitas outras pessoas.

A Âncora
Área do Trabalho: A Morte
A Tiragem da Vida
Área do Trabalho: Valete de Paus, A Temperança, Três de Copas, O Mundo

A carta da Morte significa mudanças importantes na área do trabalho da Âncora e deveria encerrar um capítulo para permitir que um novo começasse. Perguntei a Reid se havia alguma coisa encerrada recentemente na sua área do trabalho. Quanto ao trabalho, ele disse que estava no processo de finalização de diversos negócios. Contudo, disse-lhe que achava que era algo mais relevante do que isso, e se já tivesse acontecido, ele estaria ciente, portanto deveria ser algo ainda por acontecer. Expliquei que as outras cartas de sua área do trabalho pareciam muito boas e que por isso, embora devesse ser uma mudança importante, seria positiva.

Como carta-chave da área do trabalho da Tiragem da Vida, o Valete de Paus significa notícias ou mensagens positivas ligadas ao trabalho e que já deveriam ter sido recebidas — e se não foram, deveriam chegar em breve. A Temperança poderia mostrar uma situação que já estaria se desenvolvendo por algum tempo, pois representa paciência ou uma situação que exigiu paciência e diplomacia por parte dele. Como carta de emoções equilibradas e de cura, pode representar a integração bem-sucedida entre forças opostas, a combinação harmoniosa de energias, o que às vezes pode sugerir reconciliação, e talvez uma indicação adicional de algo que já dura algum tempo. O Três de Copas indica muitas sensações agradáveis, crescimento emocional, felicidade e motivo para comemoração. O Mundo, no final desse trio, mostra uma conclusão de sucesso e uma realização triunfante, algo que geralmente não acontece da noite para o dia.

De modo geral, as três cartas parecem se ligar muito bem, como se falassem em sequência de uma situação em particular. Sinto que essa situação, seja ela qual for, está fora do escopo habitual de negócios de Reid, pois as cartas parecem muito pessoais (há muitas cartas de sucesso que poderiam se mostrar ligadas simplesmente a atividades de negócios bem-sucedidas). A Temperança e o Três de Copas não são cartas que eu normalmente esperaria ver. Juntamente com a carta da Morte da Âncora, vão produzir alguma mudança importante.

Nesse ponto, Reid me informou que atualmente está comercializando seu principal rancho, aquele onde mora. A venda causará uma mudança importante em sua área do trabalho, pois seu escritório pessoal fica no rancho, e, embora ele tenha outros escritórios, vai mudar a configuração do seu negócio. Novamente, é uma área à qual pretendo voltar depois de estudarmos um pouco mais as cartas.

A Tiragem da Vida
Área do Lar: O Diabo, A Imperatriz, Dois de Espadas, Nove de Ouros
A Tiragem da Vida
Carta-Chave: Cavaleiro de Paus

Na área do lar, o Diabo sugere planos secretos ou a sensação de se estar preso a uma situação. A Imperatriz como primeira carta indica que isso se liga com alguma coisa que Reid tem alimentado há algum tempo com relação ao lar. O Dois de Espadas representa um impasse ou beco sem saída, uma posição da qual ele acha que não pode sair, uma frustração que o Diabo parece ecoar.

Reid disse que isso também parece se relacionar com a venda do rancho em que mora. Disse-lhe que, se é esse o caso, três áreas das cartas estariam refletindo a situação. Embora soubesse que é uma mudança de vulto e que seria particularmente importante para ele, eu não estava certa se todas as cartas se ligariam a esse aspecto específico de sua vida. Apesar das cartas se ajustarem à situação atual, há o risco de se deixar de perceber outras questões importantes que ainda não estão ao alcance do radar.

Creio que essas cartas estão ligadas à venda, principalmente porque estão na área do lar e se relacionam bem com a situação. A espetacular propriedade construída sob medida nas montanhas foi o lar de Reid durante muitos anos e a matriz dos seus negócios, bem como o lugar onde criou seus filhos. A Imperatriz, como carta que sugere acolhimento, também reflete o imenso cuidado que participa de todos os aspectos do rancho e da terra, envolvendo muitos anos de atento planejamento e desenvolvimento.

Reid disse que a crise econômica fez com que ele desacelerasse seus planos para se mudar e que, embora já tivesse superado isso mentalmente e pudesse seguir em frente fisicamente, caso desejasse, ele achou que a descrição refletia seus sentimentos atuais sobre a questão. Como o Dois de Espadas é a carta central, disse-lhe que ele poderia se sentir num impasse por mais algum tempo, mas o Nove de Ouros (a carta do incremento financeiro através de esforços pessoais) sugere que a propriedade acabará sendo vendida no futuro.

Como carta-chave da Tiragem da Vida, o Cavaleiro de Paus também pode mostrar uma mudança de residência. Como para Reid isso não é uma mera troca de casas, pode ajudar a explicar a importância de ser a carta-chave dessa tiragem. Outro aspecto interessante dessa carta é que Reid viaja muito e mora em dois ranchos, algo que eu não sabia antes da leitura.

A Tiragem da Vida
Área Pessoal e do Trabalho

Voltando à área pessoal e à do trabalho, ambas poderiam estar ligadas à situação envolvendo o rancho residencial. Nas minhas leituras pessoais, o Ás de Ouros tem representado meus manuscritos ou livros, e como Reid escreve, achei que também poderia estar relacionado com essa área da sua vida.

Com relação a seus manuscritos, ele trabalha com uma editora que também escreveu livros de sucesso. Essa Rainha de Ouros "coloca os pingos nos 'is' e cruza os 'ts'" — uma frase que costumo usar com os tipos de Ouros em função de sua atenção metódica aos detalhes. O Rei de Copas também pode representar tipos criativos, e por isso os dois reis seguintes poderiam ser importantes em suas atividades editoriais.

A Temperança, o Três de Copas e o Mundo também podem se encaixar em seus livros. Reid sempre quis escrever a sério e estudou jornalismo na faculdade. Como é comum acontecer, a vida assume o comando enquanto ambições adormecidas ficam sob a superfície, mas nos últimos anos Reid dedicou-se seriamente a escrever alguns livros, criou um website e um blog para apresentar seus textos e está reunindo muitos seguidores *on-line*. Sinto que essas três cartas representariam como ele se sentiria caso obtivesse sucesso com seus livros ou seus livros fossem publicados, pois o Mundo é a carta que esperamos quando concretizamos ambições importantes. A Temperança é a carta da paciência, e além da longa tarefa de criar uma obra, os escritores são ainda alquimistas das palavras, procurando e misturando a fim de obter a combinação perfeita.

A carta da Morte também seria importante aqui, pois Reid gostaria de reduzir suas atividades empresariais e concentrar-se mais em sua ambição como escritor. Isso seria uma mudança importante, mas seu rancho residencial também é uma parte importante desse processo.

Apesar de todas as cartas poderem se relacionar com a venda do rancho, é sempre válido analisar as diversas interpretações que as cartas podem mostrar. (Como já vimos em outros estudos de caso, é surpreendente perceber com que frequência todas podem ser relevantes.) Expliquei a Reid que poderíamos fazer mais perguntas específicas dali a pouco, caso ele desejasse.

A Âncora

Área do Amor: O Enforcado

A Tiragem da Vida

Área dos Relacionamentos: Valete de Espadas, Quatro de Espadas, Oito de Paus, O Imperador

Quanto ao Enforcado, perguntei-lhe se ele tinha reavaliado sua vida amorosa recentemente ou se a analisara sob um ponto de vista diferente, como se saísse da situação e a percebesse com outro olhar. Reid disse que isso estava correto. Avançando na área do amor da Tiragem da Vida, perguntei-lhe se ele tinha recebido alguma notícia recentemente que o deixara um pouco desapontado, ou se sofrera alguns contratempos para colocar em prática alguma coisa. Reid disse que não se recordava de nada parecido.

Como essa interpretação não teve nenhuma repercussão, tentei trabalhar com os significados das cartas tais como surgiram, ligando o Quatro de Espadas ao Valete como uma continuação. O Enforcado mostra que talvez ele tenha transposto os seus limites para reavaliar as coisas. O Quatro de Espadas também mostra um período de inatividade ou retração, tendendo a ampliar o aspecto de demora da interpretação do Valete. A outra interpretação superposta da suspensão indicada pelo Enforcado também fortalece a interpretação do Valete e do Quatro de Espadas. Em outras palavras, é uma situação na qual ele teve atrasos que considerou frustrantes (Valete de Espadas), resultando num período de retração ou de inatividade para reconstruir suas ideias (Quatro de Espadas), produzindo um período de reavaliação sucedendo-se à suspensão de seus planos (O Enforcado). Reid disse que isso fazia sentido para ele, mas não me disse mais nada.

Informei-o de que qualquer que fosse essa situação, ela parecia estar mudando bem depressa. O Oito de Paus traz rapidamente notícias excitantes; o ritmo dos eventos pode se acelerar e pode haver viagens envolvidas. (O Oito de Paus costuma representar velocidade após um período anterior de estagnação, o que também se relaciona muito bem com as cartas já mencionadas dessa área.) Reid começou a rir, mas eu estava concentrada e fiquei imaginando se não teria perdido alguma piada.

Com o Imperador concluindo esse cenário, ele vai colocá-lo numa posição de poder. Como carta que representa liderança, autoridade e ambição, tende a sugerir que ele tomará as rédeas aqui. Mostra que Reid vai avaliar a situação com lógica e razão, embora possa conduzir no futuro à estabilidade em sua vida amorosa. De modo geral, são cartas positivas e estimulantes, embora o Imperador seja uma carta ambiciosa e muito lógica para se ter no final da área do amor.

A Âncora

Posição Central: A Roda da Fortuna
Futuro Imediato: A Torre
Esperanças e Desejos: O Louco

Como carta central em torno da qual giram todas as outras, a Roda da Fortuna é um sinal positivo, representando uma mudança positiva dos eventos e o início de um novo capítulo, de um novo ciclo. A Roda costuma trazer a sensação do destino e da fortuna quando a Dona Sorte ou a mão do destino entram em cena, representando as forças externas do Universo que proporcionam a oportunidade de aproveitar uma onda de boa sorte.

Há algumas cartas maiores razoavelmente importantes aqui; com a Morte na área do trabalho e a Torre no futuro imediato, as mudanças podem ser bem radicais. Contudo, observe o Louco na posição dos desejos de Reid, indicando sua vontade de seguir novos rumos e de ter a oportunidade de fazer novas escolhas de peso. Com a Roda na posição central e as outras cartas presentes na Tiragem da Vida, creio que isso trará mudanças positivas.

Reid se identificou com a carta do Louco como seu desejo de se concentrar na escrita, que seria um caminho totalmente novo para ele. Com base nas cartas da área do trabalho e de outras indicações, creio que isso terá um resultado positivo, embora a Morte e a Torre possam representar mudanças importantes com as quais ele terá de lidar ao longo do caminho. Os desejos de Reid são muito motivados pelo Louco; a Roda está do seu lado, bem como o Mundo — todas são cartas poderosas trabalhando a seu favor!

A Âncora

Futuro Imediato: A Torre

A Tiragem da Vida

Futuro: A Rainha de Copas, Cinco de Espadas, O Eremita, Quatro de Copas

É possível que a Torre esteja relacionada com uma situação vindoura, que parece envolver uma Rainha de Copas acompanhada pelo Cinco de Espadas. Porém, isso pode não ter nenhuma relação com a carta da Morte que apareceu na seção do trabalho da Âncora, e talvez seja um incidente totalmente separado.

Não sinto que a Rainha de Copas esteja relacionada com a situação mostrada na área do amor, pois esta ruma para boas notícias e uma possível estabilidade no futuro. Tampouco parece estar ligada com a situação específica mostrada na área do trabalho da Tiragem da Vida, pois ela também é positiva. Isso tende a isolar a situação, mas como essas cartas estão na posição futura da Tiragem da Vida, e a Torre está na posição do futuro imediato, poderiam estar ligadas.

As cartas que acompanham a Rainha de Copas mostram que ela não está bem aspectada. O Cinco de Espadas costuma mostrar alguém com uma agenda oculta que não está trabalhando em benefício de Reid; geralmente, é uma carta que indica enganos, desonestidade ou ardis. Também pode mostrar alguma coisa que foi perdida de maneira injusta. O Eremita que segue essa carta mostra que isso causará contemplação e até um afastamento da pessoa ou da situação. Como carta de sabedoria, creio que mostra que ele ficará ciente dos planos por trás do Cinco de Espadas, ou fará com que ele pense no assunto com bastante profundidade. O Quatro de Copas sugere uma insatisfação íntima com o resultado. O Quatro não é uma carta particularmente nociva; pode representar um estado emocional de descontentamento, uma aversão, mais um indício de introspecção, ou até um ar exterior de indiferença sobre o assunto.

Depois de dizer a Reid o que vi, descrevi a Rainha de Copas para que ele a pudesse identificar, caso já a conhecesse ou quando ela aparecesse. A Rainha de Copas costuma ter natureza gentil e evita confrontos, tem empatia e sensibilidade, ou indica alguém com propensão artística ou criativa. Do ponto de vista negativo, como aqui, pode ser infantil, apegada, autocentrada, manipuladora ou tender a se fazer de vítima. Ela pode representar um signo de Água, embora eu costume evitar fazer a identificação das pessoas por meio dos signos astrológicos, pois não é uma coisa que sempre conheçamos prontamente. Portanto, traços e características de personalidade são meios de identificação mais confiáveis.

Reid não conseguiu associar essa pessoa a alguém que ele conheça no momento, e eu lembrei a ele que como ela está na seção do futuro da leitura, talvez seja alguém que ele ainda não conheceu.

Não fiquei totalmente convencida de que a Torre estaria ligada a essas cartas, pois esperaria que refletissem uma situação mais forte — é possível que represente um incidente totalmente distinto. Expliquei o significado da Torre para Reid, mas também lhe disse que me senti bem frustrada por não poder identificar com confiança uma situação para ligá-la a outra, a fim de poder dar-lhe conselhos mais completos. Tendo em vista as cartas à minha frente, expliquei que sinto que a situação é um incidente isolado ou é algo que ele irá superar, embora possa apresentar certa dificuldade. Se os resultados fossem mais extensos, estou certa de que as outras cartas refletiriam isto.

Diferentemente da carta da Morte, da qual, de diversas maneiras, Reid está ciente e na verdade até a almeja, expliquei que a Torre costuma trazer o encerramento de alguma coisa que ele não esteja esperando, e por isso ela pode causar algum abalo. Normalmente, a Torre pode limpar alguma coisa da vida que imaginávamos falsamente como sendo verdadeira, e por isso pode dar a oportunidade de remover a falsidade e de proporcionar um novo começo numa posição mais adequada — e desse ângulo, naturalmente, é possível associá-la ao Cinco de Espadas e à Rainha de Copas. Contudo, expliquei que infelizmente eu não tinha indicações suficientes nas outras cartas para sugerir em que ponto eu acreditava que o problema externo poderia surgir. Disse a Reid que se nos dirigíssemos às cartas com perguntas mais específicas, a situação poderia se revelar com mais clareza.

A Âncora

Futuro: A Sacerdotisa

Como taróloga, minha frustração aumentou quando vi a Sacerdotisa na posição final. Com um incidente com a Torre que não consigo conectar ou me aprofundar, e agora uma mensagem de que "segredos que se mostrarão benéficos a ele quando conhecidos", senti que estava começando a parecer um tanto ambígua ou enigmática. Infelizmente, era isso que as cartas tinham me mostrado, e eu sabia que sua presença era relevante, fosse eu capaz de interpretá-las ou não.

Como a carta que conclui a leitura quanto a indicações futuras, lida isoladamente a Sacerdotisa lembra que Reid deve confiar em seus instintos, intuições ou palpites, dando-lhes ouvidos. Embora o futuro ainda permaneça desconhecido, ela pode trazer informações, segredos ou mistérios que lhe serão revelados no momento certo e o ajudarão em sua viagem. (Perspectivas de alívio quando me defronto com uma carta que atualmente não me diz muita coisa!)

Minha mente estava tão acelerada que ficou em branco, e de repente percebi que estava tendo um "momento do ego" — a importância de ser vista fazendo a leitura direito, ou o modo como estava sendo entendida, pareciam mais importantes do que a leitura em si. Fiquei frustrada porque eu queria fazer o melhor trabalho possível e as respostas me fugiam, mas isso me permitiu fazer as coisas do meu modo. Essa percepção é libertadora e quase na mesma hora comecei a relaxar. Às vezes, leva só um instante, no qual podemos nos desapegar da leitura, respirar fundo e reexaminar as possibilidades. Comecei a fazer tudo metodicamente e com calma.

A Sacerdotisa nos informa sobre segredos que se tornam conhecidos e pode se associar à mensagem mostrada na área do futuro da Tiragem da Vida. Com o Eremita seguindo o Cinco de Espadas, senti que a Sacerdotisa vai proporcionar seu *insight* para que os danos a Reid naquilo que ele estiver fazendo sejam limitados, pois a informação que será conhecida deverá beneficiá-lo. Como o Eremita e a Sacerdotisa são cartas dos Arcanos Maiores, há um tema de sabedoria interior.

A Sacerdotisa pode indicar um potencial identificado (mas ainda não expressado plenamente) e pode significar o subconsciente, a imaginação e a criatividade. Assim como a Sacerdotisa, o escritor se retrai no mistério do silêncio. Esta não é uma carta que associaríamos normalmente com atividades comerciais, pois ela se concentra nos aspectos mais profundos da vida e da mente subconsciente. É interessante observar que Reid sempre afirmou que se inspira na energia da terra; seus textos revelam uma pessoa muito sintonizada com a natureza graças a seu trabalho junto a ela, pois ele tenta retratar o poder brutal e a beleza rústica da paisagem que o rodeia.

Vejo aqui uma pista que não enxerguei antes, extraindo minha interpretação do aspecto de sigilo da carta. Mas me lembrei, em função da leitura que minha amiga Sheila fez para mim, que a Sacerdotisa sempre aparece quando estou envolvida profundamente com meus textos. Não fiz essa associação antes, mas ela acabou se mostrando precisa ao longo dos anos. Talvez ela proporcione *insight* sobre uma tendência adicional no futuro de Reid.

Com tantas mudanças aparentes no horizonte, talvez a Sacerdotisa numa posição final não devesse ser tão surpreendente. Seguindo o liame na Âncora, apenas, temos os pensamentos equilibrados da Justiça, a reavaliação de sua vida afetiva por meio do Enforcado, mudanças importantes na carreira assinaladas pela Morte, a Roda mostrando um novo capítulo, os eventos inesperados da Torre e o Louco mostrando seu desejo de seguir novos caminhos. Combinados com mensagens da Tiragem da Vida que parecem apontar para a venda do rancho residencial, movimentos em sua vida afetiva, a realização de uma antiga ambição na área do trabalho — um futuro "ainda desconhecido" encaixa-se muito bem a seu lado. Parece que Reid deverá buscar um cenário diferente no futuro, e, como tal, deve haver bem mais coisas do que eu poderia revelar no momento. Assim, tendo esgotado todas as possibilidades, há muitas formas de interpretar a Sacerdotisa na leitura... que talvez não seja tão obscura, afinal!

Isso me deixa apenas a Torre sem uma explicação. Se essa carta não estiver ligada à situação relativa à Rainha de Copas, deve ser um incidente isolado, ou algo que Reid deverá superar sem que isso afete outras questões. Tendo visto antes essa carta, espero que eu o tenha preparado de algum modo para o aparecimento de tal evento, mas também espero ter me focado nos aspectos positivos da leitura.

Com a leitura completa, Reid me pediu para resumir diversas áreas, o que fizemos rapidamente. Deixei a tiragem no lugar e perguntei se ele teria outras perguntas antes de eu recolher as cartas da Tiragem da Vida e de passar para a Cruz Celta.

Tiragem adicional: Cruz Celta

Reid está escrevendo uma saga do Oeste norte-americano, um ambicioso projeto de seis livros abrangendo duzentos anos. É uma tarefa imensa, realizada paralelamente às suas negociações habituais e ao fato de estar escrevendo um livro de não ficção sobre ranchos. Reid quis saber se a série iria ser publicada.

Na primeira posição, o Oito de Copas mostra o abandono de uma situação da qual ele se afastou porque se sentiu desapontado e desiludido, e apesar de ter se esforçado muito, abandonou-a para seguir um novo curso. A Rainha de Paus que cruza esta carta tende a mostrar que ela estava conectada a essa situação de algum modo. A Rainha de Paus é leal e protetora para com a família; pessoas caracterizadas por essa carta estão sempre

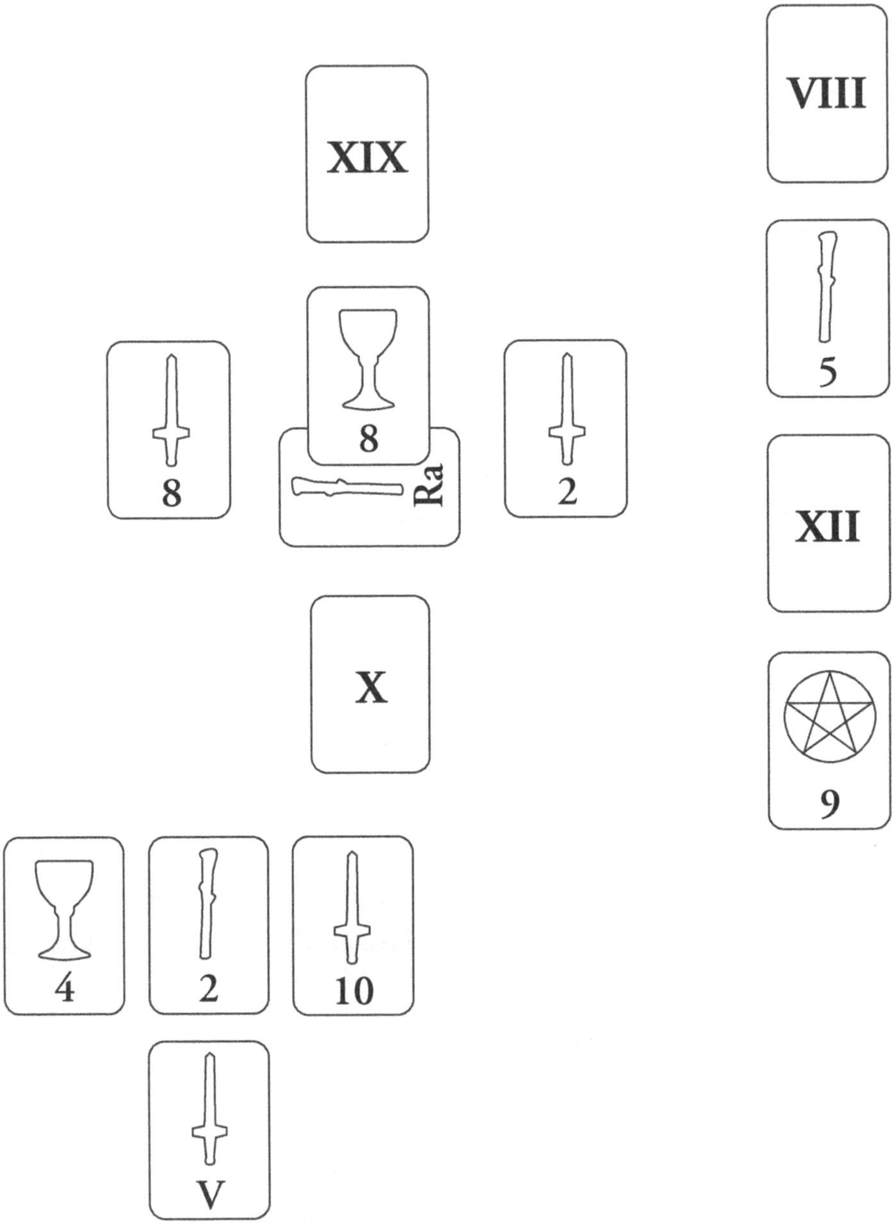
VIII
XIX
5
8
8
Ra
2
XII
X
9
4
2
10
V

ocupadas e com diversos projetos ao mesmo tempo, mas podem ter a tendência a assumir responsabilidades demais. Apesar de serem habitualmente afáveis, podem ter uma natureza ígnea.

A Roda da Fortuna na terceira posição proporciona mais histórias para a questão, mostrando que Reid acha seu trabalho promissor, representando o início de um ciclo totalmente novo. Tendo em vista o que sabemos graças à tiragem principal e como ele vê em seus textos um potencial de mudança em sua carreira, essa carta parece entrar em ressonância. Perceba ainda o Nove de Ouros do lado da Roda.

O passado mais recente, o Oito de Espadas, representa uma situação na qual ele se sentiu limitado ou inseguro quanto ao modo de proceder.

Reid concordou que as cartas foram muito precisas com relação ao histórico de uma parceria anterior para escrever livros, uma parceria que ele considerou depois insustentável e que acabou rompendo. O Oito de Espadas exigiu clareza nos pensamentos para tocar o projeto; no início, ele achou que iria precisar de um coautor, mas pensando melhor, decidiu levá-lo adiante sozinho.

Veja o Leque do Tarólogo aqui, revelando mais do histórico já mostrado: o Quatro de Copas, a carta da insatisfação; o Dois de Paus, uma parceria ou colaboração; o Dez de Espadas indicando um fim; e o Valete de Espadas representando atrasos.

O Sol em seus pensamentos que prevalecem é a carta mais positiva que Reid poderia ter, mostrando a força de sua ambição. Como carta de sucesso brilhante, não pode ser igualada. O Cinco de Paus é bem revelador na nona posição, equilibrado ao lado do Sol, mostrando pequenos obstáculos e desafios. Isso não apenas se conecta com sua experiência até o momento, como sugere que ele ainda pode encontrar mais alguns no futuro. Entretanto, como o Sol é um Arcano Maior, tem mais poder e influência, por isso a tendência se dará mais na direção dessa carta do que na do Cinco de Paus, um Arcano Menor, e assim este deve ser superado com facilidade. O Nove de Ouros é outra carta boa, indicando prazer e recompensa graças ao próprio esforço, localizada na sétima posição das apreensões. Com cartas tão positivas nas áreas de atitude, ele estaria sintonizado com a situação e para onde ela o conduz? Acredito que sim.

No futuro imediato, o Dois de Espadas tende a indicar que outro impasse ou beco sem saída pode aguardá-lo, e ele talvez se sinta dividido (literalmente, pois temos o Dois e o naipe de Espadas indica o intelecto) sobre o modo de proceder.

Talvez o Enforcado na oitava posição proporcione mais informações aqui. Como a carta que mostra como outras pessoas estarão vendo a situação, ela indica que Reid ainda pode reavaliar mais o projeto e observá-lo sob uma perspectiva diferente no futuro. Sugere que os livros podem passar por uma nova análise quanto ao conteúdo ou à forma de escrevê-los, ou, no mínimo, sobre a maneira de proceder. De algum modo, parece que haverá alguma mudança no futuro. Talvez torne a enfatizar o significado do Dois de Espadas — um novo período de suspensão, que não é bem a notícia que Reid gostaria de ouvir, tendo em vista os atrasos que já sofreu até agora. Entretanto, sinto que são ações sob seu controle — seus processos mentais e suas decisões quanto à forma de prosseguir.

Mostrei a Reid que havia a possibilidade de isso representar um editor analisando seu trabalho, mas querendo que ele apresentasse os livros de forma diferente daquela originalmente idealizada ou entendida. Contudo, isso teria sido mais pertinente caso ele tivesse perguntado sobre um editor específico — pois a oitava carta revelaria como ele estaria vendo a situação. Da maneira como a questão foi apresentada, ela fica bem mais aberta ao modo como as outras pessoas a interpretarão. Com base nisso, provavelmente minha interpretação original seria mais forte, mas ainda sinto que é uma opção que merece ser mencionada em função da abertura da pergunta. Os editores poderiam ser classificados como os "outros" olhando a questão.

Na posição final, a Força mostra que, no fim, Reid vai vencer, embora isso exija paciência, diplomacia, determinação discreta, força interior, coragem e perseverança. Com a força motriz do Sol nos pensamentos de Reid que prevalecem, podemos ver como essa carta se mostra relevante para a manifestação de sua meta geral.

Com o futuro imediato conduzindo ao resultado, o Dois de Espadas trará, de algum modo, o sucesso encontrado na carta da Força, e, assim que Reid sair da situação encontrada no Dois (e se seguir as mensagens da Força), ele deverá ter esse sucesso.

Resultados e *feedback*

Três meses depois, Reid e eu finalmente conseguimos falar de sua leitura, apesar dos problemas habituais da telefonia celular e por satélite. Muita coisa acontecera desde a leitura.

Um mês depois

Reid foi aceito num programa de aconselhamento para escritores, que envolveu a apresentação de seu trabalho e a obtenção de uma vaga cobiçada por milhares de candidatos esperançosos. O programa inclui aconselhamento pessoal, com acesso a autores de *best-sellers*, editores, agentes e assessores de imprensa, entre outros. Como ele não tinha mencionado esse programa antes, eu não sabia que Reid tinha se inscrito — ele me informou de que o fizera antes da leitura (Ás de Ouros com as três cartas da corte, na área pessoal da Tiragem da Vida).

Sinto que isso também se liga às cartas na área do trabalho, que eu achava que estivessem ligadas à escrita e não aos ranchos, devido ao tom pessoal das cartas dali (Valete de Paus, Temperança, Três de Copas, o Mundo).

Desdobramentos adicionais na área da escrita incluíam um editor que estava analisando seu livro sobre ranchos, *Land for Love and Money*, e outro editor e agente analisando o primeiro livro completo e uma proposta futura para a série de seis livros, *Threads West: An American Saga*.

No período de um mês da leitura, foi feita uma oferta para uma propriedade ligada ao rancho residencial, mas essa oferta ficou oscilando durante alguns meses e foi substituída, porque novos compradores entraram em cena. Esses eventos se ajustaram às cartas da área do lar. Com o Nove de Ouros no final desse grupo, Reid ainda pode ter esperanças.

Dois meses depois

No aspecto dos negócios com ranchos, um empreendimento importante precisou ser alterado de forma significativa, e, embora ainda fosse lucrativo, representou apenas uma fração dos lucros esperados anteriormente. Embora isso esteja coerente com a carta da Morte na área do trabalho, penso que isso foi indicação da Torre, devido à natureza dos eventos. Foram forças externas sobre as quais Reid não teve controle que causaram isso. Ele tem a situação sob controle, e por isso espero que a Torre já tenha sido superada.

Três meses depois

Recentemente, Reid deu sua primeira entrevista no rádio e alcançou uma grande audiência para fazer a promoção de seus livros. Ele também lançou o primeiro livro de sua série através de seu site. Como ele diz no site, é a realização de uma meta que ele estabeleceu para si mesmo há 45 anos. Isso certamente se ajustaria com as cartas da área do trabalho e mais particularmente com o Mundo. No entanto, creio que é uma situação que ainda está se desenvolvendo, e por isso o melhor ainda pode estar por vir.

Tendo em vista tudo que está acontecendo aqui, tenho a impressão de que tanto a área pessoal como a do trabalho da Tiragem da Vida de Reid se aplicam às suas atividades como escritor. Com a Roda da Fortuna no centro da Âncora, muitas oportunidades excitantes estão se abrindo para ele.

Quatro meses depois

O lançamento do livro foi ótimo, e excedeu as expectativas de Reid. Atualmente, ele está atarefado agendando novas entrevistas na televisão e no rádio para promover seu livro sobre ranchos.

Nesse meio-tempo, trabalhando com seu *web designer*, ele parece ter atingido um filão para publicações eletrônicas. Pelo que Reid disse, parece um conceito instigante e me questiono se ele se liga ao Enforcado e ao

Dois de Espadas da Cruz Celta, pois isso muda um pouco seu plano de metas e a plataforma a partir da qual ele apresenta seus trabalhos. Como um empresário inovador e de sucesso, comentei que parece difícil que ele fique sentado escrevendo um livro sem reinventar toda a indústria editorial nesse processo!

As cartas de relacionamento ainda são uma área sem manifestação, que Reid parece estar guardando junto do peito. Contudo, ele disse que elas se relacionam com uma pessoa que ele conhece há alguns anos, e que só está preparado para revelar isso.

Perguntei se tinha havido alguma novidade na situação com a Rainha de Copas. Aparentemente, sim, tendo em vista sua descrição. Ele foi alertado para alguns comentários maldosos sobre um contato anterior que beiravam a difamação. Pensando um pouco sobre o assunto e valendo-se de conhecidos em comum, ele fez com que ela soubesse que devia deixar a questão de lado antes que chamasse mais a sua atenção. Ele disse que estava ocupado demais para se deixar incomodar por problemas mesquinhos e achou que o assunto não merecia seu tempo ou sua energia. (Parece o Quatro de Copas.)

Cinco meses depois

Reid tem estado atarefado e me disse que houve progressos empolgantes quanto à publicação de seus livros, e fez alguns planos de marketing inovadores para eles. Isso envolveu diversas decisões importantes e numerosas mudanças, inclusive em seu plano de apresentação do livro sobre ranchos, *Land for Love and Money*, e do manual que o acompanha, *Green for Green.*

Enquanto isso, o apoio para *Threads West* tem aumentado, com excelentes endossos e críticas, tanto de autores como de leitores. No próximo mês, Karen Mayfield, autora de livros de sucesso como *Wake Up Women: BE Happy, Healthy & Wealthy* e cocriadora da série de livros *Wake Up Women*, estará apresentando o livro de Reid em seu site, o que é de fato uma grande notícia! Nem preciso dizer como Reid está encantado com a forma como as coisas estão avançando. A julgar pelas cartas da Tiragem da Vida e da Cruz Celta, parece que ele está no caminho e podemos ver como as cartas se relacionam com aquilo que ele está sentindo.

Seis meses depois

Nos dois primeiros dias após seu lançamento, a edição em brochura de *Threads West* atingiu a primeira posição em vendas em quatro categorias diferentes na Amazon, além de ser o primeiro "Mover and Shaker" (livro mais ativo), atingindo a posição 173 na lista de venda de livros em geral e 82 na relação de lançamentos mais procurados. Isso tudo apesar de a página de encomendas desse livro na Amazon ter ficado fora do ar por nove horas devido ao volume de vendas. O editor e o distribuidor assumiram a tarefa de lidar com as encomendas.

Duas semanas depois, e agora rumando para a marca do sétimo mês após a leitura original, o livro recebeu os prêmios de Melhor Western de 2010 e o segundo lugar em Melhor Romance de 2010 do prestigioso USA Book News. A relevância e os resultados das cartas estavam ficando mais evidentes.

Não há dúvidas de que a jornada de Reid como escritor faz parte de um processo mais longo, mas é algo que pudemos compartilhar nos seus primeiros estágios de sucesso. Se quiser continuar a acompanhar essa história, pode encontrá-la em www.ReidLRosenthal.com.

Nas palavras do próprio Reid

Embora acredite francamente em energias, auras e na força de almas antigas, e portanto acredite numa corrente maior que pode ser acessada, sentida e direcionada, admito que no início mostrei-me um pouco cético quanto ao Tarô. A tradução de minha espiritualidade, essa conexão entre todas as coisas animadas e inanimadas, não chegou ao ponto de eu acreditar que as cartas fossem uma dessas sinapses. A leitura de Josie foi interessante — melhor, foi fascinante. Aprendi muito, e ela abriu as informações sobre o significado de cada carta, e como a combinação das cartas prenunciava uma história. Entretanto, só quando fizemos as atualizações mensais periódicas é que o significado do poder das cartas ficou evidente. Se acredito agora no Tarô? Quase. Mas minha confiança instintiva na Força, naquela energia universal que nos permeia e envolve, ficou mais forte do que nunca.

Dicas da taróloga

Leituras por telefone

Se você nunca tentou fazer uma leitura por telefone antes, o formato é similar àquele com a pessoa presente, exceto pelo fato de você manusear as cartas em nome dela. Procure fazer isso com seus amigos para ganhar confiança antes de oferecer essa leitura para desconhecidos.

Siga o formato habitual: com o pano de leitura e os baralhos à sua frente, reserve alguns minutos para relaxar e limpar a mente antes da leitura. Se tenho uma foto da pessoa para a qual estou tirando as cartas, gosto de deixá-la na tela do computador, porque sinto que, com o som de sua voz, consigo sintonizar melhor com ela; embora geralmente trabalhe sem fotos, quando disponíveis, prefiro usá-las.

Durante a ligação, explique o formato que a leitura terá e depois peça ao querente que se concentre no fato de você estar embaralhando as cartas, pois normalmente ele consegue ouvi-las. Peça-lhe que reserve algum tempo para que você embaralhe (do contrário, a tendência é que você seja interrompido muito cedo) mas que, quando o momento parecer adequado, informe que você deve parar. Corte e disponha as cartas.

Com os avanços da internet e das tecnologias de comunicação, é possível telefonar de graça para as pessoas ou com custos mais baixos, até internacionalmente, mediante diversos programas, aplicativos e softwares. Pesquise na internet a melhor opção para você.

Se preferir usar linhas telefônicas convencionais, veja se é melhor você ligar para o querente ou o contrário. Fiquei surpresa ao constatar o número de pessoas que presumiu automaticamente que meu telefone seria do tipo que cobra tarifas especiais, com custo por minuto mais elevado. Com o tempo e o aumento de suas atividades, você pode acabar bombardeado por telefonemas sem marcação prévia de leituras só porque a pessoa tem o seu número, ou por querentes que se esquecem da diferença de fuso horário e telefonam no meio da noite.

Nos primeiros estágios, o luxo de uma linha telefônica reservada apenas para leituras pode ser um exagero, e por isso a opção da internet traz bons benefícios. Se usar uma linha fixa, prefira telefonar para o querente e inclua o custo do telefonema no preço da leitura... mas lembre-se de calcular e confirmar as diferenças de fuso horário!

9

O chapeleiro maluco

Michael Harrison é fundador da Mad Hatter Tea Company em Richmond, North Yorkshire, nome que se deve ao fato de Lewis Carroll ter estudado em Richmond. Quis o destino que nossa leitura fosse agendada para o dia 1º de abril — bom para o Chapeleiro Maluco, mas não foi uma brincadeira de Primeiro de Abril, posso lhe garantir. Michael tem quarenta e tantos anos, é casado e tem quatro filhos adultos.

Nunca tinha feito uma leitura para Michael, mas o Tarô não lhe era estranho, embora ele tenha me informado que seu baralho Thoth não fora usado nos últimos anos. Ele se sentiu muito à vontade com sua leitura e estava ansioso por me ouvir. Embora o Tarô fosse um território familiar para ele, ainda assim passei as mesmas informações que passo a todos, pois nem todos os tarólogos trabalham com o mesmo formato.

Primeiras impressões

- Com a Sacerdotisa, o Diabo e a Lua na Âncora, parece haver muito sigilo e fatos desconhecidos a emergir, possivelmente ligados à área do trabalho.
- A Torre na seção dos desejos da Âncora revela o desejo de uma mudança completa.

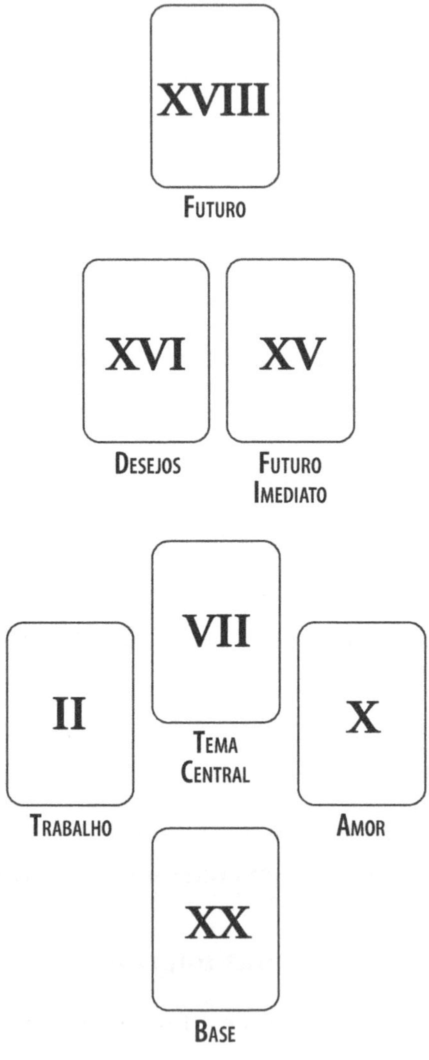
XVIII
Futuro
XVI
Desejos
XV
Futuro Imediato
VII
Tema Central
II
Trabalho
X
Amor
XX
Base

O chapeleiro maluco — Tiragem da Vida

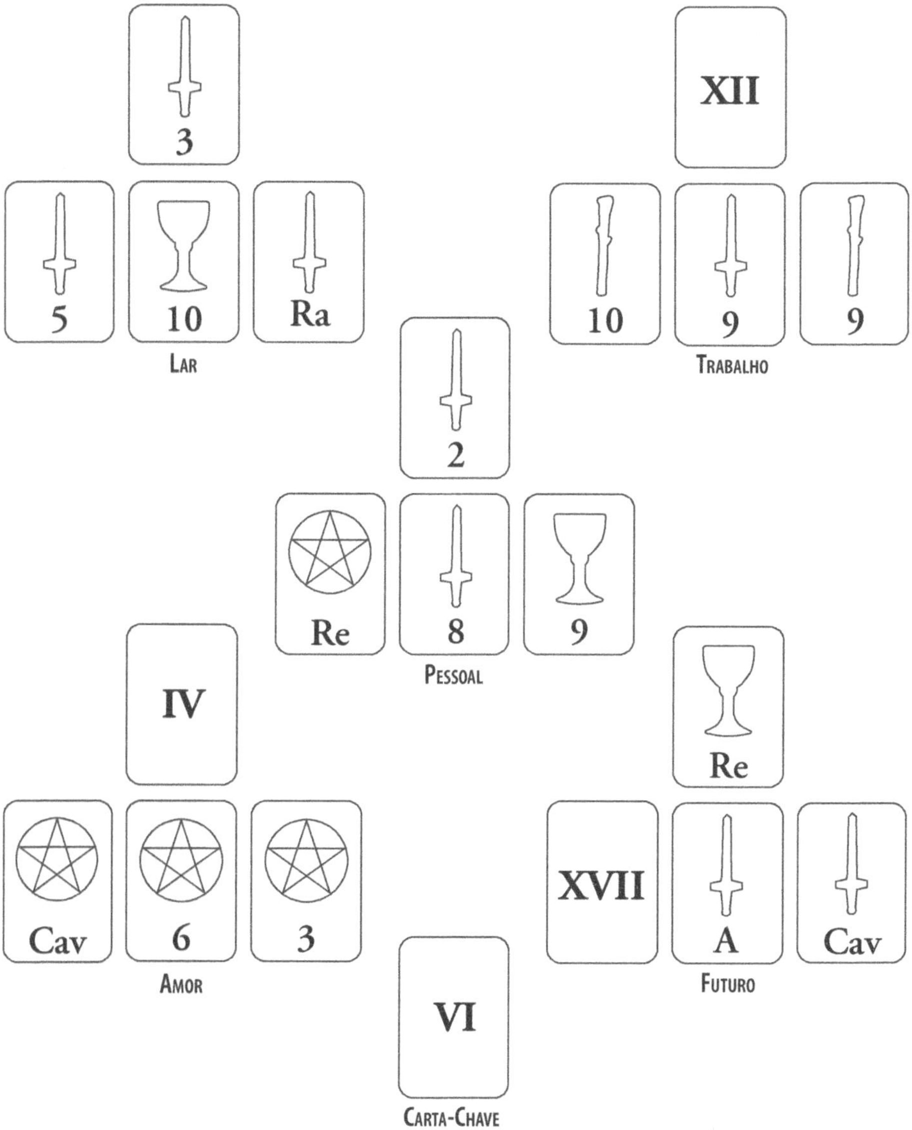

- Os primeiros três quadrantes (superiores) da Tiragem da Vida e os dois últimos (inferiores) parecem divididos por uma linha invisível, como se estivessem concentrados em duas coisas completamente diferentes.
- A quantidade e o tipo de cartas de Espadas na Tiragem da Vida nos primeiros três quadrantes parecem mostrar um considerável estresse.

A Âncora

Posição Base: O Julgamento

Começando pelo Julgamento na primeira posição da Âncora, perguntei a Michael se teria havido alguma renovação ou reativação recente próxima dele — a carta sugere que ele estaria lidando com alguma coisa com raízes no passado, mas representando um novo começo. Michael me disse que começou a desenvolver sua empresa a Mad Hatter Tea havia uns dez anos, mas que nos últimos meses tinha mergulhado na empresa em tempo integral. Infelizmente, antes ele teve de abrir mão da empresa de alimentos que deu origem à nova, algo que tomou boa parte do seu tempo. Embora sempre tenha reconhecido o potencial da Mad Hatter Tea, o desenvolvimento da mistura de chás na Índia fora lento, e depois ele teve de fazer os arranjos necessários na Inglaterra. Enquanto isso, a matriz de sua empresa demandou sua atenção integral.

Disse a Michael que achava tudo isso interessante, pois o Julgamento é uma carta kármica e costuma indicar um novo começo, com as lições do passado já aprendidas. Ele pode prosseguir de maneira mais positiva, livre das coisas que antes poderiam restringi-lo. Como bônus, ele também ficou mais sábio e mais informado graças às suas experiências. Ele disse que isso certamente é verdade, mas que foi um período de provações.

A Âncora

Área do Trabalho: A Sacerdotisa
Tema Central: O Carro

Pareceu relevante passar para a área do trabalho da Âncora. A Sacerdotisa representa informações que ainda não são conhecidas, mas que ao serem reveladas serão benéficas. Expliquei que poderia haver aspectos de sigilo relacionados com essa carta, embora normalmente não sejam negativos. Michael disse que ainda não sabia disso, mas certamente esperava que as coisas se tornassem mais positivas. Achei intrigante a forma como ele formulou a frase, mas passei para a carta central, o Carro, uma carta que sugere que ele está e estará trabalhando muito no futuro próximo. Entretanto, se ele conseguir manter sua carga de trabalho, deverá superar quaisquer obstáculos. Michael disse que essa era uma ótima notícia.

A Tiragem da Vida

Área Pessoal: Dois de Espadas, Rei de Ouros, Oito de Espadas, Nove de Copas

O Dois de Espadas foi a primeira carta da Tiragem da Vida, e por isso perguntei a Michael se ele estava se sentindo numa situação de impasse. O Rei de Ouros estava seguido pelo Oito de Espadas, e eu disse que o impasse poderia estar relacionado com um homem bem-sucedido, envolvido com finanças ou empresas. Aqui, a história de Michael assumiu uma relevância mais profunda e a sugestão das cartas de "estresse" ficou evidente. Ele me disse que havia uma pessoa que se encaixava na descrição do Rei de Ouros, alguém que ele achava que causara muita ansiedade e sentimentos ruins em sua família. Além disso, havia diversas pessoas envolvidas com finanças trabalhando no encerramento da empresa original, e até eles lhe apresentarem um relatório, ele não sabia qual seria sua posição ou se as coisas poderiam ficar ruins. Michael estava sorridente e positivo, mas esfregava constantemente os dedos na testa, revelando estresse e preocupações íntimas. Eu já tinha assimilado as cartas da área do trabalho com relação àquilo que ele estava me contando, e todas as peças se encaixavam, com destaque para o Oito de Espadas na área pessoal e o Nove de Espadas na área do trabalho sublinhando seu estado emocional e sua causa.

Disse-lhe que havia boas indicações de melhora na leitura e que eu iria falar delas à medida que avançássemos. Primeiro, fiquei contente em dizer que a situação pessoal relativa às suas finanças deveria ter um resultado favorável. Com a carta dos "desejos" (o Nove de Copas) no final dessa situação, a sugestão foi que o futuro reservava um resultado positivo, com o qual ele ficaria feliz. Isso também poderia se aplicar à outra pessoa que ele mencionou. Contudo, levando em conta todas as outras cartas à nossa frente, nenhuma das cartas que esperaríamos ver representando problemas e perdas pareciam estar à vista. Michael disse que essa era uma notícia muito boa!

Se estivéssemos contemplando resultados menos felizes, como Michael receava, eu esperaria encontrar cartas como o Cinco de Ouros, o Dez de Espadas, a Morte ou a Torre nas posições futuras. As questões envolvendo a matriz da empresa ainda não tinham sido encerradas, o que também poderia explicar por que nenhuma dessas cartas aparecia nas posições passadas, apesar de esses eventos terem ocorrido apenas nos últimos meses.

A Tiragem da Vida

Área do Trabalho: O Enforcado, Dez de Paus, Nove de Espadas, Nove de Paus

A Âncora

Área Central: O Carro

Área dos Desejos: A Torre

Expliquei que as cartas da área dos desejos revelavam um tema similar ao da área pessoal de Michael, o que não é incomum, tendo em vista a situação que ele descreveu e como a maior parte de sua atenção atual relaciona-se com ela.

O Enforcado é muito parecido com o Dois de Espadas, pois mostra que ele deve estar sentindo que sua vida está em suspensão. Michael disse que as coisas são difíceis pois o resultado poderia afetar de modo significativo suas futuras atividades empresariais e seu modo de vida; ele só queria dar prosseguimento às coisas, mas se sentia incapaz de fazê-lo enquanto a empresa anterior não estivesse encerrada. Observei que a Torre, na posição dos desejos da Âncora, refletia claramente esse desejo.

No entanto, voltando ao Enforcado, eu também analisei o lado mais positivo, revelando que ele recuou um pouco e reavaliou os problemas. Agora, ele estava olhando para as coisas sob uma perspectiva diferente, a fim de compreender melhor sua posição. Essa carta também fala de sacrifícios feitos a curto prazo para se obter algo mais benéfico no futuro. No caso de Michael, o sacrifício parece ter sido a dolorosa decisão de ter de abrir mão da velha empresa para conseguir se concentrar no novo caminho à sua frente.

O Dez de Paus mostra o fardo que ele sentiu que estava carregando com o Nove de Espadas — as preocupações que o cercavam. Com o Nove de Espadas na posição central e o Oito de Espadas na posição central de sua área pessoal, expliquei-lhe que ele poderia ter alguns pequenos problemas pela frente antes que essas preocupações o deixassem. Entretanto, há luzes à frente na estrada. O Nove de Paus informa que ele não deve desistir, por mais cansado que possa se sentir, pois geralmente essa carta representa a última barreira a ser transposta para se atingir um objetivo. Essa carta já deve estar dobrando a esquina, por assim dizer, e basta ele reunir suas reservas para dar esse impulso final.

De diversas maneiras, o Nove de Paus e o Carro se reforçam mutuamente com uma mensagem repetitiva: é preciso coragem e determinação por parte de Michael, mas ele poderá vencer com sua persistência. Como o Carro é a carta central da Âncora, isso tende a reforçar a mensagem. A estrada talvez seja esburacada, mas pode ser percorrida com segurança caso ele adote a postura correta e se mantenha concentrado na meta à sua frente. Com três noves em cena, as cartas com o penúltimo número dentre os Arcanos Menores, aparentemente se acentua a mensagem de que ele está perto do final. Michael disse que isso é um alívio e sorriu abertamente quando eu lhe disse que o melhor da leitura ainda estava por vir.

A Tiragem da Vida

Área do Lar: Três de Espadas, Cinco de Espadas, Dez de Copas, Rainha de Espadas

Carta-Chave: Os Enamorados

A Âncora

Área do Relacionamento: A Roda da Fortuna

À primeira vista, essas cartas parecem ser um grupo curioso; disse a Michael que o surgimento do Três e do Cinco de Espadas sugere que possa ter havido uma discussão que afetou a família ou causou alguma divisão. O Cinco indica a sensação de injustiça, de sigilo malicioso ou de posturas inadequadas, sem se levar em conta outras pessoas. (Vimos nos estudos de caso anteriores os diversos tipos de atividade que essa carta pode implicar.) Contudo, perto dele temos o Dez de Copas, representando felicidade e satisfação, seguido por uma Rainha de Espadas, uma mulher que eu descreveria como dona de uma grande força interior.

Michael identificou imediatamente essa carta como sua esposa e explicou que sempre tiveram um relacionamento íntimo que proporcionou estabilidade e apoio para ambos, mas que a vida ficara difícil para sua família desde o acontecimento envolvendo o Três e o Cinco de Espadas. Ele me disse que a descrição das duas cartas era bem precisa e relacionou-as a uma situação dolorosa ligada ao trabalho e ao Rei de Espadas. Ele esperava que a situação familiar pudesse ser superada com o tempo. "É importante lembrar", informou-me, "que só queremos seguir em frente, pois não se ganha nada vivendo no passado." Muito sábio!

Tendo em vista a situação que Michael explicou, era possível que esse conjunto de cartas estivesse ligado e devesse ser lido como um grupo. Como a Rainha de Espadas está na posição final dessa área, poderia também indicar que o futuro pode depender de suas ações. Michael me informou que sua esposa também estava envolvida com a matriz da empresa, o que pode explicar a importância dos Enamorados como carta-chave.

A Roda da Fortuna na Âncora mostra que a sorte está do lado dele, com o início de um novo ciclo. Ele deve encontrar algumas indicações positivas em sua vida, conduzindo a uma direção mais favorável no futuro imediato.

A Tiragem da Vida

Área do Relacionamento: O Imperador, Cavaleiro de Ouros, Seis de Ouros, Três de Ouros

Conforme minhas impressões iniciais, foram os dois quadrantes finais da tiragem que me deram a impressão de haver uma linha invisível dividindo a leitura horizontalmente. Até então, toda a leitura de Michael concentrou-se no seu trabalho — e tendo em vista sua situação, não é de surpreender que ele continue a aparecer.

Eu disse a Michael que é aqui que a leitura dá uma clara guinada positiva; de várias maneiras, sinto que estamos seguindo uma linha contínua no resto da leitura, chegando ao futuro.

Como carta-chave dessa área, o Imperador é excelente para questões sobre o trabalho. Mostra liderança, ambição, autoridade e a força para fazer com que as coisas aconteçam. Lógica e razão foram aplicadas, e o Cavaleiro de Ouros mostra a eventual fruição de algo que parece ter se arrastado por muito tempo, sem muitos resultados até agora, apesar de esforços metódicos e persistentes. Michael disse que tem certeza de que isso deve se referir à empresa de chás. Apesar de ter visto melhoras, agora Michael estava com mais tempo para investir totalmente nela, e a empresa começara a dar resultados.

Expliquei a Michael minhas ideias sobre a divisão de sua leitura em duas partes, com a seção superior focalizada nos eventos recentes da antiga empresa e a inferior completamente voltada para a empresa de chás, que é seu principal foco agora e no futuro. Disse-lhe que embora as coisas fossem difíceis depois de todo o investimento pessoal e financeiro na empresa original, ele nunca teria tido tempo para se concentrar totalmente na empresa de chás enquanto a empresa anterior lhe exigisse tempo. Michael disse que isso era verdade e que ele nunca tinha pensado na situação dessa maneira.

O Seis de Ouros sugere crescimento financeiro com generosidade, presentes e compartilhamento como tema central, e portanto as finanças vão começar a melhorar. O Três de Ouros mostra um trabalho de que ele gosta e para o qual tem talento e habilidade naturais, e que vai começar a lhe angariar reconhecimento. Apesar dos maus bocados e atribulações da situação atual, Michael me disse que o conceito da Mad Hatter é bem excitante, e o *feedback* dos visitantes de seu site tem sido excelente.

A Tiragem da Vida
Área do Futuro: Rei de Copas, A Estrela, Ás de Espadas, Cavaleiro de Espadas

Sorri quando disse a Michael que as cartas continuavam a melhorar. A Estrela é uma carta perfeita nessa posição, e fiquei contente por poder dizer isso a ele, como tudo o mais que eu esperava conseguir transmitir a ele em sua posição atual. Assegurando e prometendo melhores momentos no futuro, a Estrela informou que ele deveria ter fé, otimismo e esperança para o futuro.

O Ás de Espadas mostra energia adicional para a situação, sendo aquele que sempre considero como o "ás escondido na manga", pois ele indica muito apoio para o querente. Não importa o que a vida traga, ele sempre vencerá no final se essa carta estiver do seu lado. Força e triunfo sobre as adversidades são indicadores básicos do Ás de Espadas, e, com o Cavaleiro de Espadas na sequência, eu sugeriria que assim que as coisas mudarem, elas o farão rapidamente, pois esse Cavaleiro introduz considerável velocidade na equação. Disse-lhe que deveria se preparar, pois quando os eventos começassem, a sensação seria alucinante. Michael pareceu bem mais contente do que quando começamos e ficou absolutamente encantado com essa notícia.

Mostrei o Rei de Copas e falei da natureza afável desse personagem. Michael estava certo de que seria um velho amigo que fora muito útil e o apoiara ao longo do período mais difícil. Como o Rei estava numa posição futura, disse que Michael talvez ainda não o conhecesse, mas que certamente ele teria algum impacto sobre as cartas relacionadas com o futuro. Como o Rei de Copas pode ser um tipo criativo e está logo antes da Estrela, eu ri e disse que seria interessante se ele fosse o Johnny Depp! Michael me garantiu que iria mandar-lhe uma caixa de Mad Hatter Tea de presente e rimos muito. Piadas à parte, eu disse a Michael que o recente lançamento do filme *Alice no País das Maravilhas*, com Johnny Depp, era um extraordinário golpe de sorte do tempo, e que certamente não deixaria de criar um oportuno aumento de interesse pela Mad Hatter Tea Company.

A Âncora

Futuro Imediato: O Diabo

Futuro: A Lua

Deixei propositadamente essas duas cartas para o fim, pois a leitura de Michael já tinha vários fatores de estresse na seção anterior. Com tantas indicações positivas para o futuro, eu não quis estragar seu humor. Achei que haveria uma ligação com a Sacerdotisa na área do trabalho e com as três cartas juntas, senti que havia elementos de sigilo que ainda seriam revelados, mas que seriam benéficos para Michael. Nada mais havia para ser dito ali, e, como acontece na maioria dos casos e circunstâncias, havia mais coisas acontecendo sob a superfície do que pudemos enxergar, como a Lua nos diz claramente. Contudo, com essa carta na posição final, eu tive a certeza de que os fatos sobre aquela situação seriam revelados no decorrer do tempo.

Em suma, lembrei a Michael que embora parecesse haver um breve período no qual as atuais circunstâncias e a sensação de peso e de preocupação ainda estariam presentes, o futuro mostrava que sua situação ia começar a clarear. Ele precisava manter-se focado e com a mente fixa em seu caminho, continuando a trabalhar bastante e mantendo-se positivo — as circunstâncias iam começar a mudar e a ganhar impulso. Embora os resultados da leitura pudessem levar até um ano para se manifestar claramente, deveriam começar a surgir numa questão de meses.

Michael me disse que a leitura fora muito esclarecedora e que se sentiu mais feliz e aliviado diante do que as cartas lhe mostraram.

Perguntei a Michael se havia mais alguma coisa que ele gostaria de saber. Ele me disse que havia só mais uma pergunta que gostaria de fazer: "Qual o futuro da Mad Hatter Tea Company?" Recolhi as cartas da Tiragem da Vida e passei o maço para Michael embaralhar, pedindo-lhe para se concentrar na pergunta.

Tiragem adicional: Cruz Celta

É difícil deixar de notar os quatro dez; como última carta numerada dos Arcanos Menores, eles representam uma conclusão e um período de transição entre uma fase da vida e outra. Como os quatro estão presentes, indicam que isso se aplica a todos os setores da vida. Tendo em mente a história de Michael, foi interessante vê-los diante de nós.

O Dez de Copas que atualmente o cerca sugere a importância do relacionamento na situação ligada ao trabalho. Como o Dez de Paus é a história por trás da primeira carta, ele mostra a sensação do fardo representado pelos assuntos da empresa anterior e o efeito que ele exerceu sobre a posição atual. Perceba que o Rei de Ouros está equilibrado com o Dez de Paus, fonte das preocupações e "fardos" de Michael. Entretanto, como carta que cruza o Três de Ouros é favorável, relacionando-se com o trabalho sendo feito na nova empresa.

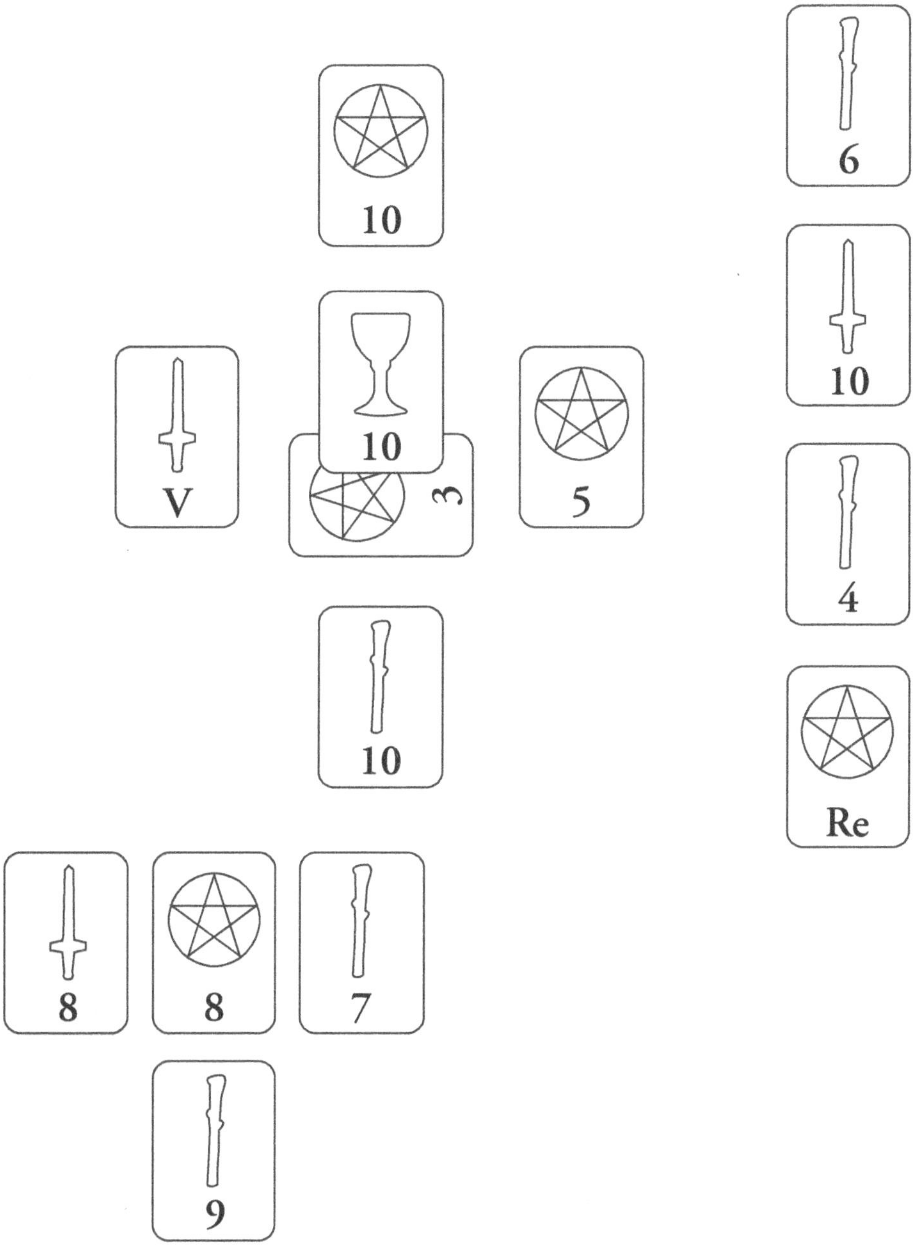
6
10
10
V
10
3
5
4
10
Re
8
8
7
9

Como passado mais recente, o Valete de Espadas pode representar atrasos ou notícias desapontadoras, ou possíveis problemas com crianças. Os dois dez equilibrados nas posições dos pensamentos que prevalecem (posição 5) e esperanças (posição 9) lembram-nos dos receios de que Michael falou antes, a estabilidade do lar e da família. Lidos separadamente, porém, o Dez de Ouros indica os pensamentos que prevalecem — uma carta boa, forte e positiva, sintonizada com aquilo que ele pretende realizar.

Até agora, sinto que as cartas refletem bem a situação que discutimos na leitura anterior, e, apesar de o Cinco de Ouros nos mostrar que as coisas ainda podem estar difíceis no que diz respeito às finanças no futuro próximo, as indicações a longo prazo são boas. Como portador de boas notícias, o Seis de Paus deve trazer vitória, recompensas, realizações e reconhecimento. Na posição 8, o Quatro de Paus significa que outras pessoas considerarão estável sua posição. Michael ficou encantado e me disse que isso era muito estimulante.

Como informação de fundo, o Leque do Tarólogo foi bem claro, proporcionando uma recapitulação da principal leitura original. Agora que conhecemos as circunstâncias da vida de Michael, podemos perceber quão bem elas se encaixam no lugar. Vemos a preocupação do Oito de Espadas, o novo trabalho do aprendiz no Oito de Ouros, o Sete de Paus representando a coragem de defender as crenças e os ideais de coisas que são importantes para ele e a determinação exigida pelo Nove de Paus para enfrentar tempos difíceis.

Michael me disse que gostou muito da leitura, e então, com um apropriado floreio, o Chapeleiro Maluco mostra uma caixa de chá, assume a minha cozinha e me apresenta uma deliciosa xícara. "Comemorando", diz ele, "um desaniversário muito feliz." Bebemos a isso!

Resultados e *feedback*

Quatro meses depois

Essa foi a primeira vez em que Michael e eu tivemos a chance de conversar desde a sua leitura. Contudo, o momento dessa reunião foi muito bom, pois a maioria dos resultados tinha ocorrido recentemente.

Michael pareceu muito mais feliz e à vontade do que da última vez em que nos vimos, e disse que as coisas estavam começando a parecer promissoras. Ele esteve alucinado, promovendo a empresa e indo a reuniões com possíveis clientes. A marca Mad Hatter mostrou-se fenomenalmente popular, atraindo muitos seguidores e criando uma base de consumidores no mundo todo para o site e a loja *on-line*.

Além de comerciantes independentes e especializados, ele começou a tratar com uma sofisticada cadeia de lojas de departamentos e também com o National Trust (que mantém edifícios históricos abertos à visitação no Reino Unido), ferrovias e companhias aéreas. Como resultado dessas reuniões, ele estava se sentindo particularmente satisfeito pelo fato de sua empresa ter assinado um contrato de vulto com uma rede de ferrovias alguns dias antes. Isso resultou em atividades razoavelmente urgentes, pois o pedido exigia xícaras com marcas especiais e produtos associados. Michael disse que já tem tudo à mão, que a produção aumentou conforme já se esperava e que o negócio está muito estimulante. Ele chegou a ser consultado por uma empresa importadora chinesa que adorou o conceito do Chapeleiro Maluco. Isso lança uma luz totalmente nova sobre o ditado, "vender chá para a China"* — um belo elogio!

Com certeza, esses eventos se encaixam bem com a área do futuro da Tiragem da Vida. Quando lhe perguntei sobre o Rei de Copas, ele me disse que seu amigo investiu em sua empresa e tornou-se acionista, o que foi imensamente útil. Isso também parece refletir o Seis de Ouros na área do amor. De modo geral, as coisas estão começando a acontecer.

---

* Expressão equivalente à nossa "vender geladeiras para esquimós". (N. do T.)

Michael me disse que foi um período difícil, mas que o futuro parecia promissor e que ele está gostando muito do seu trabalho, que é pessoalmente excitante, pois há muitas áreas de produtos correlatos que ele pretende abranger com seu conceito.

Quando lhe perguntei sobre a situação com o Rei de Ouros, ele explicou que as questões ligadas à empresa anterior ainda não tinham se encerrado e que não tinha muita certeza de quando isso iria ocorrer, embora acreditasse que não tardaria muito. O outro Rei de Ouros (que ele mencionara e ao qual havia associado a carta) apareceu na sua casa, e com isso os problemas entre ambos foram esclarecidos. Assim, parece que a Sacerdotisa, o Diabo e a Lua foram cartas precisas nesse sentido, pois lançou-se alguma luz sobre diversos assuntos. Michael ficou feliz por poder fechar a porta e se afastar do passado, firmemente focado no futuro.

Cinco meses depois

Michael conseguiu vários contratos de vulto para a empresa; as coisas estão mesmo ganhando fôlego. Além disso, ele acabara de receber notícias muito boas do Rei de Ouros, que estava encerrando as atividades da antiga empresa — e assim, pareceu que essa carta da corte mostrou-se precisa para ambas as pessoas e situações às quais estava ligada. As finanças melhoraram e de repente o futuro pareceu muito mais luminoso do que em nossa primeira leitura.

Fiquei muito feliz por saber que as coisas estavam indo bem e percebi nitidamente a diferença em Michael com relação à última vez em que nos vimos. Estou certa de que ouviremos mais notícias da Mad Hatter Tea Company no futuro. Você pode acompanhar o resto da história de Michael e de sua empresa e divertir-se com seu site: www.madhattertea.co.uk.

Nas palavras do próprio Michael

Na época da minha leitura, eu tinha acabado de me dar mal com um negócio, ganhara muito dinheiro e o perdera. Fui muito descuidado! Culpei-me por não ter percebido que minha confiança fora mal depositada. Ao perder a empresa que eu tinha criado do zero ao longo de vinte anos, senti-me em meio ao caos.

Josie me disse que havia esperança e perspectivas favoráveis no horizonte, mas eu não tinha tanta certeza! Ela também fez algumas previsões bem precisas sobre minha antiga empresa.

O faturamento do ano anterior inteiro foi superado nos três primeiros meses de atividades deste ano. Com uma empresa autônoma e sem as limitações impostas por outras associações, voltei, para construir novamente um nome desde o princípio. Eu precisava de instalações, de um veículo, um escritório etc. Fui visitar um velho amigo e criamos um plano para tocar o negócio. Agora com tempo para me concentrar plenamente na Mad Hatter, tudo começou a dar certo quase que na mesma hora.

Lancei-me na Mad Hatter Tea e agora estou trabalhando de graça. Foi uma decisão natural do negócio, mas em três ou quatro meses, estarei tirando quase tanto quanto recebia antes da crise da minha empresa anterior. Conseguir isso num prazo tão curto não é nada menos do que um milagre! Estou mais contente com meu trabalho agora do que cheguei a estar em anos.

Enquanto o livro está sendo preparado, estamos com diversos clientes nacionais de alto nível e outros novos devem aparecer neste mês. Além de diversas redes de lojas de gastronomia e delicatessens *inglesas, fornecemos também para castelos, pontos turísticos e o National Trust. Nosso site tornou-se bem popular, com muitos visitantes internacionais. Além disso, acabamos de fechar um contrato de fornecimento para uma importante empresa ferroviária que vai, na verdade, mais do que triplicar nosso faturamento.*

Em minha leitura com Josie, as cartas disseram tudo que escrevi aqui. Minha confiança voltou, e creio que a confiança é baseada no tijolo ético de construção do sucesso. Estou começando a acreditar que ela está certa e que meus resultados serão positivos. Deseje-me boa sorte!

Dicas da taróloga

Cartas numeradas que aparecem diversas vezes

Cartas que têm o mesmo número e que aparecem diversas vezes podem proporcionar mais uma camada de informação além de sua interpretação individual. Se você conhece numerologia, astrologia ou faz associações com elementos, pode aplicá-las como outra camada sobre a tiragem original para obter mais informações. Você também pode aplicar suas próprias interpretações.

Você pode ver como importante a repetição caso haja três ou quatro cartas do mesmo número na tiragem. Mesmo que não aplique todos os números repetidos em suas leituras, saiba que os indicadores mais úteis nesse sentido são os Ases, os Cinco, os Sete, os Dez, os Reis e as Rainhas.

Eis uma lista dos significados que levo em conta atualmente em minhas leituras quando aparecem diversas vezes. Os principais estão destacados em negrito.

- **Ases — inícios e um período de novos começos empolgantes.**
- Dois — continuação, unidade, parceria, equilíbrio.
- Três — progresso inicial, expansão, crescimento.
- Quatro — estrutura e estabilidade.
- **Cinco — desafios e instabilidade.**
- Seis — harmonia e melhorias.
- **Sete — fase de mudança.**
- Oito — número do infinito; fluxo e movimento.
- Nove — penúltima carta, "quase lá", preparação, solução de pendências.
- **Dez — transição rumo à conclusão.**
- Valetes — mensagens externas são importantes.
- Cavaleiros — energia e ação.
- **Reis e Rainhas — indicam que há várias pessoas envolvidas.**

10

A professora de yoga

Jacquelyn Berry é professora de yoga e tem um site que organiza seminários sobre bem-estar e gerenciamento do estresse por todo o Reino Unido. Seus clientes vão de prisioneiros a esportistas famosos e todos entre esses extremos. Ela tem por volta de 45 anos, é divorciada e tem uma filha.

Eu nunca tinha feito leitura para Jacquelyn, mas ela me disse que fizera uma leitura de Tarô antes e que lhe foi útil na ocasião.

Primeiras impressões

- A quantidade de cartas da corte na área do trabalho da Tiragem da Vida.
- Repetição da Estrela na Âncora e na Tiragem da Vida.
- Repetição da Força na Âncora e na Tiragem da Vida.
- Depois, três quatros na leitura, provavelmente levando a uma estabilidade maior.

Já na posição inicial da Âncora, perguntei a Jacquelyn se ela teria passado por um período de introspecção ou de meditação profunda. O Eremita sugeriu contemplação ou a necessidade de se recolher a fim de encontrar um espaço silencioso para se ter acesso a respostas sobre questões vitais.

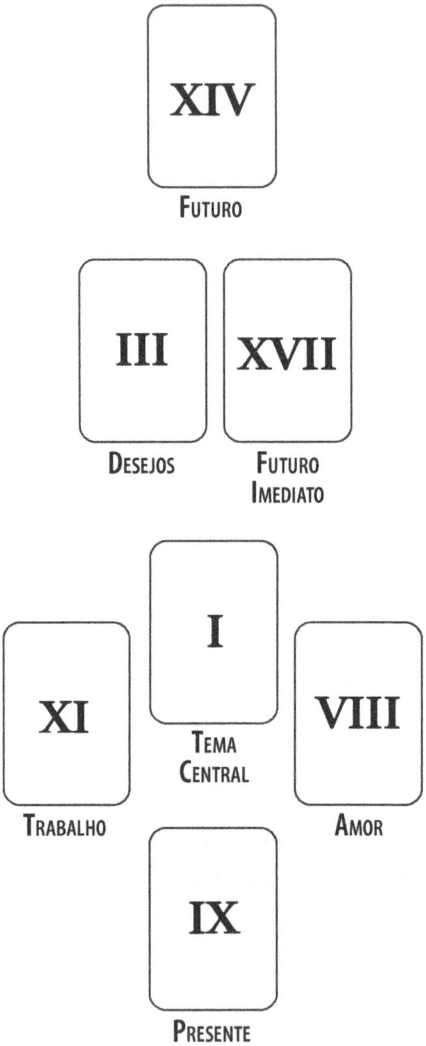
XIV
Futuro
III
Desejos
XVII
Futuro Imediato
I
Tema Central
XI
Trabalho
VIII
Amor
IX
Presente

A professora de yoga — Tiragem da Vida

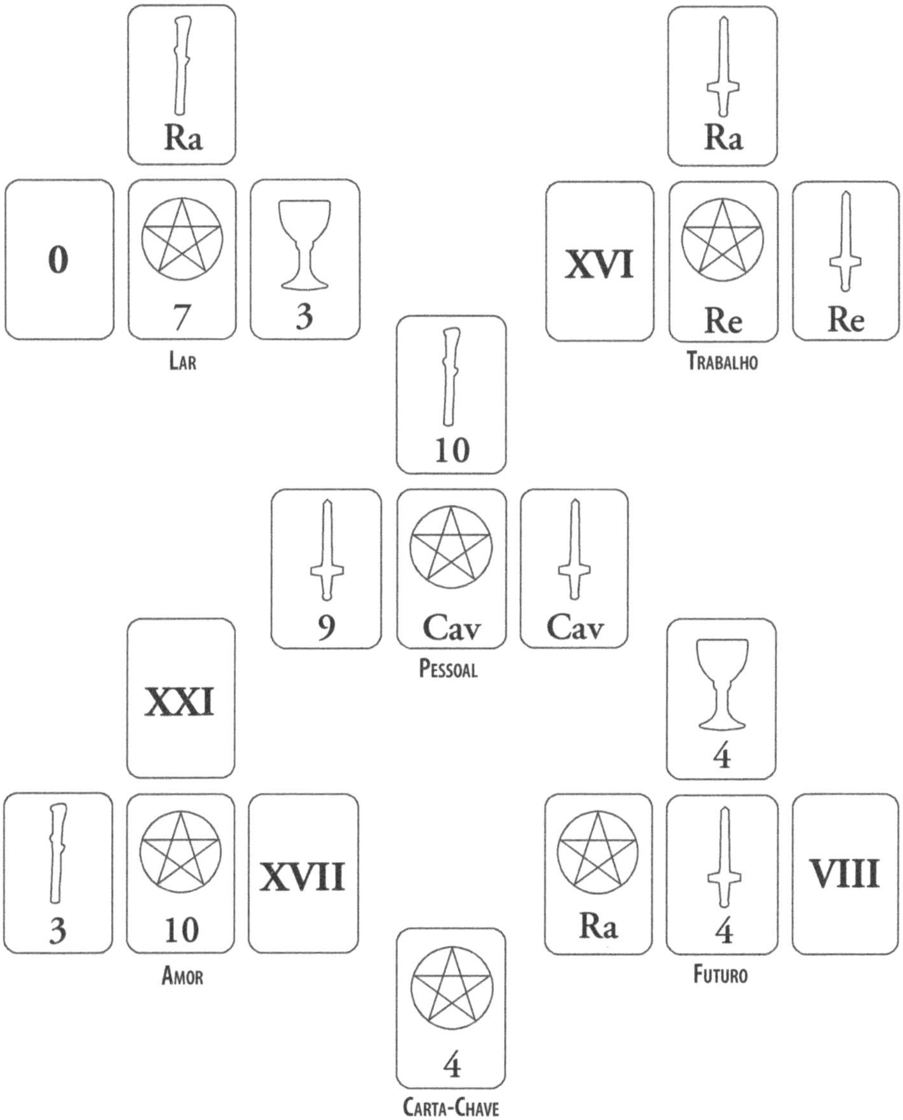

Jacquelyn disse que isso se aplicava a ela, pois vinha praticando bastante a meditação. Eu lhe disse que não podia pensar numa carta melhor para refletir isso, pois a mensagem do Eremita diz que temos em nosso íntimo todas as respostas de que precisamos — só precisamos de momentos de silêncio para nos sintonizarmos com elas.

A Tiragem da Vida

Área Pessoal: Dez de Paus, Nove de Espadas, Cavaleiro de Ouros, Cavaleiro de Espadas

Passando diretamente para a área pessoal da Tiragem da Vida, vemos o Dez de Paus na primeira posição. Perguntei a Jacquelyn se ela estava se sentindo sobrecarregada pelo trabalho ou pela vida em geral — se havia alguma coisa que pudesse estar fazendo com que se sentisse assim. Jacquelyn concordou e eu prossegui com o Nove de Espadas, perguntando se ela vinha se preocupando com isso, de algum modo. Ela disse que não era com nada em particular, mas com as coisas de modo geral.

Como vi o que as cartas estavam indicando no futuro dessa situação, eu quis defini-la com mais clareza, para evitar que Jacquelyn a associasse com alguma coisa que talvez não fosse certa. Além da Torre na área do trabalho (que chamou minha atenção, mas talvez ainda não fizesse parte de sua experiência), não vi nada mais que refletisse essa situação em algum outro ponto da tiragem. Também estávamos bem no começo da leitura — as cartas que víamos poderiam se referir a qualquer outra área da vida, por isso tentei localizá-la com ela.

Expliquei a Jacquelyn que as cartas mostravam que ela estava se sentindo mal e preocupada com alguma coisa, pois era algo da área pessoal, devia ser pertinente a ela de algum modo e que a afetava pessoalmente. Com o Cavaleiro de Ouros na sequência, expliquei que acreditava que isso se referia a algo que já vinha acontecendo ou que ela estivera fazendo havia algum tempo, mas cujos resultados ainda não tinham surgido. Jacquelyn disse que isso podia estar relacionado com alguns seminários que ela estava tentando organizar e com um livro que ela vinha escrevendo nos dois últimos anos.

Disse a Jacquelyn que o Cavaleiro de Ouros sugere que uma situação na qual ela trabalhara metódica e diligentemente, mas cujos resultados ainda não tinham surgido, deveria dar frutos em breve. Além disso, o Cavaleiro de Espadas trazia ao cenário uma energia ágil, e por isso, quando as coisas começassem a acontecer, aconteceriam rapidamente. Dois cavaleiros juntos mostram muita energia ao redor da situação. Logo, embora Jacquelyn pudesse estar se preparando havia algum tempo, disse-lhe que ela deveria se assegurar de que estava pronta para agir, pois do contrário seria surpreendida pela velocidade dos eventos.

A Âncora
Área do Trabalho: A Justiça
A Tiragem da Vida
Área do Trabalho: Rainha de Espadas, a Torre, Rei de Ouros, Rei de Espadas
A Âncora
Tema Central: O Mago

Seguindo o fluxo natural da leitura, passei para a área do trabalho. A Justiça mostra pensamentos equilibrados sendo aplicados às questões, com a possibilidade de contratos e acordos, e por isso perguntei a Jacquelyn se ela teria contratos pendentes relacionados com o trabalho. Jacquelyn disse que, naquele momento, não tinha nenhum. Expliquei que quando a Justiça aparece, ela precisa de um ponto de vista lógico para lidar com seu trabalho e que podem surgir contratos em negócios futuros dessa área.

A área do trabalho da Tiragem da Vida está repleta de gente e, além da Torre, não há outra ação sendo exibida, de modo que as pessoas indicadas pelas cartas da corte devem aparecer de forma destacada. Como é a carta-chave, meu primeiro pensamento é que a influência da Rainha de Espadas já deveria ter-se feito sentir, possivelmente em conexão com a

Torre. Os dois reis seguintes estão se afastando da situação provocada pela Torre, e por isso devem estar isolados ou separados da questão. Isso vai ajudar a entender se Jacquelyn já teve a experiência da Torre e como ela se relaciona com tudo, ou se é algo que ainda está por vir. Sendo a primeira carta do trio, é mais provável que já tenha sido sentida, embora, como vimos em alguns dos outros estudos de caso, isso nem sempre aconteça. Disse a Jacquelyn que aparentemente havia muita gente envolvida, embora eu não visse nenhum evento em particular. Quer ela conheça todas essas pessoas, quer não, elas vão aparecer de forma clara.

A carta central da leitura é uma pista que eu deveria ter percebido desde o início, mas cuja relevância só ficou clara durante a leitura. O Mago costuma estar ligado a questões de trabalho e, como detém a posição central, é o tema central da Âncora. Por mais óbvio que possa parecer, é algo que está ficando mais claro para mim, graças ao fato de ter de mapear e acompanhar cada um dos estudos de caso.

Expliquei a importância da carta do Mago para Jacquelyn (talvez suavizando o golpe de ter de lidar depois com a Torre!). Uma excelente carta para a posição central, o Mago mostra que ela tem todas as qualificações e habilidades para lidar bem com alguma tarefa, levando-a com sucesso a cabo. Para fazê-lo, ela precisa agir e ter iniciativa, aplicar a concentração e a força de vontade, e ter confiança em sua própria habilidade. Como ela está adequadamente satisfeita com a mensagem dessa carta, sigo em frente para lidar com a área do trabalho da Tiragem da Vida.

Descrevi a Rainha de Espadas como uma mulher de personalidade consideravelmente forte e de modos objetivos. É uma pessoa que não receia se expressar e, de algum modo, está ligada à área do trabalho de Jacquelyn ou aparece nela com destaque. Jacquelyn disse que identificava alguém com essa descrição. Perguntei se alguma coisa tinha se encerrado recentemente, alguma coisa pela qual ela não esperava, algo que tenha sido um tanto chocante, possivelmente ligado a essa mulher. Ela comentou sobre duas situações diferentes que tinham acontecido recentemente e envolviam duas mulheres, ambas encaixando-se com a descrição da Rainha de

Espadas. Nos dois casos, os eventos a surpreenderam e puseram fim a seus planos de envolvê-las em futuros negócios. Fiquei aliviada pelo fato de a Torre já ter passado.

Com o Rei de Ouros e o Rei de Espadas rumando para o futuro, disse a Jacquelyn que esses dois homens seriam, de algum modo, importantes em seus negócios. Apesar de não haver nenhuma carta de "ação" nessa área, tínhamos indicadores suficientes no resto das tiragens para mostrar que tudo iria bem, e, com o Mago no centro e passando para a Estrela na Âncora, senti que esses reis seriam benéficos para ela.

Descrevi o Rei de Ouros como um homem que pode ser um empresário de sucesso, seja financeiramente bem-sucedido, seja uma pessoa ligada a finanças; pode ser um proprietário de terras ou alguém que adota uma postura firme e metódica em suas atividades. O Rei de Espadas pode estar ligado a uniformes, à lei ou ao governo. Como personalidade, sua mente é bem ágil e sua aparência é séria. Essas descrições não significaram nada para Jacquelyn naquele momento, e por isso eu lhe disse que, se ela ainda não os conhecia, eles estariam prestes a aparecer e mostrar-se-iam importantes para ela com relação a seu trabalho e atividades.

A Tiragem da Vida

Área do Lar: Rainha de Paus, O Louco, Sete de Ouros, Três de Copas

Outra carta da corte aparece como carta-chave na área do lar. Descrevi a Rainha de Paus como uma mulher simpática e alegre, geralmente muito atarefada e agitada. A Rainha de Paus tende a ser bem prática e simples, e, enquanto a Rainha de Copas ficaria horas ouvindo seus problemas, o modo de a Rainha de Paus ajudar seria tentar *fazer* alguma coisa por você, um dos motivos pelos quais às vezes ela acaba fazendo muitas coisas ao mesmo tempo. Jacquelyn não conseguiu associá-la prontamente a nenhuma pessoa em sua esfera doméstica.

Expliquei que às vezes, quando alguém tem um tema dominante em sua vida, ele vai refletir em outras áreas da tiragem, e, como às vezes ela trabalha em casa, essa pessoa poderia estar relacionada com seu trabalho.

Depois, passei para o Louco e perguntei se teria havido alguma situação recente, completamente nova e inesperada, que pudesse estar ligada à Rainha de Paus. Jacquelyn disse que houve uma situação tal como a descrita, completamente inesperada e ligada a uma mulher com aquela descrição, levando a uma possível oportunidade de trabalho nova e excitante. (Bingo!) Com o Sete de Ouros e o Três de Copas na sequência, disse-lhe que isso parecia viável e deveria dar margem a comemorações. O Sete de Ouros representa a colheita de frutos metafóricos e pode mostrar a culminação de assuntos de forma benéfica em termos financeiros. O Três de Copas fala de abundância, de crescimento, de felicidade emocional e causa de celebrações.

A Âncora

Área do Amor: A Força

Futuro Imediato: A Estrela

Esperanças e Desejos: A Imperatriz

A Tiragem da Vida

**Área do Amor: O Mundo, Três de Paus,
Dez de Ouros, A Estrela**

A Força na área do amor da Âncora é uma carta particularmente poderosa para as mulheres, pois proporciona certo magnetismo. As qualidades femininas como a paciência, a diplomacia e a força interior são sugeridas aqui como um meio de se atingir metas, e não como tendências mais agressivas ou masculinas; a expressão que vem à mente é "charme feminino". Jacquelyn sorriu e me disse que não está se relacionando com ninguém, mas a primeira parte parece precisa, pois ela tem recebido muitas propostas ultimamente. Disse-lhe que talvez a mensagem da paciência fosse importante nessa área, e se ela continuasse a receber esse tipo de atenção, a pessoa certa poderia aparecer com o tempo. A Força é uma boa carta quando o assunto é a atração.

Na área do amor da Tiragem da Vida, o Mundo, como carta-chave, representa realizações triunfantes e conclusões com sucesso. Com o Três de Paus na primeira posição e as cartas que seguem, senti que isso tudo também se relacionava com atividades profissionais. Jacquelyn não conseguiu relacionar-se com essas cartas no momento. Exploramos várias possibilidades que ela sugeriu, mas elas não se encaixaram na escala do Mundo ou na relevância do Três de Paus. Depois de eu descrever as cartas, Jacquelyn concluiu que elas não se encaixavam com nada que estivesse à sua volta no momento. Expliquei então que as cartas estariam proporcionando um empolgante vislumbre do potencial à frente.

O Três de Paus mostra progressos iniciais nos negócios; isso seria suficiente para que ela se sentisse satisfeita com seus esforços, mas continuando a fazer planos para o futuro, valendo-se dos primeiros estágios do sucesso. O Dez de Ouros representa o desfrute do conforto e da segurança, e aponta para ganhos financeiros. O lar e a família também são aspectos importantes dessa carta, geralmente representando de algum modo o lar familiar e sua estabilidade. A Estrela conclui a sequência, trazendo a mensagem de otimismo e fé no futuro e, como carta de esperança, é a luz que orienta desde o horizonte, prometendo e assegurando melhores momentos pela frente. Essa carta tem uma suave qualidade de cura, e pode sugerir ainda reconhecimento público; ambos seriam relevantes para o trabalho de Jacquelyn e aquilo que ela está tentando realizar. Disse que ela já tem a Estrela no futuro imediato da Âncora.

Outro aspecto interessante é que Jacquelyn revelou que antes ela viajava muito a trabalho, inclusive para o exterior (em alguns níveis, o Mundo se encaixaria aqui, embora normalmente eu fosse considerar esse significado como secundário, a menos que aparecesse com outras cartas de viagem reforçando a mensagem). Seu trabalho nunca girou em torno de sua casa, mas no momento ela estava trabalhando lá. Expliquei-lhe que achava que o Dez de Ouros representava a estabilidade de seu lar, e levando em conta as outras cartas, ela deveria pensar em torná-lo sua base e ponto central de suas atividades, pois ao que pareceu seria lá que o sucesso surgiria. Jacquelyn disse que ela também ficaria contente com isso por causa de sua filha.

A Estrela é uma carta interessante para alguém que tem trabalhado com celebridades e clientes famosos. Mais recentemente, Jacquelyn trabalhara com diversos jogadores de futebol de primeira linha na Inglaterra, e talvez isso continue a acontecer. Juntas, as cartas do Mundo e da Estrela são excelentes indicadores de reconhecimento público e de notoriedade.

Como a carta-chave, o Mundo, não está fazendo parte de suas experiências no momento, achei que ela atrairia as outras três, pois a carta-chave é a "atmosfera" ou carta de consolidação da área, representando a culminação de realizações triunfantes para as coisas nas quais ela está trabalhando.

Como essas cartas aparecem na área do amor, achei que embora o trabalho seja o tema importante, ele também leva à estabilidade na vida doméstica encontrada no Dez de Ouros, especialmente com a Estrela como carta final. No momento, ela deve se concentrar em manter uma boa posição na carreira e trabalhar para o sucesso de seus negócios, mas creio que o amor deverá encontrá-la ao longo desse processo. A Estrela e o Mundo na área do amor são duas das cartas mais positivas do Tarô, e o Mundo fala de sucesso pessoal em muitos níveis. Pode não ser imediatamente, mas creio que essa carta também pode indicar a forma pela qual o amor vai entrar em sua vida.

Como se pode perceber, não há Ás de Copas ou outras cartas de relacionamento nas tiragens, mas isso não significa que sua vida será desprovida de relacionamentos — simplesmente, não são o foco principal do momento. No entanto, com cartas como a Força, o Dez de Ouros, a Estrela *e* o Mundo aparecendo nas áreas do amor, tenho certeza de que o amor aparecerá no horizonte em algum estágio do futuro próximo.

Passando para a seção de esperanças e desejos da Âncora, vi a Imperatriz e perguntei se um relacionamento afetivo sério ou um casamento seriam coisas que ela deseja muito. Jacquelyn disse que sim, mas acrescentou que precisaria ser com o homem certo, alguém que ela acha que ainda não conheceu. Como também é a carta da maternidade, pode refletir desejos que ela tem com relação à filha, indicando como esta é importante. Jacquelyn disse que isso é especialmente válido para uma mãe solteira.

A Tiragem da Vida
Área do Futuro: Quatro de Copas, Rainha de Ouros, Quatro de Espadas, A Força

A Tiragem da Vida
Carta-Chave: Quatro de Ouros

À primeira vista, as cartas finais podem parecer um anticlímax depois de indicadores tão excitantes. O Quatro de Copas pode mostrar uma retração devida a uma falta de interesse ou de entusiasmo, e às vezes pode lembrar que não se deve desperdiçar uma oportunidade devido a esse estado de espírito. Como lidera o trio, a Rainha de Ouros parece importante aqui; pode ser uma empresária de sucesso, dona de imóveis ou terras, e/ou uma mulher rica; alternativamente, pode indicar uma possível ligação com as finanças ou profissões ligadas à terra. No que diz respeito à personalidade, ela costuma ser metódica em suas atividades, organizada, prática e realista. Jacquelyn conhece duas pessoas que se encaixam nessa descrição. Entretanto, como essa carta está na área do futuro, expliquei que era possível que ela ainda não tivesse conhecido a pessoa.

Senti que havia algumas possibilidades nessa área: com o Quatro de Espadas na sequência, elas poderiam estar falando de uma retração, pois essa carta pode simbolizar um período inativo, um tempo para repouso e recuperação de energias, ou para colher recursos antes de prosseguir. O aspecto da retração poderia ecoar um sentimento encontrado no Quatro de Copas. Sugeri que o Quatro de Copas poderia mostrar uma oportunidade que lhe seria apresentada pela Rainha de Ouros, mas o Quatro de Espadas aconselhava a não exagerar. Jacquelyn admitiu que ela já teria se prejudicado no passado por causa do excesso de trabalho, embora ela mesma não seja a Rainha de Ouros. (Jacquelyn tem personalidade do tipo Rainha de Copas, além de ser de um signo de água.)

Outra possibilidade é que ela poderia não ter se entusiasmado muito com a oferta da Rainha de Ouros, o que significa que esses quatros representam um elemento de retração ou afastamento de alguma coisa. A Força, como única carta dos Arcanos Maiores, aparece um pouco isolada na posição final, mas traz a garantia da energia interior e a possibilidade de uma posição final mais adequada, talvez sem a situação trazida pela Rainha de Ouros. Como carta da paciência e da determinação, após o Quatro de Espadas, senti que a mensagem era para ela manter o foco e não se deixar desviar. Pode ser que a oportunidade apresentada não chegue no momento apropriado, ou pode ser alguma coisa que Jacquelyn não pode ou não quer fazer, pois talvez não fosse aquilo que imaginava antes. A Força aqui aumenta a paciência e a determinação necessárias para que ela se dedique àquilo que é importante para ela, e por isso não parece haver pressa nesse cenário mais amplo.

Mais um quatro foi encontrado como carta-chave, representando uma pessoa preparada para trabalhar bastante a fim de cumprir suas metas, mas com o lembrete de que às vezes é preciso correr um risco calculado para que as coisas aconteçam. As três cartas quatro da leitura, próximas umas das outras, indicam estrutura e estabilidade, embora as energias com que lidam sejam diferentes. Para mim, como carta-chave, o Quatro de Ouros mostra a capacidade de Jacquelyn para trabalhar muito, mas ela precisa tomar cuidado para não se esgotar novamente em sua caminhada profissional. Esse conselho fecha um círculo no início da área pessoal — o Dez de Paus e o Nove de Espadas — mostrando a tendência a se preocupar e a se sobrecarregar. Jacquelyn disse que, como professora de yoga, está consciente da importância do equilíbrio, algo que ela ensina em seus seminários sobre bem-estar e estresse. Como ela é autônoma, conhece sua tendência a aceitar os trabalhos que lhe são oferecidos, pois preocupa-se com as contas dos meses vindouros e, com isso, às vezes tende a trabalhar demais.

Tendo em vista o potencial de sua leitura, expliquei que via como seria fácil para ela seguir a direção indicada em sua área do futuro caso ela continuasse a aceitar mais trabalhos. No entanto, espero que a leitura tenha proporcionado *insight* e confiança suficientes para que ela consiga encontrar seu próprio ritmo, em vez de sair feito louca e se esgotar; será útil ela perceber seus próprios ciclos. Jacquelyn concorda que às vezes precisamos de lembretes externos sobre coisas que já sabemos. Concordei com ela — como isso é verdade!

A Âncora

Área do Futuro: A Temperança

Como se tivesse sido chamada, a Temperança proporcionou um excelente encerramento para a leitura, como carta de cura e de emoções equilibradas. Ela fortaleceu ainda mais a mensagem da paciência e lembrou Jacquelyn de que deveria aplicar a moderação. Essa bela carta traz harmonia; o anjo mescla pacientemente fogo e água, produzindo a mistura do alquimista, uma poderosa bebida de energias perfeitamente equilibradas e combinadas. Jacquelyn achou que era uma carta maravilhosa para sua carreira, e disse que incorpora muito daquilo que ela procura ensinar, aprender e realizar. Ao compartilhar, ela almeja enriquecer a vida de outras pessoas.

Tendo concluído a leitura e resumido os detalhes, perguntei se havia mais alguma coisa que Jacquelyn gostaria de saber. Ela disse que, julgando pela leitura, seu yoga realizaria mais do que ela imaginava, e por isso quis saber mais sobre isso. Formulamos a pergunta desta maneira: "Qual é o futuro de minha empresa de yoga?"

Tiragem adicional: Cruz Celta

É difícil deixar de perceber a Estrela no final desta leitura. Olhando as outras cartas, vi que as coisas pareciam normais, mas fiz a leitura desde o início, como sempre — só por precaução.

Na posição atual, o Oito de Ouros parece preciso como a carta do "aprendizado", pois Jacquelyn está desenvolvendo e construindo seu negócio. Como carta que cruza, o Cavaleiro de Paus representa uma mudança de residência, o que se ajusta bem com o contexto, pois ela mudou o centro de atividade profissional para a sua casa. Mas essa carta também pode se conectar a uma viagem longa (e veja ainda o Seis de Espadas, que mostra como as outras pessoas a estão vendo — um possível reforço dessa interpretação, sugerindo viagens distantes).

Na terceira posição, o Dez de Paus, com sua mensagem de fardos pesados, mostra que às vezes Jacquelyn se sente sobrecarregada no desenvolvimento de seu negócio. Levando em conta nossas interações anteriores na leitura principal, concordamos que o significado dessa carta está bem aplicado. O Valete de Copas, que representa boas notícias na esfera emocional, amplia essa interpretação. Como disse Jacquelyn, quando ela recebe um novo trabalho, fica excitada e animada, mas depois se deprime com a carga excessiva — é nesse ponto que ela precisa cuidar de seu próprio equilíbrio. Cartas muito apropriadas para o histórico de sua situação, não acha?

No passado mais recente, o Dois de Copas mostra um relacionamento íntimo e harmonioso; perguntei-lhe se havia algum motivo para essa carta aparecer ali. Jacquelyn me disse que foi um relacionamento que terminara havia pouco tempo, mas a amizade persistia.

A Rainha de Espadas estava nos pensamentos de Jacquelyn que prevalecem. Tendo visto antes a descrição dessa personagem, não achei que fosse a mesma pessoa ligada a Jacquelyn na Tiragem da Vida. A outra Rainha de Espadas parece ter exercido sua energia em relação com a situação da Torre, algo que já aconteceu.

Na nona posição, o Dois de Ouros pode proporcionar mais *insight*, pois mostra alguém lidando com sucesso com mais de uma coisa ao mesmo tempo. Seria o yoga e os seminários? É possível que essa senhora esteja ligada aos pensamentos de Jacquelyn sobre o futuro, pois relacionam-se com essas coisas. Ela confirmou que havia outra pessoa que ela poderia associar com essa carta, alguém que ela pensara em convidar para ajudá-la a

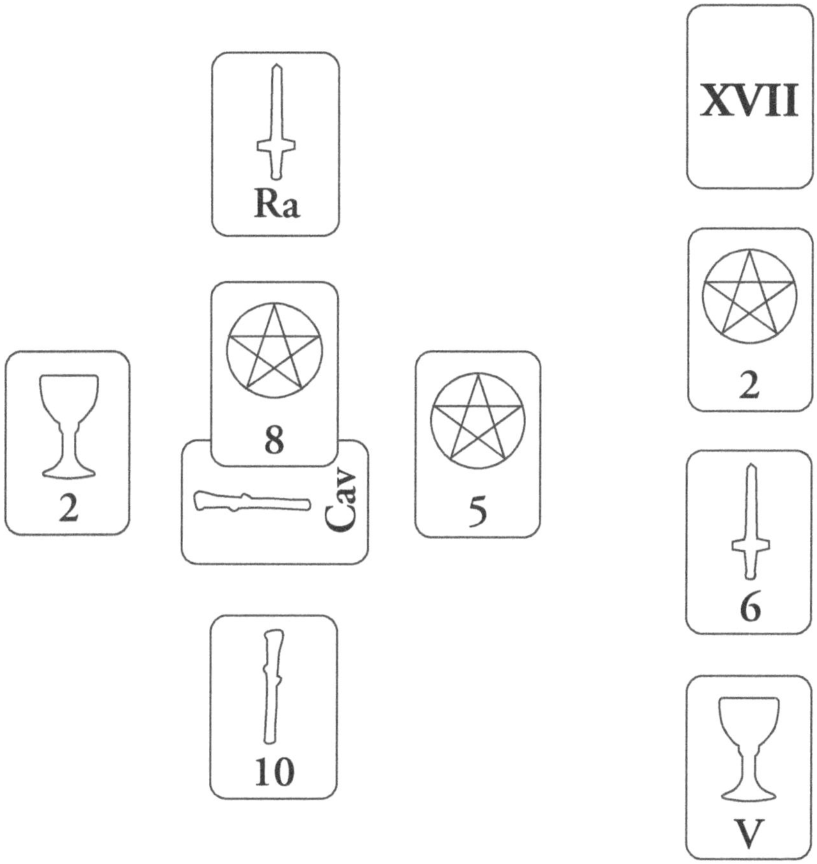
XVII
Ra
2
8
2
Cav
5
6
10
V

administrar os seminários. A possibilidade era boa, embora Jacquelyn pareça conhecer um bom número de mulheres que se encaixam na descrição de "forte por dentro, sem medo de se manifestar, defensora dos fracos e...". De repente, veio à luz. Acontece que ela também estava sentada diante de outra pessoa que se encaixava na descrição. Jacquelyn tinha acabado de começar a dar aulas de yoga na minha academia (justamente no dia anterior), motivo pelo qual eu lhe perguntei se ela gostaria de participar deste livro! Nós duas começamos a rir.

Prosseguindo, o Cinco de Ouros na sexta posição pode representar perdas financeiras, embora esteja cercado por cartas positivas, o que me faria optar pelo significado de possíveis problemas financeiros, mas também com a mensagem de não deixar de aproveitar uma oportunidade. Como o Cinco leva à Estrela, sugeri que estão dizendo que ela pode não ver muito retorno financeiro no início. Ver o Cinco ao lado da Estrela ajuda em termos visuais, pois eles transmitem bem uma mensagem combinada. A Estrela é *o* lembrete para termos esperança no futuro e não perdermos de vista nossos sonhos; além disso, é uma carta de cura (excelente para o trabalho de Jacquelyn) e pode trazer o reconhecimento do público. É importante enfatizar que a Estrela apareceu em três ocasiões, pois ocupa a posição do futuro imediato da Âncora e também apareceu na Tiragem da Vida.

Na oitava posição, o Seis de Espadas mostra como outras pessoas veem a situação, mostrando que ela está saindo de águas turbulentas e começando um período mais calmo. Pode também representar uma viagem, talvez longa ou sobre a água, um significado que poderia reforçar a definição do Cavaleiro de Paus.

O Valete de Copas, trazendo boas notícias no plano emocional, é uma carta positiva em sua área das apreensões.

Agora, Jacquelyn está atônita, pois seus primeiros pensamentos foram de que os seminários iriam levar ao yoga; contudo, ela percebeu que o papel deste seria mais importante do que imaginara e perguntou-se se seria a partir do yoga que os outros trabalhos iriam aparecer. Tendo isso em

A professora de yoga — Cruz Celta 2

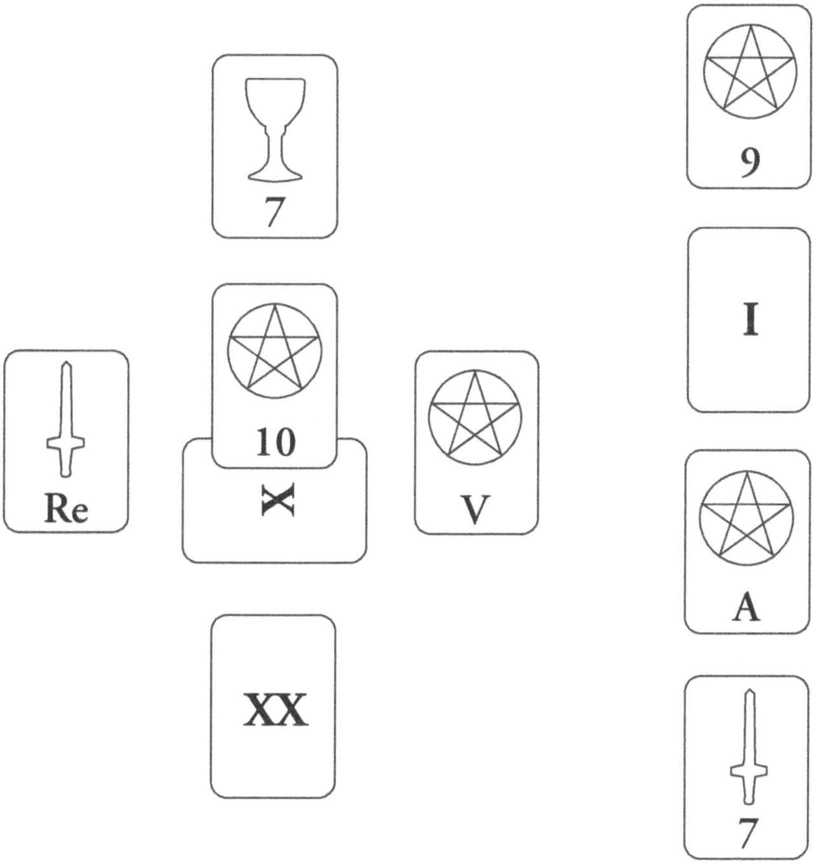

mente, ela fez outra pergunta: "O yoga vai gerar mais trabalho na área dos seminários sobre bem-estar?"

Tiragem adicional: Cruz Celta 2

O Dez de Ouros na primeira posição costuma representar o lar e a estabilidade familiar, e atualmente é a base do trabalho de yoga de Jacquelyn. Como carta que cruza, a Roda da Fortuna mostra uma mudança positiva na sorte, com um novo ciclo começando, no qual terá progresso.

O Julgamento como passado da situação indica um ressurgimento e indica ligações com o passado. Jacquelyn me disse que estava trabalhando num livro e organizava seminários havia anos, e que alguns de seus clientes originais eram da sua região. Ela praticava yoga havia mais de vinte anos e começara a estudar com sua professora também em sua cidade natal. Isso tudo se liga à carta do Julgamento. É interessante observar que o Sete de Espadas, equilibrado na sétima posição, pode representar uma virada inesperada ou uma atenção especial dedicada a alguma coisa. Neste caso, a virada inesperada se encaixa muito bem.

Descrevi o Rei de Espadas como um homem ligado a uniformes, à lei ou ao governo, e perguntei se ela teria lidado com alguém ou com alguma coisa dessa natureza em seu trabalho. Jacquelyn disse que seu livro tinha sido aceito como referência e que agora havia um fundo governamental disponível para empresas que quisessem adotar seu curso. Lembrei que a Justiça na área do trabalho da Âncora pode representar contratos e acordos legais, algo que ela não conseguira relacionar antes. A "ficha caiu", pois Jacquelyn percebeu que estava estudando alguns contratos naquela época. Com o Rei de Espadas no final da área do trabalho na Tiragem da Vida, a indicação é que no futuro deve haver mais trabalho proveniente desse canal.

Nos pensamentos que prevalecem, o Sete de Copas mostra uma situação na qual ela encontra muitas opções possíveis, mas pode ficar confusa quanto a qual delas deve adotar. Jacquelyn disse que isso era válido quanto às suas ideias sobre o caminho a seguir com o yoga ou com os seminários sobre bem-estar, embora ela achasse que a leitura tivesse fornecido informações úteis a respeito. Expliquei que o Mago, que também é a carta central da Âncora, está equilibrada com o Sete de Copas, mas tem uma influência mais forte. O Mago mostra que no futuro ela deve conseguir ter mais confiança em sua capacidade e que deve aplicar sua força de vontade e um esforço concentrado para obter sucesso, sugerindo uma noção mais acurada de direção e mais foco.

Quanto à pergunta de Jacquelyn, o Valete de Ouros parece muito apropriado. Aqui, ele traz boas notícias que devem provocar mudanças positivas, geralmente em conexão com finanças ou estudos. Uma ligação direta com a última carta (o Nove de Ouros, representando ganhos financeiros), indicando segurança material e sucesso financeiro. Muito boa notícia!

Indicando o modo como outras pessoas estão vendo a situação (a oitava posição), vemos o Ás de Ouros simbolizando o livro de Jacquelyn ou a criação de uma empresa com potencial para sucesso material. É uma excelente notícia, tendo em vista sua pergunta. Quando encontramos um Ás nas posições cinco a nove, temos um indicador de tempo. O Ás de Ouros representa o período que vai do início de dezembro e o Nove de Ouros na décima posição nos informa que a nona semana a contar do início de dezembro será, de algum modo, importante para o projeto de Jacquelyn. Como o Ás está na oitava posição, ele também indica que isso pode depender das ações de terceiros e de forças externas.

As três cartas nas posições de "atitude" são variadas. O Sete de Copas não é uma carta muito decisiva para motivar suas ambições, pois fala da indecisão e de se imaginar possibilidades. No entanto, essa carta está equilibrada pelo Mago na nona posição, a de esperanças e desejos. Como Arcano Maior, ele indica que provavelmente ela tenderá para sua direção, representando uma influência muito mais positiva. A julgar por nossa discussão anterior, agora Jacquelyn está ciente disso e já mudou de postura. Um segundo sete na sua área de apreensões totaliza duas cartas sete, o que pode indicar mutabilidade e um ciclo de mudanças. Como carta da fala, do discurso e da diplomacia, pode ser um lembrete para que ela tome o cuidado de lidar com as coisas para que elas sigam a direção que deseja.

Como pode ver, eu não usei o Leque do Tarólogo nestas tiragens da Cruz Celta, uma decisão que cabe inteiramente ao tarólogo. Espero que, fazendo isto, ajude a demonstrar que nem sempre é necessário obter resultados adequados da Cruz Celta. Apesar de o Leque do Tarólogo, em certas ocasiões, proporcionar mais informações de fundo sobre uma situação, no caso de Jacquelyn a tiragem principal concentrou-se quase toda em seu trabalho. Em função de nossas discussões, já havíamos colhido informações históricas suficientes. As cartas no Leque do Tarólogo da primeira Cruz Celta referiram-se a uma situação de fundo específica que não foi relevante para as principais cartas de sua leitura, e ela preferiu que eu não as revelasse aqui.

De modo geral, foi uma leitura muito positiva e que respondeu à pergunta de Jacquelyn, esclareceu suas prioridades e deu-lhe o foco necessário para obter o melhor resultado para seus negócios. A Estrela fez sua aparição numa posição futura em três de suas quatro tiragens, indicando maravilhosas possibilidades à frente.

Jacquelyn ficou encantada com sua leitura. Antes ela considerava o yoga como algo muito agradável mas secundário em certos aspectos, mas agora ela o enxergava como a raiz e a base que estabelece e promove a si mesma e a seus seminários de bem-estar. Mesmo estando associados de maneira inseparável (os seminários contêm muitos aspectos do yoga), a forma de atingir suas metas é o oposto do que ela imaginava antes. Percebendo isto agora, ela vai rever a maneira de planejar seu negócio no futuro.

Resultados e *feedback*

Dois meses depois

Jacquelyn está satisfeita com seus negócios e acabou de receber diversas propostas em rápida sucessão. Ela me disse que, dois dias antes, foi sondada para ir para os Estados Unidos para fazer alguns trabalhos com os militares. Quando lhe perguntei sobre a origem da oferta, ela me informou que fora um oficial que tinha assistido a uma de suas aulas de yoga naquela semana. Como isso se ligava ao Rei de Espadas (um homem de uniforme ou ligação com o governo) que apareceu no final da área do trabalho da Tiragem da Vida, eu disse que deveria ter acontecido alguma coisa importante com outro homem antes desse, o Rei de Ouros. "Sim", respondeu, "eu ia falar dele."

Na semana anterior àquela, antes desse contato de acompanhamento, ela tinha recebido outra oferta de um empresário bem-sucedido que fazia negócios no exterior. Ele estava com uma grande equipe de trabalho em outro país e queria que ela fosse trabalhar com seus funcionários. Jacquelyn lembrou que as duas ofertas originaram-se do trabalho com o yoga na região da sua casa, envolviam ligações internacionais e trabalho no exterior, e envolveriam seus seminários, seu livro e o yoga. As coisas estavam começando a tomar uma bela forma e ela sentia como se tudo tivesse finalmente ganhado impulso (Cavaleiro de Ouros e Cavaleiro de Espadas).

Revendo as leituras de Jacquelyn, várias indicações foram repetidas e se ajustaram muito bem com os resultados que ela estava obtendo.

Três meses depois

Recentemente, Jacquelyn conheceu uma pessoa e as coisas estão indo bem. Como isso aconteceu? Ela o conheceu numa atividade de grupo de sua filha; ele é o pai de uma coleguinha. Aparentemente, o aspecto familiar do Dez de Ouros que levava até a Estrela teve um papel mais significativo do que imaginávamos (área do relacionamento da Tiragem da Vida).

Quatro meses depois

Até agora, tudo parece ter evoluído bem, deixando sem explicação apenas a situação envolvendo a Rainha de Ouros da leitura. Quando perguntei a Jacquelyn sobre isso, ela me informou que teve a possibilidade de se associar de forma diferente aos negócios de uma empresária. Devido a diversos eventos, esses planos foram postergados e acabaram sendo deixados de lado, embora ela afirme que não se preocupou com o fato, pois não houve reflexos em sua atividade principal.

Nas palavras da própria Jacquelyn

Sentia-me numa encruzilhada, e a leitura me ajudou a identificar áreas nas quais prosseguir; o resultado me confirmou coisas que foram muito úteis para mim. Conheci alguém no plano afetivo, alguém que apareceu na leitura. De modo geral, os resultados foram muito otimistas e me estimularam a me concentrar no yoga como base dos meus negócios.

Dicas da taróloga

Gravando as leituras

Alguns tarólogos gostam de gravar a sessão para que o querente possa levar a leitura, ouvindo-a e processando-a depois. Descobri que muitas informações particulares aparecem durante uma sessão, e geralmente não são do tipo que as pessoas gostam de compartilhar, nem querem que as outras pessoas as ouçam inadvertidamente.

Embora eu tenha informado a todos no começo que o gravador estava ligado apenas para que eu pudesse digitar o estudo de caso, e que a leitura seria apagada, em algum ponto da leitura muitos querentes perguntaram, “Isso é confidencial, não é? Ninguém mais vai ouvir isso, certo?”. Antes de discutir qualquer ponto pessoal, eles davam uma olhada no gravador e depois faziam a pergunta. Em todos os casos, foram compartilhadas ou reveladas informações pessoais que o querente não queria que se tornassem públicas. Isso foi revelador, considerando que todos sabiam que a leitura seria publicada e era o motivo para que estivessem ali.

Nunca se sabe o que vai acontecer durante uma sessão de leitura; a profundidade das informações pode ser surpreendente. Você pode oferecer uma garantia de privacidade e um ambiente no qual o querente se sinta mais confortável e relaxado para conversar abertamente com você, caso não grave a leitura, mas, tal como em muitos outros pontos, a escolha é sua. Conheço muitas pessoas que gostam de gravar a leitura, mas foi uma coisa tão evidente nos estudos de caso que achei que valia a pena mencionar o fato, para que você possa avaliar a ideia por si mesmo.

11

A banda de rock

Heaven's Basement é uma banda de rock inglesa com cinco membros, que já se apresentou com Papa Roach, Shinedown e Buckcherry, só para mencionar algumas bandas que talvez você conheça. A banda funciona em tempo integral — a música é sua atividade profissional. No momento, eles não têm uma agenda de apresentações, mas diversas gravadoras já os procuraram.

Eu nunca tinha feito uma leitura para um grupo antes, e me perguntava como poderia fazê-lo, visto que a banda em si é uma entidade com características próprias. Eu precisava da energia de um dos membros da banda para embaralhar as cartas e fazer as perguntas, pois achei que isso traria o melhor resultado. Também quis garantir que a leitura não se relacionaria apenas a um indivíduo. Considerando que o membro da banda seria aquele que manusearia as cartas, como eu poderia ter certeza de que a leitura não iria se referir completamente a situações da vida dele?

Meu plano de trabalho foi usar o membro mais antigo do grupo, selecionando uma carta para significar a banda em si. Com isso, surgiu mais uma pergunta: a carta que eu deveria usar. Como era uma situação diferente para mim, eu não tinha certeza da carta que seria apropriada, e quis tomar o cuidado de não tirar do maço uma carta que seria importante, caso aparecesse na leitura. Nenhuma das minhas interpretações indicava atividades em grupo, e por isso recorri à minha estante para ver o que os outros autores tinham a dizer. No livro de Rachel Pollack, *Tarot Wisdom: Spiritual Teachings and Deeper Meanings*, encontrei a resposta. Pareceu perfeita. Rachel disse que, para ela, atividades em grupo são o tema geral do três. "Logo, o Três de Paus poderia indicar pessoas compartilhando atividades criativas." Nas leituras, a interpretação apresentada dizia, "Energia manifestada, compreender o significado que a energia criativa tem na sua vida. Excitante ação em grupo". Parecia exatamente o que eu estava procurando!

O problema seguinte foi tentar me reunir com a banda. Depois de três meses de apresentações, nossos caminhos se cruzaram apenas duas vezes, e em ambas as ocasiões foi tudo muito rápido. A terceira ocasião foi em um *show* mesmo, pois eles se apresentaram e depois passaram algum tempo conversando com os fãs antes de entrarem na van para seguirem até a próxima cidade.

Eu estava começando a ficar ansiosa com a leitura e preocupada se haveria tempo suficiente para coletar os resultados para o livro, mas quando a leitura aconteceu foi de um modo completamente inesperado e fortuito. Eu conhecia o grupo porque meu filho é o baixista, mas na época ele também era o membro mais novo da banda, e não a pessoa que tínhamos decidido usar. Além disso, apesar de ter crescido entre cartas de Tarô, Rob nunca quis fazer uma leitura — ele sempre dizia que preferia não saber. Quando ele entrou para a Heaven's Basement, percebi que seria uma leitura interessante para ser incluída, e quando conversei com os outros membros da banda, todos foram a favor. Percebendo que eu estava começando a ficar realmente preocupada com o tempo (ou, mais precisamente, estava ficando bem estressada), Rob me surpreendeu ao se candidatar para fazer a leitura em nome da banda antes de saírem para tocar naquela noite. Uau, dois coelhos com uma cajadada só!

Para evitar a confusão com questões pessoais que pudessem aparecer na leitura do grupo, decidi que faria antes uma Tiragem da Vida e uma Âncora para o indivíduo que faria as perguntas em nome da banda. Desse modo, achei que quaisquer problemas ou situações pessoais apareceriam nelas e eu saberia se a Cruz Celta estava mesmo respondendo à pergunta formulada, ou se ainda estava focalizando uma situação importante para o indivíduo.

A intenção não era publicar as tiragens do indivíduo, e sim concentrar-me na pergunta do grupo. Contudo, houve uma área da Tiragem da Vida que não se encaixou na leitura de Rob e apareceu na área pessoal, e sentimos que ela devia estar ligada ao grupo em função das cartas presentes.

A Tiragem da Vida

Área Pessoal

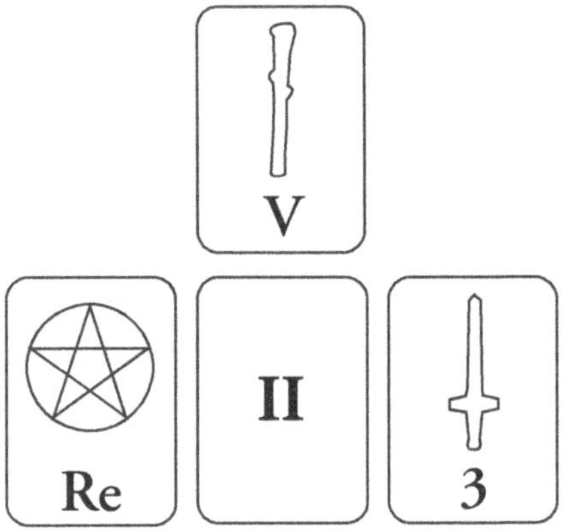

O Valete de Paus sugere que a notícia relaciona-se com o trabalho. O Rei de Ouros não pôde ser localizado (além dos cinco membros da banda, há ainda o gerente, o agente e o pessoal de transportes, do som e do palco a se considerar). A Sacerdotisa indica que há informações ainda desconhecidas e que em breve serão reveladas, resultando em conflitos ou na possibilidade de separação, indicada pelo Três de Espadas.

Expliquei a Rob que a Sacerdotisa costuma se referir a sigilo, embora isso, em si, não seja necessariamente negativo, pois os segredos que ela revela costumam ser benéficos depois de serem conhecidos. Analogamente, embora as notícias possam causar conflito ou alguma forma de separação, nem sempre conduzem a uma cisão total.

Como essa informação estava na área pessoal de Rob, senti que a situação não tardaria a se mostrar, e as cartas pareceram um grupo apontando para um único evento. Parecia que um membro da banda poderia anunciar que queria sair, ou alguma coisa que ele revelasse pudesse gerar um conflito. Por outro lado, poderia ser algo ligado a seu gerente ou agente, pois não temos ideia de quem seja o Rei de Ouros.

A Âncora

Embora a Âncora fizesse parte da leitura pessoal de Rob, há nela alguns pontos que merecem ser destacados e que parecem se relacionar especificamente com a banda. Ele ficou feliz por poder compartilhar esses pontos conosco.

Na primeira posição, o Louco foi muito preciso com relação ao modo como Rob se tornou parte da Heaven's Basement. A oportunidade para uma audição surgiu do nada, e foi completamente inesperada. Quando ele chegou em casa após a audição, a banda informou que ele fora o escolhido, mas ele só teve dois dias para preparar tudo antes de sair numa turnê pela Alemanha — inicialmente, pensamos que ele teria três semanas. Foi uma decisão importante para Rob, pois ele tinha um emprego fixo na ocasião. Com certeza, o Louco levou-o por um caminho completamente novo.

A Imperatriz na área do trabalho também foi muito precisa — sucesso cuidando de alguma coisa até ela dar frutos. Rob havia estudado música na faculdade durante alguns anos, teve aulas com seus tutores e participara de outra banda antes, tendo conhecido a Heaven's Basement no circuito musical.

No cerne da questão, o Hierofante, que pode representar grandes organizações, também foi a carta central em sua área do trabalho na Tiragem da Vida. A Justiça, no futuro imediato, poderia representar contratos.

A Cruz Celta

O Três de Paus foi tirado do maço para ser usado como significador da banda e posto no centro da mesa. Atualmente, eles têm várias gravadoras interessadas no grupo, mas decidiu-se que a questão seria tratada de forma mais ampla para ver o que os esperava, tendo em vista as cartas que indicavam separação. Pedi-lhe para embaralhar o resto do maço enquanto se concentrava na banda e na pergunta, "Qual o futuro da Heaven's Basement?"

A primeira coisa que notei foi que seis das dez cartas eram Arcanos Maiores — algo muito poderoso! A carta da primeira posição mostra aquilo pelo que a banda está passando em relação à pergunta. A Imperatriz indica desenvolvimento e sucesso por meio da atenção e dos cuidados; sendo cruzada pelo Mundo (e já tendo passado os olhos por todas as outras cartas), temos um excelente "filtro" para agir como carta que cruza, e por isso a mensagem é repetida, embora com um pouco mais de força, de que o sucesso será garantido. O Mundo também tende a indicar sucesso que resulta de um longo período de trabalho, e assim podemos ver como essas cartas se complementam mutuamente. Também achei muito interessante o fato de a Imperatriz aparecer, pois geralmente ela representa a maternidade ou os progenitores; todos os membros da banda têm excelente apoio em sua família.

A base da situação, a Roda da Fortuna, indicou as boas oportunidades que acompanharam o trabalho duro da banda, levando-a à sua posição atual. A Roda mostra o começo de um novo capítulo e está bem relacionada com as cartas próximas.

No passado mais recente, o Três de Copas mostra crescimento e abundância, mas também indica que eles deveriam comemorar boas notícias. Rob não conseguiu identificá-las. Algumas coisas boas estavam acontecendo, mas nada que eles tivessem realmente comemorado. Recentemente, haviam sido informados de que o principal grupo de apoio para uma turnê pela Europa com a banda Theory of a Deadman tinha sido afastado e seu agente incluíra a Heaven's Basement como substituta, mas ainda não tinham recebido a confirmação. Embora a banda estivesse animada com as perspectivas, todos sabiam que era apenas uma possibilidade enquanto não viesse uma confirmação. Disse a Rob que eles deveriam ter notícias dentro de uma ou duas semanas, pois a energia dessa carta já estava quase se manifestando.

A carta que prevalece torna-se mais significativa, combinando as três cartas de "atitude": Julgamento, o Nove de Copas e o Oito de Ouros. Lidas em seu nível mais básico, podemos ver o desejo de realização de seus

A banda de rock — Cruz Celta

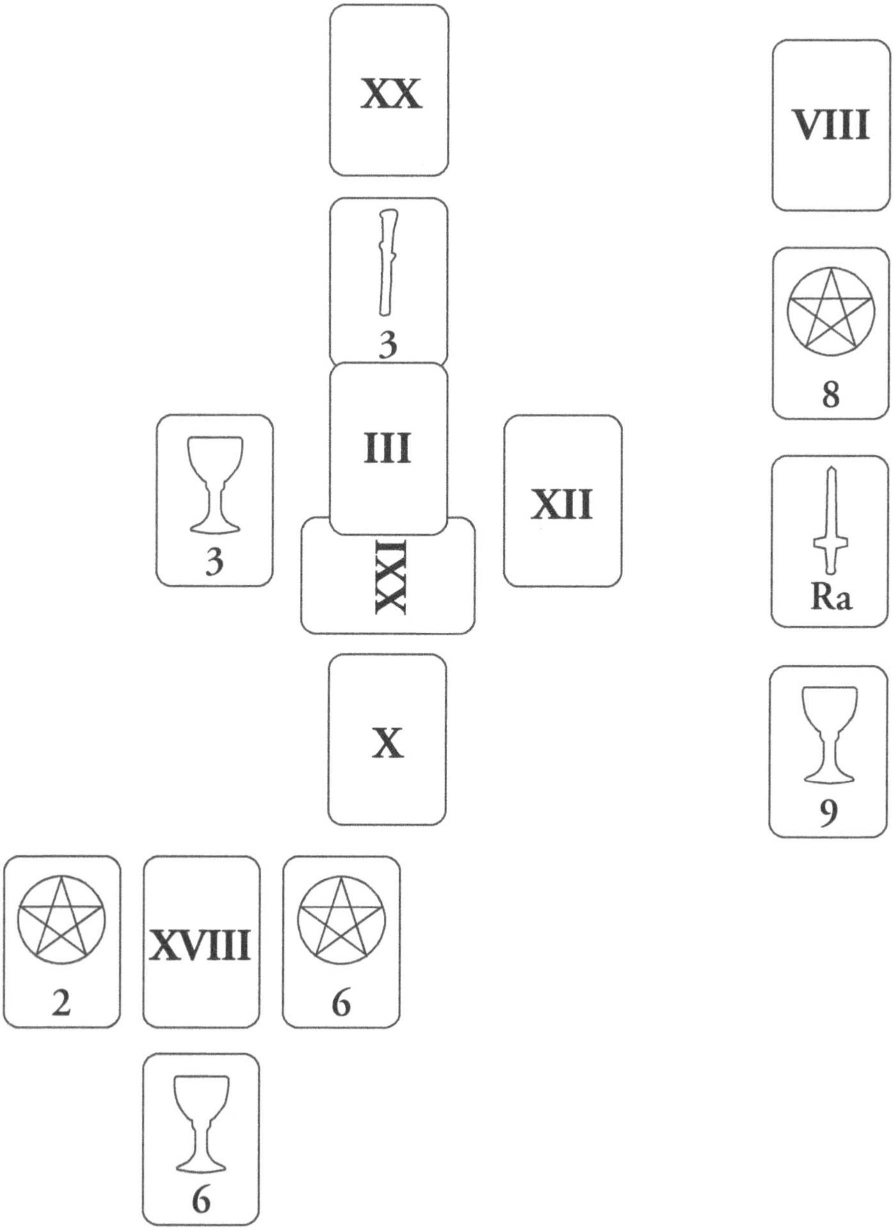

anseios no Nove, aperfeiçoando suas habilidades no Oito e trabalhando com os resultados de sementes plantadas anteriormente — pois a carta do Julgamento costuma ser chamada de "kármica", motivando seus pensamentos e ações.

Aqueles que não estão na indústria da música tendem a pensar que a única meta de uma banda é assinar um contrato com uma gravadora, mas as coisas não são simples assim. Os contratos vinculam as partes, e por isso é importante que os interesses de ambas as partes sejam mutuamente benéficos para suas metas. Há gravadoras que trabalham com gêneros específicos e lidam com seus artistas de forma diferente, e por isso é importante ser contratado pela gravadora certa, na qual se espera que haja uma relação comercial longa, frutífera e mutuamente benéfica.

Expliquei a Rob que o Enforcado na sexta posição, a do futuro imediato, poderia estar conectado à situação que tinha surgido em sua área pessoal, pois ela ainda não tinha acontecido e certamente causaria uma reavaliação. Embora possa sugerir a ideia de que as coisas estão como que suspensas, o Enforcado é a carta do não convencional, que eu achei apropriada, tendo em vista a imagem da banda. Como a carta final ainda é promissora e a leitura está sendo feita pelo filtro do Mundo, expliquei que para mim o Enforcado pode estar lhes dizendo que eles precisam enxergar as coisas sob uma perspectiva diferente a fim de encontrar a solução certa de que necessitam para prosseguir no futuro. Outros sacrifícios podem ser necessários a fim de chegarem aonde querem, e pode ser que, durante algum tempo, sintam como se estivessem estagnados, mas a mensagem importante seria a forma de reverem a situação.

A Rainha de Espadas também é uma carta interessante na oitava posição; seria a parceira da pessoa desconhecida, prestes a fazer uma declaração? Seja quem for, essa mulher tem fortes sentimentos quanto à situação, embora não possamos dizer se isso é positivo ou negativo, pois temos apenas a carta da corte em si. Não seria ilógico pensar que, se um dos membros da banda estivesse prestes a sair, sua parceira teria uma opinião acerca da decisão.

Tudo isso parece muito glamoroso, não é? Estar numa banda de rock, percorrer o mundo com bandas conhecidas e tocar para plateias excitadas. Talvez nossa visão seja distorcida por programas de televisão recentes, com participantes que parecem desejar a fama instantânea. Naturalmente, para os jovens é um estilo de vida excitante, dando-lhes a oportunidade de fazerem aquilo de que gostam, ficando com pessoas cuja companhia é agradável... quando as coisas estão indo bem.

Mas, como tudo que existe, há um lado negativo. Os primeiros tempos para bandas que estão galgando o circuito são bem difíceis. Sua verba é limitada ou inexistente, vivem carregando suas malas, dormem no chão, na van ou numa cama dura, e o tempo é gasto principalmente em viagens, longe da família ou de entes queridos durante longos períodos. É preciso tempo para criar uma base de fãs e para que os canais musicais saibam que a banda atrai bilheteria, e os membros da banda fazem tudo isso sozinhos até chegarem num ponto em que seu valor já foi provado e eles podem contratar um agente e um gerente. Tudo isso sem mencionar ensaios, a composição de novas músicas, gravações etc. O caminho pode ser longo e geralmente há baixas, e por isso é um trabalho que requer amor. Neste caso, a banda original formou-se em 2008. Isso é que é perseguir um sonho! Tendo chegado a este ponto, podemos perceber a importância dessas três primeiras cartas.

A Força na posição final é estimulante. Em *Understanding Aleister Crowley's Thoth Tarot*, Lon Milo DuQuette diz que parte da interpretação para essa carta é "Coragem, força, energia e ação". De modo análogo, o dr. Arthur Edward Waite, em *Rider Waite Tarot Deck*, interpreta a carta como, "Força, energia, ação, coragem, magnanimidade". Sendo assim, creio que podemos concluir que é uma boa carta para fechar a leitura!

O Enforcado pode sugerir que o sucesso pelo qual estão esperando não deve chegar tão depressa quanto eles gostariam, e a Força sugere que eles terão de continuar a trabalhar com coragem, determinação e persistência. Se conseguirem ficar de olho em sua visão, a força concederá a energia para chegarem lá. Como carta de atmosfera, o Mundo trabalha a seu favor.

As duas cartas finais ou futuras, em comparação com a posição de partida original com a Imperatriz e a Roda da Fortuna, também indicam que no futuro as coisas podem ser um pouco mais difíceis do que agora.

Sinto que a resposta, a razão e a compreensão para o Enforcado estão nas cartas da área pessoal de Rob na Tiragem da Vida. Neste estágio, qualquer membro da banda que saia ou alguma mudança de agente ou gerente pode ser um problema. Entretanto, a Força ainda é uma carta excelente. Lembro ainda que é uma carta de magnetismo e de atração sexual, e embora a base de fãs seja uma mistura de ambos os sexos, para uma banda de rock formada apenas por homens esse é um ingrediente bem útil!

O Leque do Tarólogo, com a Lua localizada entre o Dois e o Seis de Ouros, parece mostrar o equilíbrio delicado, mas mutável, que todos precisam manter para que a banda prossiga e tenha sucesso. O Seis de Copas torna a enfatizar a importância da carta do Julgamento, com a interpretação superposta de aspectos passados que os aproximaram.

Resultados e *feedback*

No dia seguinte

Ao voltarem para ensaiar, o vocalista anunciou que precisava sair por algum tempo, por motivos pessoais, e que não sabia se ficaria depois. Os outros membros da banda ficaram espantados com a notícia — e com a precisão das cartas. (Eu fiquei estarrecida!)

A banda tinha sido formada havia alguns anos, e todos os membros eram bons amigos. Todos ficaram compreensivelmente abalados com a notícia. A semana foi gasta em consultas com o gerente, e, como o futuro de sua posição não estava claro, concordaram que durante algum tempo não fariam nenhuma declaração enquanto não encontrassem um substituto adequado. Caso o vocalista saísse de fato, as produtoras de espetáculos ainda poderiam cancelar suas próximas apresentações. Todas as cartas da área pessoal da leitura de Rob se encaixaram aqui, e também podemos ver os dois aspectos da interpretação feita para a Sacerdotisa, um segredo sendo revelado mas também mantido.

Quando eles me telefonaram com a informação, reiterei as cartas da leitura da banda concernentes ao futuro. Lembrei-me do Enforcado no futuro imediato e sugeri que seria uma boa ideia manterem a mente completamente aberta quanto aos candidatos que seriam ouvidos, pois um novo vocalista poderia sair de um gênero alternativo, ser alguém em quem eles não pensariam normalmente, ou surgir de maneira pouco convencional.

Dez dias depois

A banda recebeu a confirmação de que tocariam como banda de abertura do Theory of a Deadman em sua turnê europeia. Assim, o Três de Copas e o momento dessa notícia mostraram-se precisos.

Um mês depois

A Heaven's Basement encontrou um vocalista de outra banda que vai trabalhar com eles na próxima turnê. A banda acabou de divulgar a notícia, o que também lhes permitiu fazer um anúncio público de que estão à procura de um vocalista. Embora a primeira turnê saia como planejado, o futuro não estará definido enquanto não encontrarem um substituto permanente. O Enforcado começa no futuro imediato; um período no qual sentirão que a vida está em suspensão.

Quatro meses depois

Com as duas primeiras turnês concluídas, a Heaven's Basement passou uma semana inteira ouvindo candidatos. Apesar de terem identificado alguns com potencial, os membros da banda não têm certeza se encontraram a pessoa que procuram. Enquanto isso, seu agente está negociando contratos para apresentações em lugares interessantes e com artistas de renome no futuro próximo, aumentando a urgência para acharem um vocalista.

Enquanto tiravam alguns dias de folga, procuraram *on-line*, para ver se achavam a pessoa certa. Encontraram um cantor que seria adequado, mas, ao conversarem com ele, descobriram que desejava seguir carreira solo. Depois das audições e encontros com esse cantor, decidiram manter um período experimental para ver como as coisas se ajustavam. O novo vocalista vai se reunir a eles na segunda etapa de uma turnê. Todos estão esperançosos de que o novo arranjo vai funcionar. Os ensaios começaram e a turnê continuou.

Seis meses depois

Você deve estar se perguntando quando é que as coisas vão começar a dar certo! Pouco antes do final da turnê, um dos guitarristas quebrou os dedos antes de uma apresentação, e a banda continuou com apenas quatro integrantes. Além de tudo isso, todos decidiram que profissionalmente o novo vocalista não era a pessoa certa para a Heaven's Basement e ele saiu da banda para prosseguir em sua carreira solo.

Fiquei preocupada com o que o próximo telefonema traria e imaginei que talvez eles estivessem perdendo as esperanças. Tendo em vista as circunstâncias, fiquei surpresa com a atitude positiva e a determinação da banda. Eles discutiram a questão e mantiveram-se comprometidos com a banda e seu futuro. Na verdade, os membros acharam que os desafios fortaleceram sua decisão. Em função dos eventos recentes, eles acharam que duas coisas ficaram evidentes: a primeira foi que com quatro integrantes a banda funcionou melhor do que imaginavam, e a segunda foi que eles contam com muito apoio.

Depois de uma reunião com seu gerente e com seu agente, foi sugerido que eles ouvissem vocalistas de dentro da indústria da música (para a qual os contatos de apoio já estavam dando telefonemas) e que escrevessem novas canções, ajustadas ao novo vocalista. Além de outras recomendações interessantes que ainda não podem ser reveladas aqui, a impressão é que estamos vendo o pensamento do Enforcado em seu melhor desempenho! Entretanto, o mais notável foi o modo como essa carta prolongou os procedimentos a se seguir.

A bravura e a decisão da Força certamente estão aparecendo, apesar de ainda haver chão pela frente. Tendo encerrado o ano anterior muito próximos de realizar suas metas, o início desse novo ano foi um revés e tanto. A banda, porém, não desconhece as adversidades, e parece manter a energia em alta independentemente das circunstâncias.

Oito meses depois

No telefonema mais recente, a banda me disse que está fazendo uma merecida pausa nas turnês constantes para poder trabalhar de forma criativa no estúdio. Nesse momento, estão ouvindo vocalistas com a intenção de passarem os próximos meses escrevendo e ensaiando com o novo cantor, esperando voltar à ativa em 2011.

Parem as rotativas!

Quando o manuscrito estava indo para a editora, recebi a informação de que a banda achava que tinha encontrado o vocalista certo. Embora ainda seja cedo, até agora tudo parece estar indo bem. A leitura foi feita há nove meses, e portanto este foi o tempo necessário para esperar a ação do Enforcado. Outro ponto interessante que merece destaque está na ligação entre o Julgamento (posição 5) e o Oito de Ouros (posição 9). Esse vocalista tinha se candidatado quando a banda publicou seu primeiro anúncio, mas cancelou sua audição devido a outros compromissos assumidos na época; ele tornou a entrar em contato com a banda e foi ouvido depois, quando suas circunstâncias se alteraram.

Com a ida deste livro para a gráfica (dezessete meses depois da leitura original), fico contente por dizer que a primeira turnê com a nova formação e as novas músicas foi um grande sucesso. Todos ficaram aliviados e felizes! Agora, a Heaven's Basement está em negociações avançadas com uma gravadora. Você pode acompanhar sua história no Facebook e no site www.heavensbasement.com, com músicas, notícias, datas de apresentações e fotos.

Nas palavras da própria Heaven's Basement

Quando a leitura foi feita para nós, não pensamos muito nos resultados, mas à medida que as semanas e os meses se passaram, descobrimos que ela foi muito precisa! Isso nos ajudou, pois sabíamos que estávamos num período de transição e crescimento, e que no final sairíamos mais fortes.

Certamente a leitura foi algo bom para nós, pois manteve nossa confiança em nosso trabalho durante períodos difíceis... e remover as cartas negativas do nosso site foi mesmo uma jogada de gênio! (Nota da autora: ver as Dicas da taróloga.)

Dicas da taróloga

Uma interessante história de simbolismo

Quando vi o site oficial da Heaven's Basement pela primeira vez, fiquei bem preocupada. Quem o criou adotou algumas das cartas mais negativas do Tarô como imagens gráficas. Poderia parecer apenas parte da inofensiva cultura pop, e bem adequado para uma banda de rock, mas os significados das cartas escolhidas e agrupadas me deixaram bem desconfortável.

Uma grande imagem da Torre foi escolhida como pano de fundo do site, e ficava na janela à medida que se navegava. Entre os diversos títulos, viam-se imagens de quatro cartas agrupadas: a Torre, a Morte, o Diabo e o Oito de Espadas. Entrei em contato com o grupo e expliquei que, juntas, essas cartas formavam o pior tipo de mensagem negativa possível, e, quer acreditassem em simbolismo, quer não, imaginei que seria aconselhável removê-las, para que elas não atraíssem a energia negativa que representam. No começo, achei que receberam meus comentários com bom humor mas não me levaram a sério, embora tenham pedido ao *web designer* para remover as cartas. Ele lhes disse que daria muito trabalho para fazê-lo e por isso as imagens ficaram no ar durante algum tempo.

No período desde que conheci a Heaven's Basement, o baixista original deixou a banda e seu substituto quebrou a mão pouco antes de saírem para uma turnê europeia. Tiveram vários problemas com viagens, bem como acidentes, inclusive uma van enguiçada na Alemanha, tendo de ficar sem tocar durante cinco dias e perdendo apresentações por isso, um pneu estourado na Holanda e outro, em alta velocidade, a caminho de um show no Reino Unido — este fez com que percebessem a gravidade do problema e que poderia ter sido fatal. O vocalista saiu no momento mais promissor e eles perderam as salas de ensaio que usavam fazia anos. Algumas gravações atrasaram por causa do produtor e eles não puderam mandar as faixas para as gravadoras. Pessoalmente, creio que esta já é uma lista bem extensa.

Tendo em vista a má sorte e os infortúnios pelos quais estavam passando, mencionei novamente minhas preocupações ao grupo, e dessa vez a Torre foi tirada do pano de fundo. Eles ficaram surpresos quando as gravações pelas quais esperavam chegaram quase imediatamente, depois de uma espera de oito meses.

Seria mera coincidência? Bem, cabe a você decidir. Pessoalmente, não gostaria de escolher cartas para me representarem e que eu mesma não quisesse ver na minha leitura. Uma história interessante e que merece consideração, não acha?

12

Uma que escapou!

Esta leitura poderia ser chamada "Siga seu próprio conselho", ou, mais adequadamente, "Engula suas próprias palavras". A intenção foi proporcionar uma leitura para alguém que eu conheço muito bem, pois a maioria dos tarólogos recebe pedidos de leituras dos amigos mais chegados.

Maureen é uma professora de dança, uma antiga bailarina profissional com a graça de uma gazela e o maravilhoso humor e perspicácia de Glasgow, típicos de Billy Connolly. Sendo bem-humorada, ela se ofereceu para desnudar a alma para os meus leitores e receber uma leitura; a jornada de sua vida tem sido interessante.

Foi na semana antes do Natal, e o tempo estava horrível. Perguntei-me se Maureen conseguiria chegar, pois a nevasca e o gelo fizeram com que o acesso à minha pequena cidade ficasse bem difícil, mas ela chegou, oferecendo-me triunfantemente tortas natalinas de frutas para celebrar a ocasião. Pus a chaleira no fogo e aqueci e servi o presente inesperado, enquanto ela embaralhava as cartas. O tempo todo, Maureen ficou tagarelando sobre as compras de Natal e outros detalhes incidentais da vida.

Quando tirei as cartas, ambas ficamos surpresas (eu mais ainda) diante da completa confusão com cartas de Espadas e outras amenidades maravilhosas. Elas pareciam uma confusão total. Tendo em vista os estranhos problemas que eu tinha enfrentado antes com meu baralho (mencionados na página 16 da Introdução) e o fato de ela não ter se concentrado na tarefa de embaralhar, reuni as cartas e dei-lhe para que embaralhasse novamente, dessa vez sob concentração silenciosa. Tenho a impressão de que você já adivinhou o que aconteceu depois — um momento de suspense!

Nem posso apresentar a tiragem na ordem em que ela apareceu inicialmente porque nem sequer a registrei. Minha lembrança resume-se a uma desagradável mistura de influências perturbadoras e desagregadoras na mesa. O que posso dizer é que o segundo conjunto de cartas, este sim, devidamente registrado, não tinha nenhuma semelhança com os eventos que se seguiram, além da Torre no futuro imediato da Âncora. Basta dizer que o cenário que as cartas originais pintaram estava claramente mais alinhado com aquilo que aconteceu depois na vida de Maureen, o que me deixou saboreando uma torta diferente... a torta da humildade! Como pode imaginar, senti-me péssima, mas felizmente Maureen levou tudo na esportiva; talvez tivesse sido diferente se ela fosse uma cliente que pagara por uma consulta e não uma boa amiga.

Dicas da taróloga

(E uma nota para mim mesma)

Lembro-me de ter mencionado em *Tarô Claro e Simples* que é preciso ler as primeiras cartas tiradas, resistindo à tentação de tirá-las novamente, pois as primeiras cartas tiradas costumam ser mais precisas. Levando em conta o ocorrido, parece que foi um conselho bem razoável — se ao menos eu o tivesse seguido!

Contudo, foi uma percepção interessante para mim, pois as cartas originais tinham produzido a informação relevante, apesar de a maioria das condições que recomendo terem sido desprezadas nessa ocasião. Dizem que o melhor professor é a experiência, mas especialmente a alheia. Espero que, destacando meu erro, eu o tenha ajudado a evitar um erro similar em suas próprias experiências de leitura.

13

Resumo das leituras

Não tinha a intenção de fazer uma análise completa, ou *post-mortem*, das leituras após seu término. Na verdade, uma coisa é poder estudar as cartas à vontade, e outra são as situações de leitura na qual você está com uma batata quente na mão. Nosso enfoque neste livro concentrou-se no aspecto prático, e não na postura teórica mencionada anteriormente. Entretanto, houve algumas experiências que se destacaram se comparadas com as leituras habituais e achei que seria útil comentá-las um pouco mais. Antes de falar delas, gostaria de recapitular rapidamente o envolvimento do querente na leitura.

Envolvimento do querente

Os estudos de caso proporcionaram a essência da forma de estimular e receber o envolvimento do querente e a interação com ele, pois essas leituras foram apresentadas como um modo de trabalho conjunto, a fim de ajudá-los. Criar o equilíbrio correto numa conversa bidirecional depende da forma de lidar com a situação, assegurando o fluxo correto de informação no momento certo; o suficiente para confirmar o que você precisa saber, mas não demais e nem muito cedo, para não interferir nos seus pensamentos.

Eis algumas diretrizes *esparsas* do ponto de vista teórico (pois, como vimos nos estudos de caso, cada leitura é diferente da outra).

- Fale do formato da leitura antes de começar. Desse modo, o querente saberá qual seu papel ativo na leitura e o que esperar dela.
- Você pode fazer uma partida "a frio" desde a carta básica da Âncora, delineando as interpretações e depois pedindo que o querente verifique se consegue se identificar com elas recentemente.
- Seja qual for a área da Tiragem da Vida para a qual você mude, use a mesma abordagem com a carta-chave/consolidação da área.
- A seguir, veja se essa carta se liga com a primeira carta do trio sob a carta-chave. Geralmente, essas cartas proporcionam a situação de fundo do passado mais imediato e do presente do querente.
- Mostre ao querente que, com base nas cartas que estão na mesa, você está tentando determinar em que ponto da linha do tempo dos eventos na vida dele vocês estão. Tente não avançar muito, lendo o futuro da situação, enquanto não achar que as cartas daquela área refletem aquilo que o querente imagina como sendo suas circunstâncias.
- Se as cartas não conseguirem localizar eventos, podem se referir a uma situação futura que está se desenvolvendo. No entanto, como vimos, às vezes o querente não faz uma associação naquele momento, e só confirma depois alguma coisa a que você se referiu antes.
- Se no início o querente não conseguir se conectar com aquela área, você pode passar para outra, usando a mesma abordagem até encontrar seu fluxo e fazer a ligação.
- Peça ao querente para informar os detalhes ou esclarecer algum ponto quando você precisar disso — não tenha medo de perguntar.
- Se o querente não estiver falando com você, ou responder com monossílabos, pode ser que tenha interpretado errado aquilo que você espera dele; ele também pode estar nervoso. Com jeito, torne a enfatizar que você precisa do *feedback* dele ou use a sugestão anterior — peça-lhe para comentar sua resposta ou para fazer outras perguntas.

- Compartilhe cartas importantes da leitura com ele, entregando-lhe uma carta e explicando o seu significado, ou peça-lhe para descrever o que ele vê. Isso pode funcionar como um bom quebra-gelo e também pode ajudá-lo a reter na mente a mensagem de uma carta específica após o final da leitura.

Cada querente é diferente, mas as leituras chegam a um ponto em que você percebe que eles se sentem mais à vontade com você e com a situação da leitura — e a conversa começa a fluir.

Papel da carta-chave: Procurando um cenário diferente

Você deve se lembrar de que me referi à Tiragem da Vida como algo similar a abrir uma porta ou espiar por uma janela para observar a vida do querente. Nas interpretações dos sonhos e na teoria psicológica de Jung, a casa representa a estrutura da vida de alguém, e seus cômodos simbolizam aspectos distintos dela. Se analisar a disposição da Tiragem da Vida, perceberá que ela lembra os desenhos que as crianças fazem de casas, com uma porta no meio e duas janelas de cada lado, uma parte de cima e uma parte de baixo. Invariavelmente, a figura contém uma árvore do lado da casa (a Âncora) e um caminho que leva à porta da frente (a área pessoal da Tiragem da Vida). De várias maneiras, a carta-chave é esse caminho.

Apesar da carta-chave sempre ter sido envolvida na leitura, nunca tive a oportunidade de analisar sua importância de forma a distinguir seu papel com mais clareza. Antes, eu a considerava como um aspecto relativamente livre que poderia ser aplicado de diversas maneiras, mas seu propósito não era muito claro. Entretanto, devido às comparações encontradas durante este estudo, terei uma abordagem diferente no futuro, pois ela mostrou-se útil como *insight* na leitura e na vida do querente.

A carta-chave em cada uma das Tiragens da Vida das leituras mostra a atmosfera do caminho que o querente estava percorrendo no momento da leitura. Embora nosso ponto de partida com a carta base da Âncora mostre eventos que ocorreram recentemente ou que estão ocorrendo em torno do querente, a carta-chave da Tiragem da Vida mostra o que ele está *vivendo* naquele momento.

Depois da conclusão das leituras, comparei a carta-chave da Tiragem da Vida com aquilo que o querente estava vivenciando na época da leitura. A partir das informações que se tornaram conhecidas, a relevância dessa carta ficou um pouco mais clara:

- Capítulo 2: Cinco de Copas — receio sobre arrependimentos passados no relacionamento.
- Capítulo 3: O Julgamento — resultado de ações passadas; preocupações com casos na justiça.
- Capítulo 4: Dois de Ouros — equilibrando aspectos diferentes da vida.
- Capítulo 5: Dez de Espadas — término recente de um relacionamento.
- Capítulo 7: Quatro de Copas — sua atitude de indiferença e a razão para ela.
- Capítulo 8: Cavaleiro de Paus — vivendo entre duas casas e o desejo de mudar.
- Capítulo 9: Os Enamorados — o relacionamento e a ligação com os negócios.
- Capítulo 10: Quatro de Ouros — esforçando-se para atingir suas metas.

Como isso só ficou totalmente evidente para mim depois, não alterei propositadamente minhas referências originais sobre essa carta em outras seções do livro. Levando isto em conta, podemos ver a posição 21 literalmente como a "chave da porta" que abre a área pessoal e é a entrada para a estrutura da vida do querente, a experiência de sua psique e o caminho de suas emoções atuais.

Padrões e influências similares

Perseguindo o Sonho

Vi uma semelhança notável entre os resultados das tiragens da Cruz Celta para a Heaven's Basement e Reid Rosenthal. A Força não apenas concluiu as duas leituras, como o Enforcado apareceu na sexta posição para a Heaven's Basement e na oitava posição para Reid, que também tinha o Dois de Espadas na sexta posição.

As duas leituras foram feitas para pessoas que seguem sua ambição, perseguem uma meta que vai depender de reconhecimento e de apoio no cenário público, ou seja, a música e o mercado editorial. É difícil entrar nesses campos; a concorrência é feroz e o sucesso pode ser limitado. Tendo em vista a semelhança entre as aspirações e o significado das cartas das leituras, não é ilógico considerar que o sucesso vai exigir persistência, determinação, fôlego e os planos revistos no meio do caminho indicados pelo Enforcado. É interessante comentar que tais qualidades costumam ser encontradas em pessoas de sucesso.

Em outros cenários, a Força também pode aparecer quando as pessoas estão em situações desafiadoras, seja no plano emocional, seja no profissional. A carta pode indicar um longo percurso, e o resultado do esforço vai depender do querente demonstrar as características necessárias para realizar um objetivo. O Enforcado pode desacelerar as coisas com seu aspecto de suspensão, e por isso a combinação dessas duas cartas pode produzir um efeito de retardamento, embora suas mensagens proporcionem excelente orientação na busca do sucesso. No entanto, nos casos em que a Força apareceu como carta final, a importância de ser criativo e pouco convencional e de "pensar fora da caixa" do Enforcado tornaram-se componentes importantes do caminho. Como minhas leituras não costumam abranger um período superior a doze meses, seria interessante ver o que sua posição revela sobre essa época e o que uma nova leitura revelará então.

A Força é uma carta poderosa, que pode significar o sucesso como resultado da persistência. A energia dessa carta é um pouco mais fácil que a do Carro, que pode indicar o triunfo sobre os obstáculos — sugerindo que haverá alguns, e que a viagem não será das mais suaves! A Força é a carta da determinação inabalável, mas você não adorou essas leituras que culminam com o Sol?

Indicadores de sucesso na Tiragem da Vida

Quando você encontra o Sol e o Mundo juntos na combinação de quatro cartas da Tiragem da Vida, o sucesso significativo não está muito distante, desde que apareçam com outras cartas relacionadas com a situação ou com outras cartas positivas. Quando acompanhadas pela Roda da Fortuna e pela Estrela, o sucesso está razoavelmente assegurado e deve literalmente estar dobrando a esquina.

Quando Laura (Capítulo 4) me procurou pela primeira vez para uma leitura, tinha acabado de ingressar no mundo da moda e das passarelas; as cartas em sua área do trabalho incluíam o Nove de Copas, o Sol, a Estrela e o Mundo. Seu sucesso nessa indústria foi razoavelmente rápido, resultando em divulgação pela mídia nacional e em programas de televisão.

Enquanto ponderava a ideia e reunia a coragem para mandar o manuscrito do meu primeiro livro para a análise da Llewellyn, as cartas da Tiragem da Vida (novamente, na seção do trabalho) foram o Ás de Ouros, o Mundo, a Roda da Fortuna e o Sol.

Essas cartas também traduzem circunstâncias pessoais e situações afetivas, pois vi essas cartas na área do lar da Tiragem da Vida, com o Dez de Copas, o Sol, os Enamorados e o Mundo e configurações similares na área do amor.

Como mencionei na primeira seção deste livro, esses são alguns dos cenários nos quais as cartas de um grupo parecem falar com uma única voz. Exemplos como esses ocorrem e mostram-se de forma tão destacada que dificilmente são esquecidos.

A única nota de cautela que eu acrescentaria aqui é a de manter as cartas no contexto do estilo de vida ou das atividades do querente. Os indicadores de sucesso costumam mostrar um evento que será bastante significativo para o querente, de um modo que seria definido como alheio à sua experiência habitual. O sucesso é medido de maneiras diferentes e em graus variados. Por exemplo, uma transação comercial bem-sucedida teria significado diferente para alguém que fatura cem mil por ano e para uma pessoa cujo faturamento gira em torno de dezenas de milhões. A relevância do impacto para a pessoa não é diminuída, pois em ambos os casos você sabe que está analisando alguma coisa que será considerada uma "ótima notícia".

Sobre arrependimentos passados e pontos de vista diferentes

O Cinco de Copas apareceu algumas vezes e indicou alguns desapontamentos emocionais, mas em dois dos estudos de caso o Cinco de Copas e o Enforcado tiveram presença marcante, em posições centrais, e ambos estavam ligados a situações de relacionamento.

Laura teve o Enforcado como primeira carta da Tiragem da Vida, com o Cinco de Copas no centro de sua área do lar. Sarah (Capítulo 5) teve o Enforcado na posição central da Âncora, com o Cinco de Copas no centro da área do amor. As duas passaram por rupturas recentes e também tiveram reconciliações. Embora as circunstâncias e os resultados fossem diferentes, ambas pensaram nessas cartas e as mencionaram em nossas conversas posteriores.

Em situações de relacionamento nas quais o Cinco de Copas aparece, vi que não é incomum o Enforcado aparecer em algum local, ou mesmo do lado. Tendo em vista a natureza de uma separação emocional, os dois aspectos do Enforcado costumam se aplicar; a sensação de estar pendurado no ar que geralmente vem após uma ruptura é a primeira indicação. Contudo, se existe alguma possibilidade de reconciliação no relacionamento, é realista mostrar que a cura costuma exigir que a pessoa supere um ponto de vista particular a fim de encontrar uma base comum, e este parece ser um ingrediente necessário.

Não deve nos surpreender o fato de o Enforcado aparecer com frequência nas leituras, pois a maioria das pessoas que consulta as cartas está procurando uma resposta para algum problema que está sendo enfrentado.

Normalmente, a resposta para o problema vai requerer que a pessoa se afaste da situação e a analise de maneira diferente, a fim de progredir.

Pode ser que no caso de pessoas que se valem da criatividade, como vimos nesses dois estudos de caso que buscavam o sucesso, o pensamento lateral torne-se habitual durante o processo. O Enforcado apresenta não só a sensação de suspensão dentro de um dilema, como proporciona o impulso para o afastamento do problema, incentivando uma perspectiva mais clara.

Segredos e falta de escrúpulos

As cartas que representam sigilo apresentam-no de formas variadas, e, como sempre, as indicações de seus efeitos sobre a vida do querente dependem das mensagens encontradas nas cartas vizinhas. Como vimos, os segredos nem sempre são negativos, pois rara é a pessoa que vive uma vida na qual cada faceta se apresenta como um livro aberto — a maioria prefere manter um grau de privacidade sobre certos detalhes. Geralmente, a Sacerdotisa revela segredos que serão benéficos para o querente. A Lua nos informa que há coisas acontecendo sob a superfície que irão emergir no momento certo, embora possa indicar decepção se cercada por cartas menos favoráveis. O Diabo pode representar planos secretos que talvez pendam para qualquer lado, dependendo das cartas próximas — e, finalmente, temos o Cinco de Espadas.

Como vimos pelos vários resultados encontrados nos estudos de caso, sempre que o Cinco de Espadas apareceu, conduziu a uma situação na qual alguém queria confusão e prejudicou os interesses do querente. De todas as cartas de sigilo, essa é a que deve ser observada quando alguma coisa vai acontecer de errado. Devido à natureza da mensagem da carta, é algo de que o querente não tem noção e, infelizmente, costuma estar relacionado a pessoas que o cercam e que ele imaginava que fossem confiáveis. No entanto, quando essas cartas aparecem agrupadas e esse Cinco é uma delas, geralmente há problemas ainda maiores despontando no horizonte.

Laura tinha o Diabo, a Sacerdotisa e o Cinco de Espadas agrupados na área do trabalho. Foi uma situação da qual ela não tinha a menor noção, e, nesse caso, o Cinco de Espadas estava no final do trio. Felizmente, havia bons indicadores na Âncora de sua leitura e a situação não se refletiu em outras partes da leitura. Nas outras leituras, o Cinco tinha passado ou estava contido.

Apesar de o Cinco de Espadas ser um Arcano Menor, pode levar a danos surpreendentes e desagradáveis — e é sempre uma carta a se acompanhar de perto. Segundo minha experiência com essa carta, situo-a ao lado da Torre, e creio que, se for menosprezada, pode desenvolver o tipo de situação pela qual ninguém passa de bom grado. No entanto, se os efeitos dessa carta ainda não tiverem se manifestado, geralmente não é muito difícil descobrir a fonte do problema. Se essa carta se apresentar na posição futura de uma leitura, podem ser tomadas medidas para prevenir seus efeitos; isso aumenta a percepção, abre seus olhos, faz com que você comece a pesquisar e o leva a tomar medidas preventivas.

Geralmente, as cartas próximas proporcionam mais informações sobre a área afetada e às vezes até sobre as pessoas que podem estar envolvidas. Como lido com o Tarô há um bom tempo, estive sujeita a tentativas de tomarem meu negócio, a logros perpetrados por clientes, a furtos, e sempre foi esta carta que me alertou de que alguma coisa estava sendo tramada. Com o alerta, ela proporciona a chance de se resolver o problema. Embora eu não goste dessa carta, ela ajudou com sucesso a prevenir algumas situações prejudiciais, tanto para outras pessoas como para mim. O Cinco de Espadas é um aviso para "ficar de olho" quando alguém à sua volta pode estar com planos desonestos e que não o beneficiam. Não é raro encontrar esta carta nas leituras de executivos de sucesso ou de pessoas cuja posição gera a inveja alheia, e por isso ela pode aparecer em questões envolvendo empresas ou políticas corporativas. Contudo, ela pode se apresentar de diversas maneiras e em várias situações, com as cartas próximas informando o querente do ponto no qual deve concentrar sua atenção. Esta carta permite prevenir, o que é melhor do que remediar.

Heróis e vilões

Ah, as cartas da corte, nossos heróis anônimos e que nunca deixam de nos ajudar! Sei que as pessoas usam as cartas da corte de várias maneiras, refletindo nossa natureza diversificada, mas quando as aplicamos como personalidades específicas, estreitamos sua aplicação ao lermos com fins divinatórios. Na verdade, a maioria de nós conhece ou entra em contato com mais do que quatro homens e quatro mulheres com personalidades distintas, e por isso o maior risco é lembrar que, em futuras posições, o Rei ou a Rainha pode ser alguém que o querente ainda não conheceu. Por outro lado, como atores no palco da vida, eles desempenham seu papel muito bem, de forma tal que, se você já os viu antes nas tiragens, eles lhe darão certa confiança quando surgirem em suas futuras situações de leitura.

Houve apenas uma leitura que não apareceu junto com as outras conforme fora planejado, e foi uma autoleitura. À medida que o livro foi sendo produzido, ficou evidente que não haveria espaço para que eu fosse um elemento nele. Contudo, este parece um momento apropriado para compartilhar uma história relevante com você, como verá.

A Cruz Celta de Josie

Enquanto escrevia este livro, um amigo me convidou para visitá-lo. Era uma espécie de brincadeira antiga entre nós, pois, apesar dos vários planos feitos ao longo dos anos, nossas agendas caóticas faziam com que esses encontros nunca se concretizassem. Portanto, foi com certa surpresa que me vi comprando uma passagem para a longa jornada que essa viagem com diversos voos demandava. Talvez tenha ficado menos surpresa quando a British Airways anunciou uma greve e a nuvem de cinzas vulcânicas da Islândia cobriu o norte, literalmente!

As coisas não estavam lá muito boas, e por isso perguntei ao Tarô sobre a viagem planejada. Eis as cartas que apareceram nessa leitura (pág. 269).

Minha filha entrou na sala quando eu estava observando a resposta, e, depois de me perguntar qual tinha sido a pergunta, ela comentou que parecia que a viagem nem começaria. Eu não consegui localizar o Rei de Copas, embora conheça algumas pessoas que se encaixem na descrição, inclusive meu filho e um ex. Sentado calmamente no final, fosse quem fosse, ele parecia responsável pela carta da Morte, algo não muito bom. Entretanto, o tempo passou, a situação não se manifestou e a leitura desapareceu de minha mente em meio ao caos dos preparativos e da arrumação das malas. Viajar nunca foi um acontecimento objetivo para mim!

Enquanto isso, os voos foram remarcados, a nuvem de cinzas se esvaiu e embarquei no primeiro trecho de minha visita tão adiada. Com o Tarô e o manuscrito bem guardados, tudo estava indo bem. A intenção era passar algum tempo pondo em dia a conversa, relaxando e escrevendo sem interrupções — desfrute total!

Dois dias depois da minha chegada, houve uma conversa sobre uma importante transação de negócios em que meu amigo estava envolvido, e por isso ofereci-me para ler as cartas para ele. A variedade de cartas da corte que apareceu nessas leituras encaixou-se na descrição das pessoas envolvidas, todas desconhecidas para mim, e pareceu que ele teria de fazer algumas alterações rápidas em seus planos. No centro de tudo isso, havia um Rei de Copas.

Tomamos café em silêncio enquanto observávamos a luz do sol filtrando-se pelo horizonte; a paz da manhã desafiou nosso estado pensativo. Enquanto esperávamos pelo inevitável telefonema que o levaria a uma reunião urgente e me levaria de volta ao aeroporto, ele perguntou se tinha aparecido um Rei de Copas em alguma de minhas leituras. Foi então que a ficha caiu e que me lembrei dos detalhes.

Como o Rei de Copas não apareceu para cancelar minha viagem, eu presumi, erroneamente, que o destino o teria derrotado em algum ponto do caminho. Mal sabia eu que essa pessoa desconhecida estaria me esperando do outro lado para abreviar minha visita. Ah, sim, as cartas da corte, os heróis e os vilões do nosso enredo!

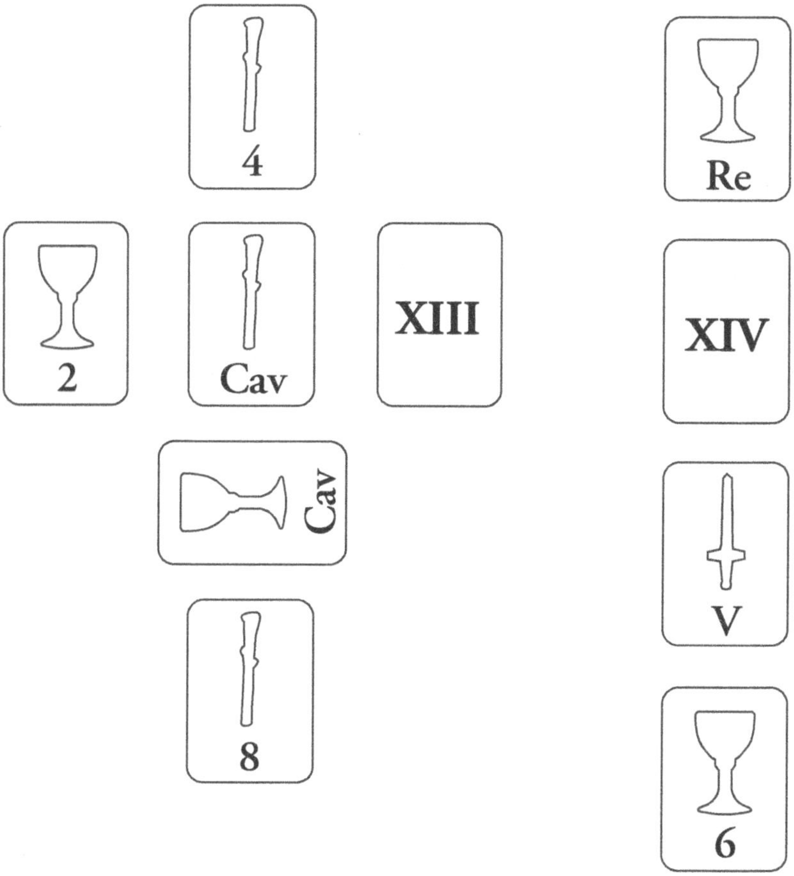
4
Re
2
Cav
XIII
XIV
Cav
V
8
6

O desejo de mudança

"Caminha com cuidado pois pisas sobre os meus sonhos."

— W. B. Yeats

Três dos estudos de caso mostraram a Torre na posição dos desejos da Âncora; tendo em vista as associações que normalmente fazemos com esta carta, é útil ver um lado positivo da interpretação quando ele aparece nessa posição. Essa carta costuma aparecer quando alguém deseja agitar radicalmente a sua vida.

Também não é incomum encontrar a carta da Morte nessa posição, indicando o desejo de encerrar alguma coisa considerada importante, enquanto o Diabo na posição dos desejos costuma indicar planos secretos sendo formulados.

O Louco também apareceu duas vezes nessa posição nos estudos de caso, revelando o desejo de se seguir um caminho novo, ou um caminho que pode parecer diferente daquele normalmente seguido, ou mais excitante.

A carta que aparece na posição dos desejos pode ser levada pouco a sério, mas o *insight* que ela proporciona sobre o estado de espírito do querente pode ir fundo em seus desejos; aquilo que, no íntimo, estão desejando no presente momento. Já me perguntei se deveria renomear essa posição, pois "desejos" parece tolo em comparação com as emoções conjuradas por "anseios" — mais apropriado para aquilo que as pessoas costumam sentir com a carta encontrada nessa posição.

Sempre achei essa carta semelhante ao ato de se revelar um segredo, mas só quando gravei os estudos de caso é que o verdadeiro impacto dessa posição ficou claro num nível consciente. Ao refletir agora sobre outras leituras, percebi que em muitos casos a carta encontrada nessa posição representa a motivação oculta do querente. Portanto, alguma coisa forte sentida nesse nível pode animar suas ações e, em última análise, moldar o resultado futuro. Muitas pessoas se surpreendem com suas descobertas quando você as informa daquilo que essa carta revela e discutem com você os pensamentos e emoções que rodeiam seu significado. Como talvez isso não seja algo que elas discutem abertamente com outras pessoas, pode dar-lhe *insights* para ajudar a pessoa a definir, reconhecer ou realizar seus desejos, anseios e sonhos íntimos. Lembre-se do famoso verso de W. B. Yeats e caminhe com cuidado, caro tarólogo.

A jornada do tarólogo

A cada leitura, nosso conhecimento e nossa experiência aumentam. O *insight* que as cartas nos proporcionam mostra uma história que se desenvolve, tanto para o querente quanto para nós, numa jornada incessante de encantamento e de autodescoberta pela tiragem que vemos à nossa frente.

Acompanhar os resultados desses estudos de caso tem sido para mim uma exploração fascinante e intrigante, compartilhando a jornada dos querentes com eles durante e depois de sua visita, testemunhando a aplicação das cartas às suas circunstâncias, o efeito de sua leitura sobre eles e vendo-os fazerem suas escolhas com as situações que a vida apresentou. Às vezes, foi difícil manter o distanciamento profissional habitual exigido do tarólogo, devido à minha observação próxima.

Howard Beckman, astrólogo védico e bom amigo, disse-me certa vez, "A oportunidade é apresentada pelo karma, mas depois depende de você". Vi-me refletindo sobre essas palavras enquanto observava os eventos na vida dessas pessoas. Achei que elas descrevem muito bem boa parte do mistério que envolve o aspecto divinatório da leitura das cartas do Tarô — as muitas questões que se seguem sobre destino e livre-arbítrio.

As circunstâncias que envolvem nossa vida são similares a um cenário que muda sempre, uma miríade de elementos que operam com misterioso sincronismo — a interconexão e a relatividade — cada pequeno detalhe, com o potencial para alterar as consequências que se mesclam discretamente no cenário emergente. Talvez a única coisa que mude é nossa percepção quanto às sutilezas daquilo que nos rodeia, o reconhecimento e as ações posteriores que encetamos na série aparentemente atemporal de momentos, moldando a direção do caminho que decidimos seguir, a dança infinita da vida e o lugar momentâneo dentro dela.

A hora é tardia, ou talvez, em virtude do meu padrão noturno de escrita, ainda é cedo. A luz do dia espalha resquícios da noite em lampejos de luz escura sobre o céu de North Yorkshire, quando o coro da aurora prenuncia a sequência de encerramento em meu padrão familiar de compartilhamento desses momentos com você. Desde o meu canto do mundo para o seu, resta-me apenas desejar-lhe uma viagem segura e feliz.

Apêndice A

Significado das cartas do Tarô

Como este livro não se destina a principiantes, imagina-se que você já tenha desenvolvido seus próprios significados para cada carta. Entretanto, para ajudá-lo a entender como cheguei às interpretações contidas nas leituras apresentadas, esta lista serve de breve resumo das associações e das palavras-chave de que me valho.

Temas dos naipes

- Paus — Ação e empreendimento
- Copas — Emoções, amor e felicidade
- Espadas — Dificuldades e desafios
- Ouros — Interesses materiais

Sobre a interpretação das cartas da corte

Meu tratamento das interpretações das cartas da corte é um pouco diferente do convencional. Contudo, é um formato que funcionou bem para mim nas leituras, e por isso eu o apresento aqui tal como foi usado. Interpretações individuais e mais extensas podem ser encontradas em *Tarô Claro e Simples.*

Ao levar em conta uma corte real medieval

- Os **Valetes** normalmente tinham o papel de mensageiros. Logo, os valetes representam mensagens, relevantes ao elemento do naipe — mas também podem ser crianças ou menores.

- Os **Cavaleiros** eram considerados galantes e nobres, ousados defensores do reino, envolvidos ativamente em ordens da coroa, e portanto representam formas de ação cercada por muita energia, relevante para o naipe.
- **Reis e Rainhas**, como governantes do reino, deviam ser líderes sábios, maduros e responsáveis, portanto representam homens e mulheres adultos, respectivamente.

As características naturais dos valetes, das rainhas e dos reis são similares e representam seus naipes, excetuando a variação da maturidade e do sexo. Em cada seção de interpretação dos naipes, as principais características de personalidade são mostradas como grupo, com apenas algumas das variações adicionais mostradas. Os cavaleiros são usados como eventos e não como pessoas.

Os Arcanos Menores

Paus

- **Ás de Paus**: início de um novo empreendimento, negócio ou emprego. Novo modo de vida. Nascimento. Inspiração. Criatividade. Paixão. Novas ideias. Geralmente cercado por um elevado grau de excitação e entusiasmo. (Gravidez ou nascimento quando estiver com a Imperatriz.)
- **Dois de Paus**: ideias que começam a se manifestar como coisas reais. Progresso inicial sendo feito. Percepção de escolhas futuras no caminho. Possibilidade de parceria, de colaboração ou de negociações (particularmente em negócios/empreendimentos).
- **Três de Paus**: primeiros estágios de sucesso nos projetos; sentimento de realização dentro disso. Foco e planejamento futuro.
- **Quatro de Paus**: estabilidade; harmonia; noção de contentamento consigo mesmo e com a vida. Repouso e relaxamento após o traba-

lho, talvez férias ou uma pausa. Talvez planos de casamento sendo feitos.

- **Cinco de Paus**: pequenos obstáculos. Discussões sem importância. Opiniões conflitantes, divergências. Forças concorrentes. Lutas pelo poder. Desafios, embora nada insuperável.
- **Seis de Paus**: realizações e esforços reconhecidos pelos demais. Prêmios e honrarias. Promoção. Satisfação com as realizações. Traz boas notícias.
- **Sete de Paus**: defesa de seus ideais e crenças. Ter a coragem para manter suas convicções. Defesa bem-sucedida de sua posição.
- **Oito de Paus**: notícias surgem com presteza. Atividade e agitação súbitas após a chegada de boas notícias. Eventos que se aceleram depois de um período adormecido. Viagem, geralmente pelo ar.
- **Nove de Paus**: ter a coragem, a força e a determinação quando você sente que elas já foram despendidas. Proteção ousada daquilo pelo que se trabalhou. Não abrir mão quando se está à beira do sucesso. Perseverança.
- **Dez de Paus**: sensação de sobrecarga, de peso, de cansaço. Muitas responsabilidades nas costas. Procura de formas de tornar a carga mais leve.

Cartas da Corte — Paus

Características naturais e traços de personalidade do Valete (criança ou menor de idade), Rainha (mulher adulta), Rei (homem adulto)

- Ativo, orientado para a ação, enérgico, dinâmico, entusiasmado, excitante, caloroso, alegre, otimista, não gosta de detalhes — alguém que costuma pensar, "vamos acabar logo com isso". Tendência empreendedora, sempre atarefado.
- Vocação: pode estar ligado a vendas, marketing e/ou propaganda, promoção e desenvolvimento, esportes, lazer, empreendedorismo. Ambientes de ritmo rápido com variedade e um elemento de liberdade ou de livre pensamento.

- Aspectos negativos: impulsivo, áspero, corre riscos, quebra regras, temperamento agitado ou esquentado, egoísta, impaciente, excessivamente confiante, arrogante, faz coisas demais ao mesmo tempo e por isso parece caótico ou desorganizado.
- Pode se referir a signos astrológicos de fogo.
- **Valete de Paus**: como mensagens, geralmente ligadas ao trabalho ou a empreendimentos, mas agradáveis, a menos que tenham aspectos negativos.
- **Cavaleiro de Paus**: mudança de residência. Viagem longa. Põe em ação um elevado grau de energia. (Às vezes refere-se à reforma de casa ou a propriedades.)

Copas

- **Ás de Copas**: início do amor e da felicidade. Novos relacionamentos. O começo de alguma coisa nova que produz felicidade no lar para os entes queridos. Felicidade emocional.
- **Dois de Copas**: união afetiva harmoniosa. Elevar um relacionamento ao nível superior. Pode ser reconciliação e redescoberta de um vínculo emocional. Geralmente representa amor romântico.
- **Três de Copas**: felicidade emocional, abundância. Progresso num relacionamento. Comemorações ou motivos para celebrar com outras pessoas, como noivados, casamentos, aniversários, batizados. Finais felizes.
- **Quatro de Copas**: alheamento. Apatia. Tédio. Insatisfação divina. Cuidado para não perder uma oportunidade por causa da indiferença.
- **Cinco de Copas**: perda, mas alguma coisa ainda fica. Sensação de traição. Remorso por ações passadas. Arrependimento.
- **Seis de Copas**: retorno de alguma coisa do passado. Uma chama antiga, retorno de um amor. Velhos conhecidos. Ligações com a infância. Lembranças alegres.

- **Sete de Copas**: imaginação acelerada. Indecisão em virtude de diversas opções que parecem disponíveis, embora nem todas possam ser o que parecem. Situações ilusórias — cuidado na tomada de decisões.
- **Oito de Copas**: desilusão que leva ao abandono. Afastamento de uma situação por opção, embora envolva desapontamento por conta de um grande investimento emocional. No final, busca de novo caminho.
- **Nove de Copas**: carta dos "desejos" e de sua realização. Abundância. Contentamento emocional e material. Prazeres sensuais.
- **Dez de Copas**: amor com comprometimento e satisfação. Casamento. Vida doméstica feliz. Realização perfeita do amor emocional.

Cartas da Corte — Copas

Características naturais e traços de personalidade do Valete (criança ou menor de idade), Rainha (mulher adulta), Rei (homem adulto)

- Bondade, acolhimento, sensibilidade, criatividade, senso artístico, romance, emoção, empatia, atencioso, gentileza, natureza afável, benquisto pelas outras pessoas e com poucos inimigos, não gosta de confrontos.
- Vocação: pode estar ligado a profissões que envolvem o cuidado com terceiros, medicina, ensino, assistência social, igreja, consultoria, recursos humanos, artes, moda, decoração, cabelos, estética.
- Aspectos negativos: sonhador, irrealista, excessivamente sensível, codependente, apegado, mentalidade de vítima ou de mártir, pode se recolher completamente e se isolar das outras pessoas. Duas caras, pode manipular uma situação em vez de enfrentá-la.
- Pode se referir a signos astrológicos de água.
- **Valete de Copas**: como mensagens: boas notícias de natureza emocional, a menos que tenham aspectos negativos.
- **Cavaleiro de Copas**: cavaleiros representam ação. Convites românticos. Propostas de casamento. Ofertas e propostas. (Já vi essa carta

representando ofertas feitas sobre propriedades e negócios.) Eventos que levam a energia emocional para o cenário.

Espadas

- **Ás de Espadas**: vitória e triunfo sobre as dificuldades. Proporciona uma grande força e poder interior, com a capacidade de superar adversidades. Sucesso merecido graças às próprias ações. O proverbial ás na manga.
- **Dois de Espadas**: impasse, beco sem saída; inércia. Indecisão por causa de pensamentos confusos ou emoções bloqueadas. Ter duas posturas quanto à mesma coisa. Bloqueio mental.
- **Três de Espadas**: discussões. Transtornos familiares. Emoções tempestuosas. Tristeza e lágrimas. Separação (embora esta possa ser atribuída ao distanciamento).
- **Quatro de Espadas**: período de repouso e de recuperação após esforço. Afastamento de eventos externos. Recolhimento. Necessidade de solidão ou de retiro. Período de rejuvenescimento para recuperar a energia antes de prosseguir. Recarga das baterias. Convalescença.
- **Cinco de Espadas**: planos ocultos com elemento de engodo. Negócios desonestos. Deslealdade. Vitória egoísta que terá curta duração. Alguma coisa perdida de forma injusta. Malícia e desprezo. Cuidado com golpes pelas costas. Fraude. Pode indicar alguém que sai de repente sem explicações e sem demonstrar sensibilidade.
- **Seis de Espadas**: saída de águas turbulentas para momentos mais calmos. Questões se acertam, harmonia restaurada. Viagem sobre a água.
- **Sete de Espadas**: situações não avançam como se esperava. Reviravoltas inesperadas. Uso da fala, do discurso e da diplomacia no lugar de métodos mais pesados.
- **Oito de Espadas**: sensação de restrição, de armadilha. Temores mentais criam paralisia e confusão. Monstros interiores. Aprisionamento.

- **Nove de Espadas**: ansiedade e preocupação. Angústia. Desespero. Sofrimento. Miséria. Depressão. Às vezes, doença.
- **Dez de Espadas**: põe fim às coisas. Planos fracassados ou arruinados. Desapontamento. Sensação de perda.

Cartas da Corte — Espadas

Características naturais e traços de personalidade do Valete (criança ou menor de idade), Rainha (mulher adulta), Rei (homem adulto)

- Mente analítica e ágil. Facilidade para se expressar. Responsável. Independente. Forte e leal. Honesto e justo. Racional. Eficiente e bem organizado. Parece ter natureza bem séria, pode aparentar frieza e distanciamento. Pensa com profundidade. Misterioso, "águas paradas mas profundas". Defensor do povo, dos fracos, costuma proteger quem é menos afortunado ou mais fraco do que ele.
- Vocação: pode estar ligado à lei, a uniformes, governo, ciência, matemática, engenharia, tecnologia da informação, trabalhos analíticos detalhados.
- Aspectos negativos: pode ser excessivamente crítico, frio ou impessoal. Insensível. Implacável. Capacidade de desligar completamente as emoções. Pode acabar com as pessoas verbalmente. No extremo, cruel e bruto.
- Pode se referir a signos astrológicos de ar.
- **Valete de Espadas**: como mensagens que chegam: notícias que podem estar atrasadas ou serem consideradas frustrantes. Pode representar problemas com uma criança ou mexericos sem importância.
- **Cavaleiro de Espadas**: põe em jogo um elevado grau de velocidade e de energia. Situações ou eventos podem parecer caóticos ou confusos devido à velocidade com que surgem e se desenvolvem.

Ouros

- **Ás de Ouros**: início da prosperidade e de ganhos materiais. Documentos importantes de relevância material, como títulos de propriedade de imóveis ou terras, contas bancárias, testamentos, relatórios de empresas, prêmios acadêmicos ou documentos de viagem. Contratos de casamento — com as associações corretas. Presentes de ouro. Herança. (Para escritores, pode representar manuscritos.)

- **Dois de Ouros**: manter o equilíbrio com sucesso. Lidar com mais de um projeto ao mesmo tempo — equilíbrio entre lar e trabalho etc. Gerenciamento das finanças.
- **Três de Ouros**: trabalho agradável, para o qual se tem talento natural. Sensação de realização em tarefas que podem trazer reconhecimento. Estágios iniciais de conclusão com execução bem-sucedida.
- **Quatro de Ouros**: pode indicar contenção. É preciso correr um risco calculado para levar adiante a situação. (Cuidado para não perder uma oportunidade por causa disso.) Estar preparado para dar duro a fim de atingir as metas.
- **Cinco de Ouros**: problemas ou ansiedade com dinheiro. Perda material. Tempos difíceis. Num contexto diferente, pode mostrar ainda a sensação de perda no nível emocional ou espiritual.
- **Seis de Ouros**: presentes. Generosidade. Compartilhar o que se tem com outras pessoas. Ganhos materiais.
- **Sete de Ouros**: a paciência e o trabalho árduo serão recompensados. Aplicações financeiras e negociações de venda estão com bons aspectos. Colheita do que se plantou. Planejamento para o futuro — após a colheita, deve haver novo plantio.
- **Oito de Ouros**: carta do aprendiz — aprender ou estudar novos conhecimentos. Novo trabalho ou novo emprego (particularmente com o Ás de Paus). Desenvolvimento de talentos e de habilidades.
- **Nove de Ouros**: sucesso material atingido graças a esforços próprios. Independência financeira. Confortos materiais. Desfrutar o resultado dos esforços. Sensação de satisfação e de contentamento com as realizações. Incremento financeiro.
- **Dez de Ouros**: estabilidade do lar e da família. Lar familiar. Ganhos materiais. Riqueza e prosperidade. Venda de propriedades. Herança.

Bens materiais transmitidos ao longo de gerações. Satisfação e vida doméstica estável.

Cartas da Corte — Ouros

Características naturais e traços de personalidade do Valete (criança ou menor de idade), Rainha (mulher adulta), Rei (homem adulto)

- Paciência, métodico, trabalho duro, organização. Lealdade, confiabilidade, senso prático, apoio. Não toma atalhos e cuida dos detalhes. Trabalha com firmeza para cumprir metas e geralmente as realiza. Generoso mas sem desperdícios, costuma ter astúcia financeira.
- Vocação: pode estar ligado a finanças, terras e propriedades, alimentos, joias ou metais preciosos, animais, agricultura e comerciantes. Pode ter cargos elevados ou indicar alguém rico ou financeiramente confortável.
- Aspectos negativos: extremamente teimoso, inflexível, materialista ao extremo ou pão-duro.
- Pode se referir a signos astrológicos de terra.
- **Valete de Ouros**: como mensagens que chegam: notícias de natureza material. Boas notícias que são levadas por alguém e que afeta positivamente a sua vida (a menos que esteja com aspectos ruins).
- **Cavaleiro de Ouros**: finalmente, surgem resultados. Representa alguma coisa pela qual você esperou pacientemente, ou para a qual trabalhou metodicamente, e que afinal se concretiza.

Os Arcanos Maiores

- **0 — O Louco**: situação nova e inesperada, saída do nada, exige uma escolha importante. Novos caminhos que podem não ser familiares. Um elemento de excitação e certa apreensão nervosa podem acompanhar esse evento. Um salto rumo ao desconhecido.
- **I — O Mago**: habilidade. Ter confiança em sua própria capacidade, pois os talentos necessários já são possuídos. Ser proativo. Vontade

concentrada e energia dedicada a uma tarefa, ou a capacidade para realizá-la.

- **II — A Sacerdotisa**: mistérios ou segredos sendo revelados que lhe serão benéficos quando conhecidos. Potenciais ainda não realizados. Ouvir sua intuição. Estudos superiores ou esotéricos. Pode se relacionar mais com profissões de cuidados do que com aquelas de natureza mais lógica e prática.
- **III — A Imperatriz**: desenvolvimento e sucesso. Levar as coisas a termo graças à atenção e aos cuidados dispensados. Maternidade ou paternidade. Pode aparecer com cartas de casamento e fortalece os relacionamentos. Com o Ás de Paus, pode indicar nascimento.
- **IV — O Imperador**: liderança. Ambição. Autoridade. Poder. A necessidade de raciocínio e de pensamento lógico. Estabilidade material e emocional.
- **V — O Hierofante**: organizações e instituições grandes e estruturadas. Convenção e tradição. Valores morais. Forma tradicional de fazer as coisas. Mentor ou sábio que a pessoa pode consultar. A Igreja ou a religião organizada como um todo. Casamento.
- **VI — Os Enamorados**: amor romântico, nossa visão idealizada da perfeição desse estado. Importante relacionamento afetivo. Podem ser necessárias escolhas que afetarão os dois membros do relacionamento (embora não tenham conotação negativa, a menos que recebam aspectos ruins das cartas próximas).
- **VII — O Carro**: triunfo sobre as dificuldades, mas não sem esforço. Foco mantido numa direção, sem permitir que a energia se disperse. Pode indicar viagens.
- **VIII — A Força**: o poder da força interior. Estar numa posição de força. Coragem. As qualidades mais "femininas" da paciência, diplomacia e firme determinação são exigidas, em vez de tendências agressivas, para se atingir o resultado esperado. Atração sexual, magnetismo. Resistência e graça sob pressão. Coragem para persistir e prevalecer a fim de ter sucesso.

- **IX — O Eremita**: sabedoria e conhecimento. Acesso e contato com a voz interior do eu superior. Pode exigir isolamento para pensar melhor.
- **X — A Roda da Fortuna**: destino. Um novo ciclo de sorte está prestes a começar; uma janela de oportunidade se abre. Destino e fortuna.
- **XI — A Justiça**: questões legais, contratos ou documentos. Necessidade de uma mente equilibrada e lógica para tomar decisões. Justiça sendo cumprida. Com o Oito de Espadas e o Diabo, pode indicar prisão.
- **XII — O Enforcado**: vida em suspensão. Limbo. A visão alternativa — pensar fora da caixa, pensamento lateral etc. Análise das questões sob um ponto de vista diferente a fim de se obter outra perspectiva. Sacrifício sendo feito agora para obter algo mais benéfico a longo prazo. Abordagem pouco convencional.
- **XIII — A Morte**: a imagem da morte é simbólica, não literal. Ela prenuncia o término de uma fase da vida e a abertura para uma nova. Ela *não* implica a morte no sentido físico, mas representa mudanças e transformações importantes.
- **XIV — A Temperança**: moderação. Harmonia. Paciência. Cura. Emoções equilibradas — ou a necessidade delas. Mesclar opostos num estado harmonioso. Pode prenunciar reconciliação.
- **XV — O Diabo**: a pessoa se sente obcecada por uma situação. Escravo de si mesmo. Vício. Obsessão. Excessos. Planos secretos. Pode mostrar melhoria na vida sexual.
- **XVI — A Torre**: mudança inesperada, geralmente rápida. Notícias que podem chocar. Remoção de estruturas falsas que eram consideradas verdadeiras. Influências desagregadoras, geralmente externas.
- **XVII — A Estrela**: esperança para o futuro. Otimismo e fé em tempos mais felizes. Cura. Excelente carta para quem lida com artes ou com a indústria do entretenimento, pois pode trazer o reconhecimento do público.

- **XVIII — A Lua**: emoções flutuantes. Dar tempo para que sejam conhecidas coisas que ainda não afloraram. Retardar a tomada de decisões até que se conheçam mais fatos. Possível engodo ou situações ilusórias, se tiver maus aspectos.
- **XIX — O Sol**: felicidade; alegria; contentamento. Satisfação. Sucesso — pessoal, material ou empresarial. Boa saúde, ou melhoras. Carta extremamente positiva e auspiciosa.
- **XX — O Julgamento**: revitalização. Renovação. Algo ressuscita. Influência kármica — o que você semeia, você colhe. Alguma coisa com raízes no passado. A capacidade para seguir em frente e fazer escolhas melhores com base nas lições aprendidas no passado.
- **XXI — O Mundo**: completude. Traz conclusões às questões. Realização e sucesso assegurados. Meta desejada e atingida. Integração e integridade. Às vezes, embora em menor grau, viagem internacional.

Bibliografia

Bunning, Joan. *Learning Tarot Reversals*. York Beach, ME: Red Wheel/ Weiser, 2003.

Boyer, Janet. *The Back in Time Tarot Book*. Charlottesville, VA: Hampton Roads Publishing Company, 2008.

Connolly, Eileen. *Tarot. A New Handbook for the Apprentice*. Hammersmith, Londres: Aquarian Press, 1986.

DuQuette, Lon Milo. *Understanding Aleister Crowley's Thoth Tarot*. York Beach, ME: Red Wheel/ Weiser, 2003.

Ellershaw, Josephine e Marchetti, Ciro (Ilustr.). *Easy Tarot Handbook: Learn to Read the Cards Once and For All!* Woodbury, MN: Llewellyn Publications, 2007.

Giblin, Les. *Skill With People*. ISBN 0-9616416-0-6. 1968, 1972, 1985. (sem mais referências)

Greer, Mary. *Book of Tarot Reversals*. St. Paul, MN: Llewellyn Publications, 2002.

_______. *Tarot for Your Self*. Franklin Lakes, NJ: New Page Books. 2002.

Kaplan, S.R. *Tarot Cards for Fun and Fortune Telling*. Nova York: US Games Systems Inc., 1970.

Marchetti, Ciro e Moore, Barbara. *The Gilded Tarot*. St. Paul, MN: Llewellyn Publications, 2004.

Pollack, Rachel. *Tarot Wisdom: Spiritual Teachings and Deeper Meanings*. Woodbury, MN: Llewellyn Publications, 2008.

Waite, Arthur Edward. *The Pictorial Key to the Tarot*. Reedição. Stamford, CT: US Games Systems Inc. 2003.

Yeats, W. B. *The Wind Among the Reeds*. Nova York: J. Lane, The Bodley Head, 1899.

Cartas-chave do Tarô

0 O Louco	I O Mago	II A Sacerdotisa	III A Imperatriz	IV O Imperador	V O Hierofante	VI Os Enamorados	VII O Carro	VIII A Força	IX O Eremita
X A Roda da Fortuna	XI A Justiça	XII O Enforcado	XIII A Morte	XIV A Temperança	XV O Diabo	XVI A Torre	XVII A Estrela	XVIII A Lua	XIX O Sol
XX O Julgamento	XXI O Mundo	A Ás de Paus	2 Dois de Paus	3 Três de Paus	4 Quatro de Paus	5 Cinco de Paus	6 Seis de Paus	7 Sete de Paus	8 Oito de Paus
9 Nove de Paus	10 Dez de Paus	V Valete de Paus	Cav Cavaleiro de Paus	Ra Rainha de Paus	Re Rei de Paus	A Ás de Copas	2 Dois de Copas	3 Três de Copas	4 Quatro de Copas
5 Cinco de Copas	6 Seis de Copas	7 Sete de Copas	8 Oito de Copas	9 Nove de Copas	10 Dez de Copas	V Valete de Copas	Cav Cavaleiro de Copas	Ra Rainha de Copas	Re Rei de Copas
A Ás de Ouros	2 Dois de Ouros	3 Três de Ouros	4 Quatro de Ouros	5 Cinco de Ouros	6 Seis de Ouros	7 Sete de Ouros	8 Oito de Ouros	9 Nove de Ouros	10 Dez de Ouros
V Valete de Ouros	Cav Cavaleiro de Ouros	Ra Rainha de Ouros	Re Rei de Ouros	A Ás de Espadas	2 Dois de Espadas	3 Três de Espadas	4 Quatro de Espadas	5 Cinco de Espadas	6 Seis de Espadas
7 Sete de Espadas	8 Oito de Espadas	9 Nove de Espadas	10 Dez de Espadas	V Valete de Espadas	Cav Cavaleiro de Espadas	Ra Rainha de Espadas	Re Rei de Espadas		

PRÓXIMOS LANÇAMENTOS

Editora
Pensamento
SÃO PAULO

Para receber informações sobre os lançamentos da Editora Pensamento, basta cadastrar-se no site: www.editorapensamento.com.br

Para enviar seus comentários sobre este livro, visite o site www.editorapensamento.com.br ou mande um e-mail para atendimento@editorapensamento.com.br